文庫

保坂俊司 監修

図解とあらすじでよくわかる

「聖書」入門

光文社

図解とあらすじでよく分かる「聖書」入門《目 次》

第1部 『旧約聖書』

第1章　神と人類の交渉の始まり

天地創造……36
絶大なる神の力によって世界が生まれた七日間
エデンの園……39
神によってつくられた最初の人間アダムとエバ
楽園追放……42
アダムとエバが禁断の実を食べ、人類は原罪を背負う
カインとアベル……45
敬虔なる弟に対する兄の嫉妬が招いた人類最初の殺人
ノアの箱舟……47
堕落した人類を洗い流した大洪水と、神に唯一赦されたノア
ノアの息子たち……50
酔いつぶれたノアに対する態度が決した民族の関係
バベルの塔……51
神の怒りに触れた、人間の傲慢さの象徴

第2章　族長たちの伝説

アブラムの旅立ち……58
約束の地カナンを与えられた古の族長
イサクとイシュマエル……62
母親同士の争いに巻き込まれた息子たち
ソドムとゴモラ……66
神に滅ぼされた悪徳の町とカナン周辺異民族の誕生
イサクの犠牲……69
究極の選択によって証明されたアブラハムの信仰心
ヤコブの策略……72
老いたイサクを騙し長子権を奪い取った次男
ヤコブの帰還……74
天使と互角に闘ったヤコブは新たな名を与えられる
エジプトに売られたヨセフ……77
兄たちから嫌われたヤコブの秘蔵っ子の悲劇
ヨセフの出世……80

王の夢解きにより奴隷の身からエジプトの宰相へ
ヨセフと兄弟の和解……83
飢饉によって解決した兄弟のわだかまり

第3章　約束の地を目指して

モーセの出生……90
イスラエル民族を解放した導き手の誕生
モーセの逃亡と十の禍……92
殺人者としての逃亡から神の啓示を受けるまで
十戒……95
イスラエルの民、モーセを介して神との契約を交わす
カナンの偵察……99
神を信じなかった十人と神を信じたふたりの偵察者
モーセの死……100
神とイスラエル民族に生涯を捧げた預言者の終焉

サウルの死……137
嫉妬から生まれたイスラエル最初の王の悲劇
ダビデの王国……140
エルサレムを制する偉大な王の誕生
バト・シェバ事件……144
英雄王ダビデによる人妻との恋が招いた神の怒り
ソロモンの知恵……146
ダビデの後継者として即位し、大いなる知恵を授かった賢王
ソロモンの外交と背信……149
最盛期を迎える一方で、国家分裂の予兆が忍び寄る

第5章　バビロン捕囚への道

イスラエル王国の分裂……156
繁栄を極めたダビデ・ソロモンの王国の崩壊
エリヤとアハブ王……160
ヤハウェ信仰を守るべく、異教徒との戦いに臨んだ預言者

アハブ王の回心……163
神への不信仰が招いたイスラエル王の悲劇
エリシャ……166
奇跡物語に彩られる一方、冷酷な一面を見せる預言者
サマリアの陥落……168
神に見捨てられたイスラエル王国の最後
ユダ王国の興亡とイザヤ・ミカ……172
アッシリアの圧迫に耐え抜くエルサレムの諸王たち
ヨナの冒険……176
神の意志を疑い、逃げ出した人間味あふれる預言者
エレミヤ……178
民に届くことのなかった預言者の悲痛な訴え
バビロン捕囚……180
エルサレム陥落の悲劇が生んだ、ユダ国民の大量連行
捕囚下の人々……184
存亡の危機から生まれた民族意識

ダニエル書……186
ふたつの世界帝国で重用されたユダヤ人宰相の物語
エステル記……190
ユダヤ民族を大虐殺から救ったヒロインの物語
エルサレムの再建……193
半世紀以上にわたる捕囚からの解放と聖都の復興
諸書・文学……196
古代イスラエルの知恵が詰め込まれた書物群
ヨブ記……197
なぜ神は苦しみと試練を与えるのか?
詩編……199
古代イスラエル王国で歌われた宗教詩の集大成
雅歌……200
ソロモンの作とされる、男女の間に交わされる恋の歌
箴言……201
生きるための知恵が詰まった金言集

コヘレトの言葉……202
知恵の王ソロモンによる人生論

断章──『旧約聖書続編』

トビト書……204
敬虔なトビトの苦難とそれに対する神からの祝福
ユディト書……207
知恵と美貌を兼ね備えた女性の勇気ある物語
スザンナ──ダニエル書補遺──……209
神を信じる美女を救ったダニエルの知恵
ベルと竜──ダニエル書補遺──……211
正しい信仰を守るために用いられたダニエルの機転
マカバイ記……212
ヘレニズム文明への抵抗から登場したユダヤ人最後の王朝

第2部『新約聖書』

第6章　メシアの誕生

ヘロデ大王の治世……220
異民族による支配とユダヤ教の分裂
洗礼者ヨハネの誕生……224
エルサレムの祭司に下されたもうひとつの受胎告知
受胎告知……226
天使によって告げられた救世主の誕生
イエスの誕生……228
先祖の地ベツレヘムに降誕した運命の赤子
エジプト逃避……231
天使の勧めによりヘロデ大王の虐殺を免れたヨセフ一家
十二歳のイエス……234
神の子であることを大人たちの前に示した少年時代のイエス

洗礼者ヨハネ………237
荒野において教えを述べ、人々に洗礼を施したイエスの先導役

第7章　イエスの教えと足跡

イエスの洗礼………244
ヨハネのもとに現われたイエスが、聖霊をその身に宿らせる
荒野の誘惑………246
三度にわたるサタンの誘惑を聖書の言葉で退けたイエス
ペトロの召命………249
ガリラヤ湖の畔で始められたイエスの伝道活動
十二弟子………252
漁師、徴税人、過激派……様々な人々を取り込んだイエス
カナの婚礼………256
婚礼の宴会においてイエスが起こした最初の奇跡
洗礼者ヨハネの最期………258
ヘロディアの策略の前に命を落とした洗礼者

山上の説教……260
ガリラヤ湖畔の丘の上から信者に示された教えの骨子
サマリアの女と百人隊長……264
メシアの来訪を望む異邦人に差別なく広められたイエスの福音
癒しの奇跡……266
罪人とみなされた病人たちを救ったイエスの癒し
ガリラヤ湖を歩く……270
自然の摂理を覆すことで示された神の力とメシアとしての証
ナザレの人々……273
奇跡のみを期待し、イエスの教えを聞き入れなかった故郷の人々
善きサマリア人……274
隣人愛の本質を説いた最も有名なたとえ
放蕩息子のたとえ……276
罪人の悔い改めを受け入れる神の無限の愛
十人の乙女のたとえ……278
信仰を見失わないよう、日頃の心構えが大事だと説くたとえ
マグダラのマリアと女性信者たち……280

イエスの処刑と復活に立ち会い、聖人に列せられた女性信者
ラザロの蘇生……284
ベタニアの姉妹の信仰が実現させた死者蘇生の奇跡

第8章　イエスの受難物語

信仰告白とイエスの変容……290
ペトロの信仰を確認したイエスが予告した死と復活
エルサレムへの旅……292
教えを理解しない弟子たちを諭し続けたイエスの最後の旅
エルサレム入城……294
聖書の預言を現実のものとした救世主イエスの入城
宮清め……296
イエス、神殿を穢す商人たちに激怒する
論争物語……298
イエスに対し幾重にも張り巡らされたユダヤ教指導者層の罠
ナルドの香油……302
イエスに注がれた香油の香りとともに漂い始めた裏切りの予感

最後の晩餐………304
過越の夜に示された新しい契約の証明と、弟子たちの裏切り
ゲッセマネの祈り………307
神に対する祈りのなかで露にされたイエスの苦悩
イエスの裁判………310
救世主の死を決定したのは、彼を歓迎した民衆だった
イエスの処刑………314
群衆の嘲りと罵倒のなか、ゴルゴタの丘で最後を迎える
イエスの復活………318
埋葬されたはずのイエスがマグダラのマリアの前に現われる

第9章　使徒とパウロが広めたイエスの福音

聖霊降臨………326
不肖の弟子たちを伝道活動に目覚めさせた五旬節の奇跡
ペトロの布教と原始宗教………328
共有財産制を敷く原始キリスト教会が誕生する

ステファノの殉教……330
ユダヤ教の指導者を論破したため最初の殉教者となる
サウロの回心……332
迫害者から一転して伝道者へと変貌したユダヤ教徒
伝道旅行……334
パウロの熱意によってヨーロッパへ渡ったキリストの福音
エルサレム使徒会議……338
ユダヤ教から独立させたペトロの決断
パウロの書簡と教え……340
イエスの教えを世界宗教へと発展させた伝道の思想
第三回伝道旅行……343
ローマの地に消えたキリスト教最大の伝道者
使徒たちの伝道と殉教……346
世界へ福音を伝えるなかで、異郷に倒れたイエスの弟子たち
ヨハネ黙示録……350
生々しく語られるパトモス島のヨハネが見た終末の幻影

コラム

構成/インフォペディア　図版作成/イクサデザイン

序章

聖書とは何か？

旧約聖書

創世記
出エジプト記
レビ記
民数記
申命記

律法(五書)

モーセが著したといわれる五つの書で、ユダヤ教の基本的な聖典とされる部分。神との間に結ばれた契約が詳細に記される。

ヨシュア記
士師記
ルツ記
サムエル記[上]
サムエル記[下]
列王記[上]
列王記[下]
歴代誌[上]
歴代誌[下]
エズラ記
ネヘミヤ記

歴史書

イスラエルの民のカナン侵攻から、ダビデ、ソロモンが治めたイスラエル統一王国の繁栄と滅亡、バビロン捕囚と解放までが描かれる。

エステル記
ヨブ記
詩編

諸書・文学

人生の教訓や世の中を渡る上での、知恵、

新約聖書

マタイによる福音書
マルコによる福音書
ルカによる福音書
ヨハネによる福音書

福音書

神の子イエスの言動を、その死に至るまで記した書物。イエスの救い(福音)を異なる視点から叙述する。

使徒言行録

使徒言行録

イエス昇天後の弟子たちの伝道を記す。

ローマの信徒への手紙
コリントの信徒への手紙1
コリントの信徒への手紙2
ガラテヤの信徒への手紙

聖書の構成

聖書は『旧約聖書』と『新約聖書』に分かれ、前者は39書、後者は27書から成る。

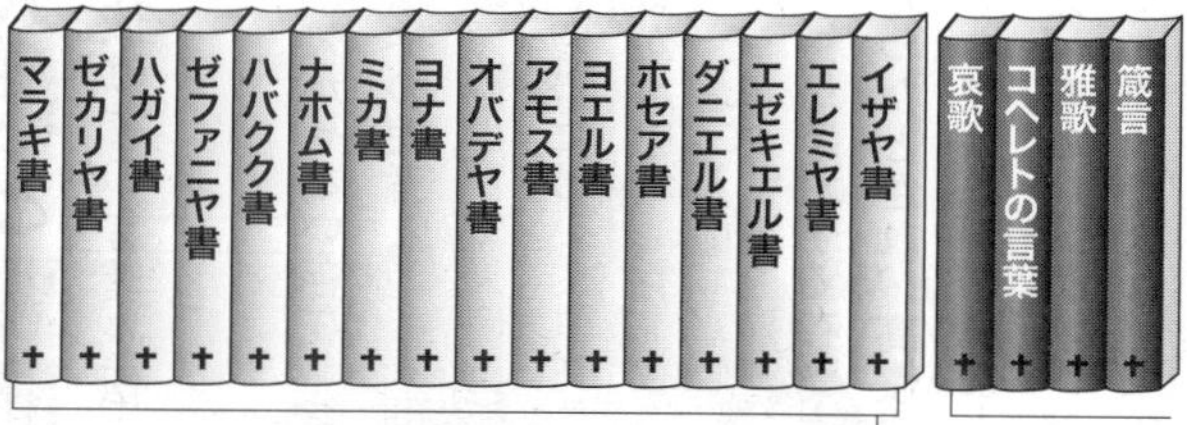
箴言
雅歌
コヘレトの言葉
哀歌
イザヤ書
エレミヤ書
エゼキエル書
ダニエル書
ホセア書
ヨエル書
アモス書
オバデヤ書
ヨナ書
ミカ書
ナホム書
ハバクク書
ゼファニヤ書
ハガイ書
ゼカリヤ書
マラキ書

愛や哀しみの歌が収録される。

預言書

歴代の預言者たちが語った神の意志と、預言者の言行録が記される。

【凡例】

- モーセ五書
- 歴史書
- 諸書・文学
- 預言書
- 福音書
- 書簡
- 使徒言行録／黙示録

エフェソの信徒への手紙
フィリピの信徒への手紙
コロサイの信徒への手紙
テサロニケの信徒への手紙1
テサロニケの信徒への手紙2
テモテへの手紙1
テモテへの手紙2
テトスへの手紙
フィレモン人への手紙
ヘブライ人への手紙
ヤコブの手紙
ペトロの手紙1
ペトロの手紙2
ヨハネの手紙1
ヨハネの手紙2
ヨハネの手紙3
ユダの手紙
ヨハネの黙示録

パウロの書簡

パウロの生涯のなかで記された書簡の集成。ただし、パウロの時代より後世に書かれたものもある。

公同書簡

十二使徒が記した書簡の集成とされる。ただし、使徒の名を借りて書かれたものもある。

黙示録

人類の滅亡と最後の審判を描いた『新約聖書』唯一の預言書。

契約とは？

聖書を読み解く上で重要な「旧約」「新約」の意味

◆現代と異なる契約の概念

聖書は『旧約聖書』と『新約聖書』から成る。では、この「旧約」「新約」とは何なのか。じつはこの「約」は「契約」を意味する。神と人との「契約」、さらに言えば「契約証」という意味だ。この契約の概念が、聖書を読み解くにあたって重要なポイントとなる。

ただし聖書における契約は、現代使われているような意味での相互的な関係ではない。

この契約は、民が神に従い、律法に忠実であれば幸福が約束されるが、忠実でなければ禍《わざわい》が降りかかる、という一方的な内容だ。契約は神によって一方的に示され、人間はそれにひたすら従うのみなのである。

『旧約聖書』では、神がシナイ山においてモーセを通じてイスラエルの民とこうした契約を結んだものの（第3章参照）、やがて民は契約を破って神を裏切り続け、国家滅亡

聖書における契約

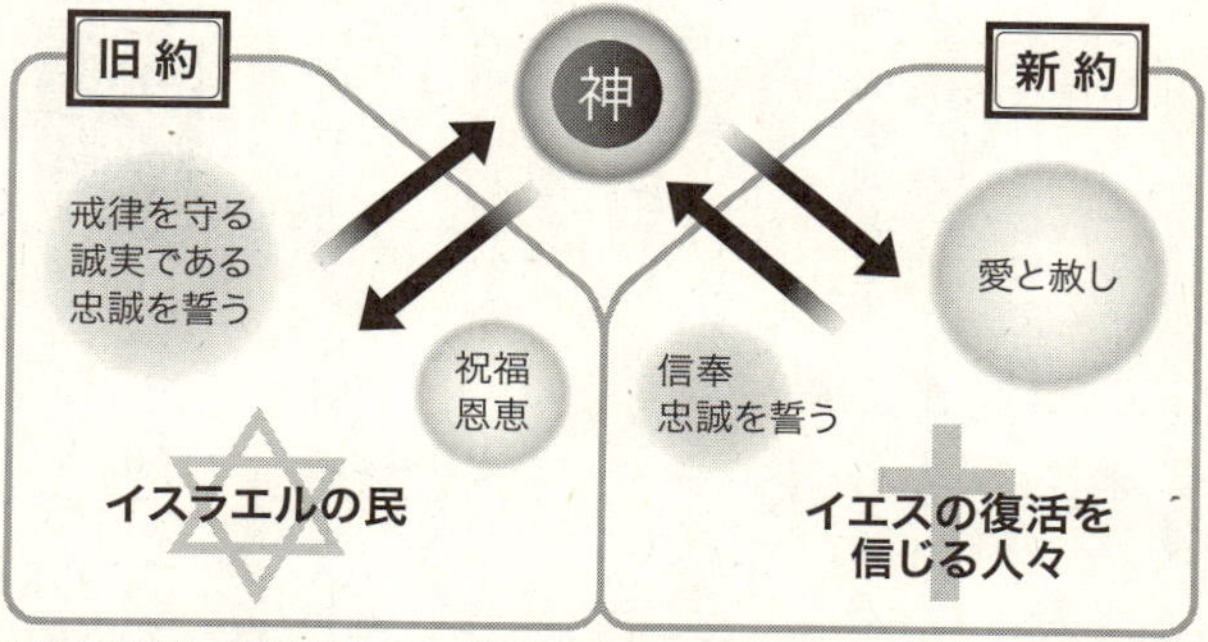

聖書の契約も『旧約聖書』と『新約聖書』ではその内容が異なる。前者において交わされた契約は、イスラエルの民に限定されるが、後者において交わされた契約は、イエスの復活を信じる全世界の人々が対象となる。

という禍を受ける。そして、神が新しい契約を結び、罪の赦《ゆる》しと救いがもたらされるだろうと預言して終わっている。

キリスト教に限れば、これを受けて登場したのがイエスである。イエスは十字架にかけられることで自身を契約の犠牲（証）とした。

これにより、『旧約聖書』のなかで示された新しい契約の預言を、神と全人類との間の契約という形で成就させたと解釈されている。

一方、イスラームでは、最新にして最後の契約が天使ジブリールから預言者ムハンマドに下された『コーラン（クルアーン）』であると考えられている。

Column
コラム

グローバル化は「聖書的な価値観」の広がりである

近・現代ヨーロッパ文明とキリスト教との関連性については、あまり関心のない方が多いのではないでしょうか。というのも、とくに日本では、「ヨーロッパの近代は、脱キリスト教化、即ち世俗化された社会であり、先進的かつ世俗的文明である」と、学校教育などで教え込まれてきたからです。

しかし現実は大きく異なっています。ヨーロッパの近代が目指したものは脱教会支配であって、脱キリスト教ではなかったのです。それよりも、ヨーロッパ近代が目指したものは、教会支配の頃のキリスト教以上に、神と、ひとりひとりの人間が強く結びつくという、個々人の神への信仰を重視する社会だったのです。

その象徴的な存在が、清教徒（ピューリタン＝信仰に純粋な人々）の存在です。彼らはキリスト教信仰に純粋であることを目指して、カトリック教会など他の宗派と対立し、その多くが信仰の自由を求めて新大陸、特にアメリカに旅立ったのです。

アメリカのピューリタンたちは、この新大陸への旅立ちを、モーセがユダヤ人同胞を引き連れてエジプトを脱出した「出エジプト」になぞらえて、第二の「出エジプト」と表現しています。こうしたことからも、聖書の記述にある出来事を通じて、自分たちの歴史を理解しようとするキリスト教徒の考え方が理解できるでしょう。

さて、現代は、近代資本主義という欧米型の経済体制が世界の隅々にまで行き渡り、グローバル化の名のもとに、経済のみならず文化的な価値観まで均一化しつつあります。このグローバル化の基準、たとえば商習慣や高度な法体系にも、聖書の「契約」の精神が生かされています。また、国際語の象徴とも言える英語の多くの語彙や表現にも、聖書からの借用が非常に多いのです。このように、否応なしに進むグローバル化とは、実は聖書を共通項とする「近代西洋文明化」であると言えるのです。

もちろんそれは、単なる通商や言葉のレヴェルに止《とど》まらず、聖書が提示する価値観においても同様です。つまり、私たちの日常生活における倫理道徳、あるいは文化に至るまで、様々な基本的価値観に、キリスト教の教えは深く関わっています。

グローバル化が日々加速度的に進展している今日、「宗教音痴の日本人」などと暢気なことを言っていては、ますます国際的なスタンダードから取り残されていきます。キリスト教、とりわけ聖書を知らずして二十一世紀の国際社会を生き抜くことはできないと言えるほど、世界は、「聖書的な価値観」に満たされつつあるのです。

第1部　『旧約聖書』

第1章
神と人類の交渉の始まり

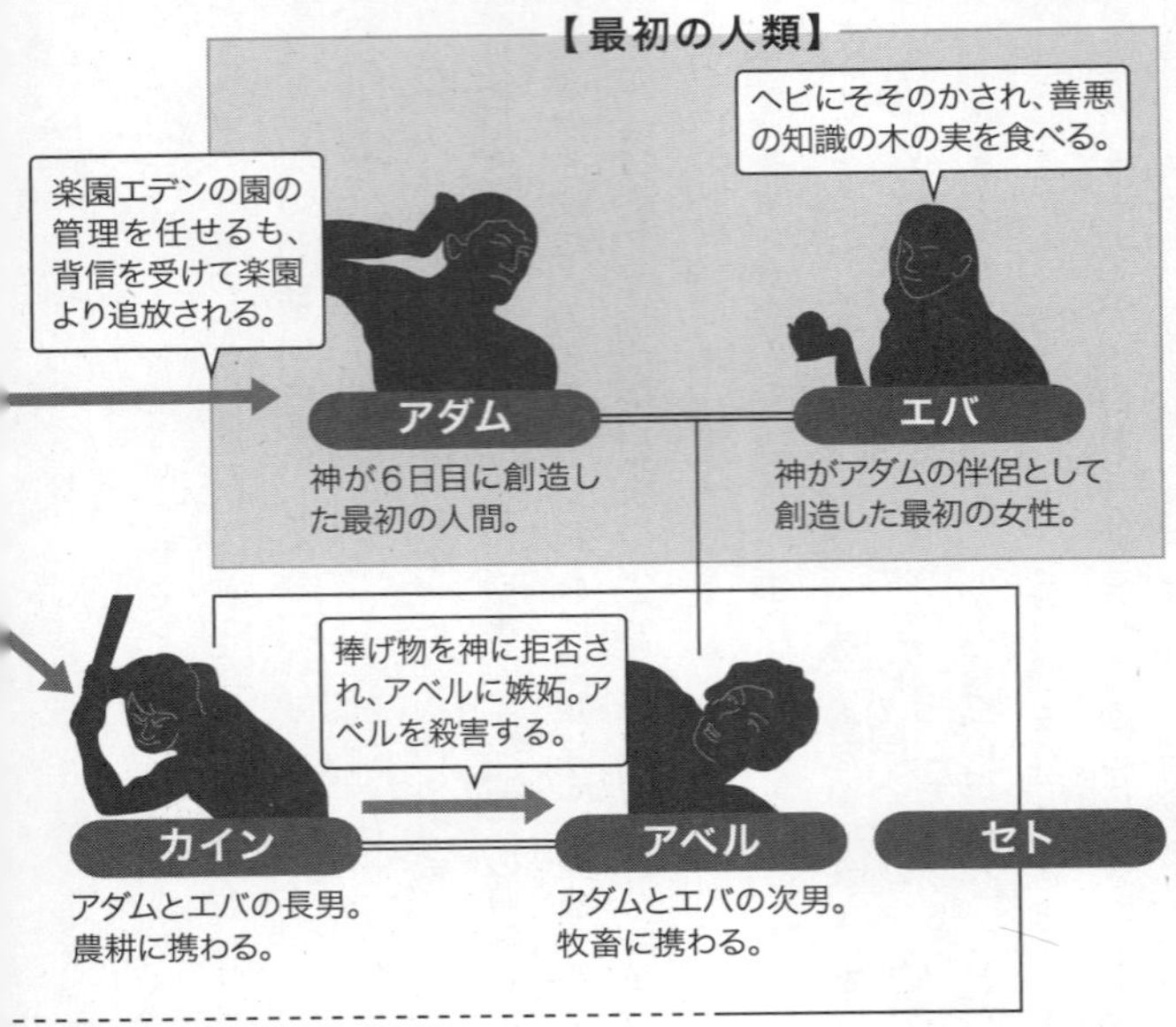
【最初の人類】
ヘビにそそのかされ、善悪の知識の木の実を食べる。
楽園エデンの園の管理を任せるも、背信を受けて楽園より追放される。
アダム
神が6日目に創造した最初の人間。
エバ
神がアダムの伴侶として創造した最初の女性。
捧げ物を神に拒否され、アベルに嫉妬。アベルを殺害する。
カイン
アダムとエバの長男。農耕に携わる。
アベル
アダムとエバの次男。牧畜に携わる。
セト

第1章の相関図

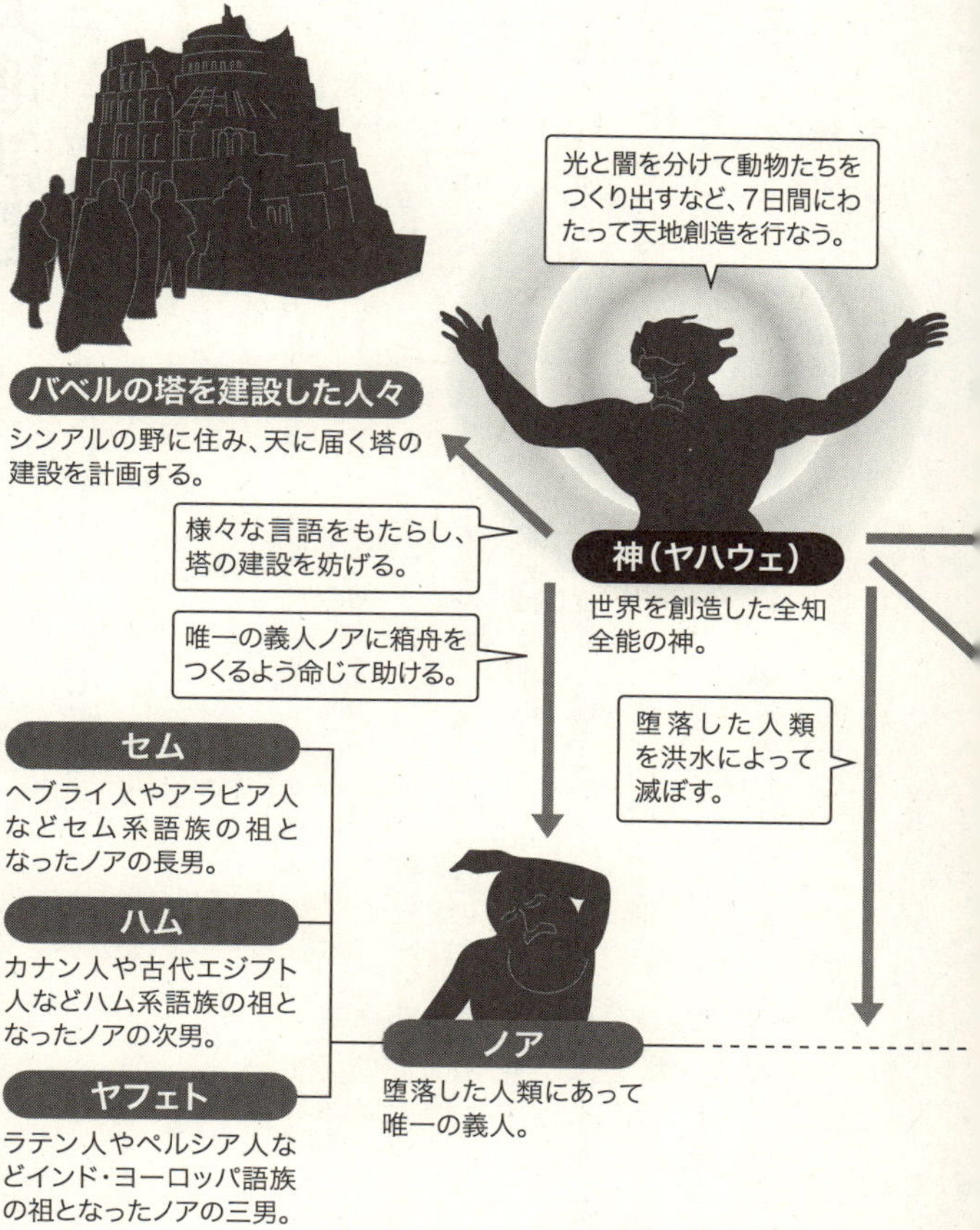
バベルの塔を建設した人々
シンアルの野に住み、天に届く塔の建設を計画する。
光と闇を分けて動物たちをつくり出すなど、7日間にわたって天地創造を行なう。
様々な言語をもたらし、塔の建設を妨げる。
神(ヤハウェ)
世界を創造した全知全能の神。
唯一の義人ノアに箱舟をつくるよう命じて助ける。
堕落した人類を洪水によって滅ぼす。
セム
ヘブライ人やアラビア人などセム系語族の祖となったノアの長男。
ハム
カナン人や古代エジプト人などハム系語族の祖となったノアの次男。
ヤフェト
ラテン人やペルシア人などインド・ヨーロッパ語族の祖となったノアの三男。
ノア
堕落した人類にあって唯一の義人。

天地創造

絶大なる神の力によって世界が生まれた七日間

◆世界誕生の六日間

聖書は、「創世記」つまり神による天地創造の記述から始まる。

地は混沌とし、闇に覆われ、神の霊が水の面を動いていた。

一日目、神が「光あれ」と言うと、光が闇から分かれた。神はこの光を「昼」と呼び、闇を「夜」と呼んだ。二日目、神は大空をつくり、水を大空の上と下に分けた。三日目には、天の下の水を集めて、海と地に分け、地には草木を芽生えさせた。

さらに四日目、神は太陽と月などの天体、季節と日を創造し、五日目に水中生物と鳥などの生物をつくった。そして六日目、地の獣や家畜を創造し、最後にすべての生き物を支配させるため、神は自分の形にかたどった人間の男女をつくった。こうして神は六日間で天地万物のすべてを創造し終え、七日目に休息の日を迎えた。この七日目は神によって祝福され、聖別《せいべつ》された日となる。

『太陽と月の創造』（ミケランジェロ／システィーナ礼拝堂）。『天地創造』の一部で、神の腕の下に描かれているのは、朝、昼、夕、夜の寓意像といわれる。

六日にわたる天地創造と七日目の休息が、現在の「一週間」の起源である。同時に七日目の休みは、ユダヤ社会においてすべての仕事や労働を休止する安息日の始まりとなった。この安息日はたんなる休日ではなく「神の恵みを思い出す日」であり、天地創造を祝福する日でもある。

ただし、ユダヤ教徒の安息日が土曜日なのに対し、キリスト教徒の安息日は日曜日である。その理由は、日曜日がイエスの復活の日となったので、日曜日に移行したためだという。

また、イスラーム教にも安息日の教えは受け継がれており、こちらでは金曜日とされている。

◆聖書に記された〝もうひとつの天地創造〟

じつは聖書には天地創造の物語がふたつ記されている。「創世記」の一章と二章で、冒頭に記したのは一章のものだ。ところが二章では文体が変わり、創造の順序も変わる。まず人間の男が創造され、エデンの園が設けられる。続いて樹木、川、獣、鳥と続き、最後に人間の女が創造されているのだ。なぜこのような矛盾が生じたのだろうか。

その原因は、一章と二章がまったく異なる時代に書かれているからである。今日の聖書は一冊の本という形にまとめられているが、じつは聖書を構成する「創世記」や「出エジプト記」といった書物は、書かれた時代も作者も異なり、それぞれが独立した別の書物や史料であった。それをのちに一冊にまとめたのが聖書なのである。

つまり著された時代や作者、時代背景なども、それぞれまったく違うため、結果として矛盾が生じてしまったのである。

ではなぜ、天地創造をふたつも取り入れたのだろうか。

これは編者が一章では説明し切れなかった天地創造の側面、つまり、人間の創造の詳細を二章で補おうとしたためといわれている。

エデンの園

神によってつくられた最初の人間アダムとエバ

◆人類に与えられた最初の仕事とは？

「創世記」の二章ではアダムとエバの創造の様子が詳しく書かれている。

神は土の塵《ちり》で人を形づくり、その鼻に命の息を吹き込んだという。こうして人は呼吸をして生きものになった。神は人を土からつくったため、ヘブル語で「土」を意味する「アダマ」にちなんでアダムと呼んだ。そして東のエデンという場所に楽園を設けてそこに住まわせた。

エデンの園は、木、川、そして様々な食物で満ちあふれた世界。神が創造したままの完全な世界で、罪や人の死もなかった。さらに神はアダムを創造したときと同じく、泥をこねて形をつくり、それに息を吹き込んで鳥や獣などを生み出した。

神はアダムに、エデンの園の植物と動物たちに名前をつける使命を与える。これは園全体を管理することを意味した。これがのちに自然を人間が管理し、さらには支配しようとする近代科学の思想へと発展することになる。

ただし神はアダムにひとつだけ忠告をした。

「園のどの木からでも実を採《と》って自由に食べてよいが、善悪の知識の木の実だけは食べてはいけない。それを食べると必ずあなたは死んでしまう」

エデンの園の中央には二本の木があった。一本は命の木、もう一本が善悪の知識の木である。神はその知識の木の実を食べてはいけないと、アダムに忠告したのであった。

◆人間に男女が生まれる

アダムはその教えを守り、植物や動物を見つけては名前をつけたりして充実した日々を過ごしていた。しかしアダムはひとりぼっちで、次第に物足りなさを感じるようになる。

そんなアダムを見た神は、アダムひとりでは未完成だと気づき、彼がひとりでいることをよしとしなかった。そこで、助け手をつくり出すべく、アダムを深い眠りにつかせると、アダムのあばら骨を取りだし、この骨からひとりの人間の女をつくった。これがエバである。アダムは神によってエバに引き合わせられると、「これこそわたしの骨の骨。わたしの肉の肉」と喜びを露《あらわ》にした。

神はアダムの助け手を新しい創造ではなく、アダムの一部であるあばら骨からつくり出した。いわば女性は本来ひとつの体をふたつに割った片割れで、ふたりで一対であることを示す。そのため聖書では「男はその父母を離れ、妻と結び合い、ふたりは一体となる」、つまりエバはアダムの分身であると説いている。

これは人の創造という視点からみたとき、夫婦関係が親子関係に優先し、夫婦こそ精神的にも肉体的にも、もっとも密接な関係であるということを表わしたものという。

この考えが現代のキリスト教徒の家族関係にも深く影響している点は見逃せない。

✝聖書ミステリー✝

エデンの園はどこか？

神が創造し、アダムとエバが暮らした地上の楽園「エデンの園」は、はたしてどこにあったのだろうか。

一説によれば、エデンの園の場所は、カナン地方の東方、メソポタミア付近に想定されていたのではないかとみられている。聖書によれば、エデンからは4つの川が流れ出ており、その名はピション川、ギホン川、チグリス川、ユーフラテス川だという。

先のふたつがどこにあったかは不明だが、後者のふたつの川は実在し、その流域は人類最古の文明発祥の地となった。この合流地点のエリドゥ遺跡がエデンのあった場所ともいわれている。また、「エデン」は、荒野の真んなかに現われたオアシスをイメージしたものではないかともいわれている。

楽園追放

アダムとエバが禁断の実を食べ、人類は原罪を背負う

◆エバに迫るヘビの誘惑

エデンの楽園で充実した日々を過ごすアダムとエバのもとに、ある誘惑が忍び寄る。神がつくったもののなかで、もっとも賢い野の生き物であるヘビが、あるときエバにたずねた。

「神は本当にどの木からも実を採って食べるなといわれたのか」

「中央にある実だけは食べると死んでしまうので、食べるなといわれました」

するとヘビは、「それを食べても死ぬことはない。それを食べると目が開け、神のように善悪を知ることができる」と甘い言葉でそそのかしたのである。

エバがその木を見ると、それはいかにもおいしそうに見えた。ついにエバはヘビの誘惑に負け、その禁断の果実に手を伸ばし、アダムを誘ってふたりで食べてしまう。

するとどうだろう。ふたりは自分たちが裸であることに気づくや急に恥ずかしくな

『楽園追放』（ミケランジェロ／システィーナ礼拝堂）。『天地創造』の一部で、左にヘビによる誘惑が、右に楽園を追われるアダムとエバが描かれている。

り、慌てていちじくの葉で体を隠し、茂みのなかに隠れたのである。

◆神の失望と楽園追放

夕暮れにふたりのもとを訪れた神は、その様子からすべてを悟り、どうしてあの実を食べたのだとアダムを問いただした。答えに窮したアダムはエバに罪をなすりつけ、エバはヘビのせいだと責任転嫁をした。神はその行動に怒り、それぞれに審判を下す。

すなわち悪の根源であるヘビには、「野のすべての生き物のなかでもっとも呪われるものになり、生涯、地をはいずりまわり、塵を食らうようになる」という罰を与えた。

続いてエバには「出産の苦しみと、男によ

る支配」という罰を、アダムには「生活の糧を得る苦労」という罰を科したのだった。

また神は、自分に背いたふたりが、今度は命の木から実を食べて永遠に生き続けることを恐れ、ただちにふたりを楽園から追放し、命に期限を与えた。そして楽園の東に神の守護兵・ケルビムと、剣《つるぎ》の炎を置いて、彼らが二度と戻れないようにしたのだった。

知恵を手に入れた人間が失ったものはあまりにも大きかった。これが人間としての苦労の始まりであった。それは生きることが「罰」であるような人生であり、これが神に背いたことで人類が背負う宿命となった「原罪」である。ユダヤ教やキリスト教における人間観の根底をなしているのが、この原罪の考え方といえる。

✝聖書ミステリー✝

アダムには先妻がいた⁉

エバとともにエデンの園から追い出されたアダムであるが、そのアダムにはエバよりも以前に、リリスと呼ばれる先妻がいたという。

リリスは妊婦と幼児を狙う女性の悪魔。リリスがアダムと別れたのは、アダムが彼女を捨てたという説と、リリスの方からアダムを見限り離れたというふたつの説がある。

ある伝承によると、神がリリスに「アダムのもとに帰らなければ、お前の子どもを毎日100人ずつ殺す」と脅した。しかしリリスがそれを拒否したため、神からの罰を受け、その復讐として人間の幼児を襲う悪魔になったという。現代でもリリスは恐れられ、ヨーロッパでは赤ん坊をリリスから守るためのまじないが、各家庭で行なわれている。

カインとアベル

敬虔なる弟に対する兄の嫉妬が招いた人類最初の殺人

◆嫉妬から弟を殺した兄

エバはカインとアベルというふたりの男の子を産んだ。成長すると長男のカインは農業に、次男のアベルは牧畜の仕事に就いた。

ある日ふたりは、恵みを与えてくれる神に感謝するため捧げ物をした。カインは土地から収穫した作物を、アベルは羊の初産の子のなかから最良のものを捧げた。

神はアベルの捧げ物を喜んだが、カインの捧げ物は受け取ろうとしなかった。

なぜ神はカインの捧げ物だけを無視したのだろうか。

『新約聖書』ではアベルの捧げ物の方が優れていた、またはアベルの方が誠意がより強かったからだという解釈が示されている。

捧げ物を拒否されたカインは怒って顔を伏せた。神は「なぜ顔を伏せるのか。正しいことをしているのなら顔をあげなさい。罪に取り憑かれるな」と、信仰心によって捧げ物をしたのなら恥じることはないと諭《さと》した。

しかしアベルに嫉妬したカインは、アベルを野に誘い出し、殺してしまう。これが人類初の殺人となった。

この殺人の物語については、古代イスラエル社会における農耕民と遊牧民の対立が背景にあったという説もある。

間もなく、アベルの姿が見えないことに気づいた神に、彼の居所を聞かれたカインは、「私は弟の番人ではありません」としらをきった。

しかし、すべてを見抜いていた神は、「お前の弟の血の声が大地から私に叫んでいる。お前は大地から呪われ、作物を得ることはできない。お前は土地をさまよう放浪者となる」と言ってカインを追放。彼は仕事を失い地上をさまよう者となってしまった。

しかも神の保護を失ったため、彼は出会う者たちに襲われるかもしれない。カインは怯《おび》えて神に嘆願する。そこで神はカインが殺されないように印をつけた。なぜならカインが放浪者となって「生きる」ことが、神の下した処罰だったからである。

カインはエデンの東に位置するノドの地へと移り住み、その子孫は道具をつくる者や、竪琴や笛を奏でる者たちの先祖となった。

ノアの箱舟

堕落した人類を洗い流した大洪水と、神に唯一赦されたノア

◆神に従い箱舟をつくった義人ノア

カインとアベルを一度に失ったアダムとエバであったが、その後セトという男子を得る。この末子セトから数えて八代目に、ノアという人物が登場する。

ノアの時代になると、神の意志のままに人は増えたものの、悪がはびこるようになっていた。神は人を創造したことを悔いて、人類を滅ぼそうと決意する。しかし正しい行ないをしてきた義人ノアとその一家だけは救おうと考えた。神は、ノアに次のような箱舟を建造するように命じた。

材質はゴフェル（いとすぎ）の木、その長さは三百アンマ、幅は五十アンマ、高さは三十アンマの三階建て。なかに部屋があり、うちとそとがタールで塗られた構造である。そこにノア夫妻と三人の息子セム、ハム、ヤフェトとその妻たちが乗り込み、さらに、ひとつがいずつのあらゆる生き物が運び入れられた。

天地創造から千六百五十六年目にあたるノアの六百歳の第二の月の十七日、雨が降り出したかと思うと、それは四十日四十夜にわたって降り続き、地上は大洪水に襲われた。逃げ場を失った地上の生き物はすべて死に絶え、ただ箱舟に避難していたノア一家と動物たちだけが生き延びた。

水は百五十日の間、山の頂上に至るまで大地を覆いつくしていたが、やがて神が地上に風を吹かせると徐々に引き始めた。ノアは水が引いたのを確かめるために、箱舟からハトを放った。しかし、ハトはすぐに戻ってきてしまう。そこで七日後にハトを放つと、今度はオリーブの葉をくわえて戻ってきた。さらに七日後に再びハトを放つと、ハトはもう戻ってこなかった。新しく棲《す》む木をみつけたのである。

こうして、ノア一族は、アララト山にとどまっていた箱舟を下り、神に捧げ物をした。神は新しい人類の代表者のノアと契約し、「人の性はもともと悪いのだから仕方ない。私は二度と地を呪わず、人を滅ぼさない」と告げた。

◆ノアの洪水は本当にあった⁉

これがノアの洪水であり、この洪水伝説はメソポタミアの神話に起源を持つともいわ

ノアの箱舟の経路
カスピ海
アララト山
ジュディ山
チグリス川
ニネベ
地中海
ユーフラテス川
バビロン
キシュ
ウルク
ウル
『ノアの洪水』ミケランジェロ
箱舟の経路

ノアの箱舟はバビロニア付近から漂流を始め、トルコ、イランの国境にあるアララト山へと流れたという。この伝説をもとに多くの人々が箱舟を探してきた。アララト山の中腹の修道院に箱舟が19世紀まで保管されていたという伝説も残り、その後も箱舟の残骸が発見されたという話が絶えない。

れている。事実、メソポタミア地方に定着していたシュメール人が残した文書のなかにも、大洪水が起こり、神の予告を聞いていた一行だけが助かったという話がある。バビロニアの『ギルガメシュ叙事詩』にも洪水の伝説が登場している。

　また、この地方では洪水が多かったことも科学的に実証されている。五千年前頃から気候の変化により、ユーフラテス川上流のアナトリア高原の雪解け水が増大して、頻繁に洪水が起きた。ウルやラガシュなどでは、その痕跡が発見されている。また、この物語には今日における環境破壊の問題にも通じる寓意があると指摘されている。

ノアの息子たち

酔いつぶれたノアに対する態度が決した民族の関係

セム、ハム、ヤフェトという三人の子どもとともに箱舟から出たノアは農夫となり、ぶどう畑をつくった。あるときノアは、自家製のぶどう酒を飲んで天幕のなかで酔いつぶれ、裸になってしまう。そこに入ってきたのは次男のハム。裸は見てはならないものだったがハムはそれを見たうえ、兄たちに言いふらした。セムとヤフェトは慌てて駆けつけ、裸を見ないように後ろ向きに歩いて父の体を服で覆ってやった。

このとき、三人が取った行動により、彼らの子孫となる民族の関係が決まったという。酔いから覚めたノアはハムの行ないを知り、呪いの言葉をハムの息子カナンに投げつけた。「カナンは奴隷の奴隷となって兄たちに仕えよ」。この後、長子のセムはセム系言語を話す民の始祖となり、ヤフェトはインド・ヨーロッパ語族の始祖となった。ハムはエジプト、リビアなどアフリカ大陸の北部一帯に暮らすハム系民族の始祖となったが、ここにセム系民族を頂点とする民族間の差別の構図が生まれたのである。

バベルの塔

神の怒りに触れた、人間の傲慢さの象徴

◆神の怒りを買った愚行

ノアの三人の息子の子孫たちは神の意志に添ってどんどん増えていき、中東地域に分かれてそれぞれで国をつくっていった。

このとき人々は、まだ同じ言語を使っており、お互いにコミュニケーションを図り、商業も農業も成功し、繁栄していった。

だが、人々はこれを自分たちの力で成し遂げたものと過信し、神への信仰は薄れていった。彼らは、自分たちだけで何でもできると自惚《うぬぼ》れ、「神に頼らず天まで届く塔のある町を建て、人々が分散しないようにしよう」と計画。石の代わりにレンガを、漆喰《しっくい》の代わりにアスファルトを使って、天まで続く塔を建て始めた。

それを知った神は怒った。しかし以前、洪水を起こして人を滅亡させないと約束しているため、人を滅亡させるわけにはいかない。

神は、人がこのようなことをしでかした原因は、彼らがみな同じ言葉を話しているからだと考えた。そこで計画を中止させるために神が選んだ方法は、人間たちの言葉をバラバラにすることであった。

神によって別々の言語を与えられた人間は、以前のように意思の疎通をはかることができなくなり、争いが絶えなくなった。団結できなければ町や塔をつくることなどできない。巨塔の建設計画は中止に追い込まれ、人々は思い思いに各地に散らばっていった。こうして多くの民とさまざまな言語が生まれたのである。

◆バベルの塔のモデルが実在する⁉

この物語から、この都市は「バベル」と呼ばれた。バベルとは「混乱をもたらす」という意味で、神が言葉を混乱させ、人々が各地に散らされたことに由来する。

このバベルの塔の物語には、モデルとなった建物が存在していたといわれている。

それはかつて、バビロニア王国の首都バビロンに建っていた、頂上に神殿を持つ聖塔《せいとう》で、ジッグラトと呼ばれる。紀元前七世紀の頃にはバビロニア各地にジッグラトがそびえており、いくつかの遺構が発見されている。とくにバビロンのジッグラトは高さ九十

バベルの塔のモデル「ジッグラト」
カラナ
ドゥル・シャルキン
カルフ
アッシュル
カル・トゥクルティニヌルタ
マリ
ユーフラテス川
チグリス川
ハファジ
ドゥル・クリガルズ
シッパル
テル・ウケル
キシュ
バビロン
ニップル
ボルシッパ
スサ
トゥル・ウンタシュ
ラガシュ
古代の海岸線
ウルク
ラルサ
テル・オベイド
ウル
エリドゥ
ペルシア湾
ジッグラトの遺構が発見された主な遺跡

メソポタミア各地の都市遺跡にあった、ジッグラトと呼ばれる聖塔。ユダ王国の人々はバビロンのジッグラトから「バベルの塔」の物語を生み出したという。

メートルに及ぶ巨大さであったという。

そして紀元前六世紀のはじめ、その巨大なジッグラトに目を見張ったのが、バビロンに強制連行されてきたユダ王国の人々であった。彼らはイスラエル人の子孫たちで、バビロニアによって王国を滅ぼされたのである。

この「バベルの塔」の物語がいつ頃完成したのかは不明だが、バビロンに連れてこられたユダ王国の人々が関わっているのは間違いないとされている。

彼らは、この巨大な建築物に圧倒されると同時に、人々の驕《おご》りのもととなった、文明の持つ問題点を見出し、この物語を生み出したのだろう。

Column
コラム

聖典と契約にはどんな意味がある？

ユダヤ教・キリスト教・イスラーム教を、まとめてセム族の宗教と総称することができます。このセム的宗教の特徴は、「唯一の神による唯一の救いの契約」という形で、神が人間に啓示する、という形式にあります。その結果、編まれたのが聖典である聖書やコーラン（クルアーン）ということになります。もちろん、神による啓示という、神と人間との交流の形式自体は、世界のどの宗教にもあるものです。しかし、セム族の宗教では、神の啓示を「契約」と捉《とら》えることが特徴です。しかもその契約が、聖典（契約書）という形で文字化され、固定化される――つまり証拠書類として、きちんと残されるという点に特徴があります。

この契約書という、いわば絶対的な証拠を重視するという発想の源には、メソポタミア文明の影響が小さくなかったと思われます。

メソポタミア文明は人類最初の文明であり、その特徴は、絶対的な力を持つ王の支配と、交易の発展、このふたつの点にありました。両者の共通性は、王の命令書、そして商人たちの間で取り交わされる証文です。このどちらも、文字を介して情報を交換するものです。

セム的な宗教の発想は、このメソポタミア文明の社会構造の特徴を考えると、理解しやすいでしょう。

まず神と人間の関係については、神の絶対性とそれにひれ伏す信者の関係です。しかも、この支配と服従の関係を通して、王である神が国民である信徒に平和と繁栄を保障するという一方的な関係です。これが「神と人間の契約」という発想の根本にあるものです。

もっとも、一般に契約とは両者が交わす合意、つまり限定付きながら、その限りでは対等を前提として結ばれるものです。商業が盛んであったメソポタミア文明では、この契約は商業活動に不可欠な行為であったと考えられます。だからこそ、契約を記録するために文字が生み出されたとも考えられるのです。この文字は粘土板に刻まれ、両者の合意を証明するものとして尊重されました。もちろん、紙のなかった時代、文字を石に刻むことは、世界各地で見受けられたことです。

この粘土板は、一旦同意がなされ、焼かれれば石のごとく固まり、不変の約定となって、両者を規定することになります。この契約の思想こそ、聖書の冒頭に置かれる新約・旧約の「約」つまり「契約」ということの意味です。モーセがシナイ山において神から受けた「十戒」は石に刻まれたとされますが、そこには、このメソポタミアの伝統が受け継がれたのかも知れません。

第1部 『旧約聖書』

——第2章——

族長たちの伝説

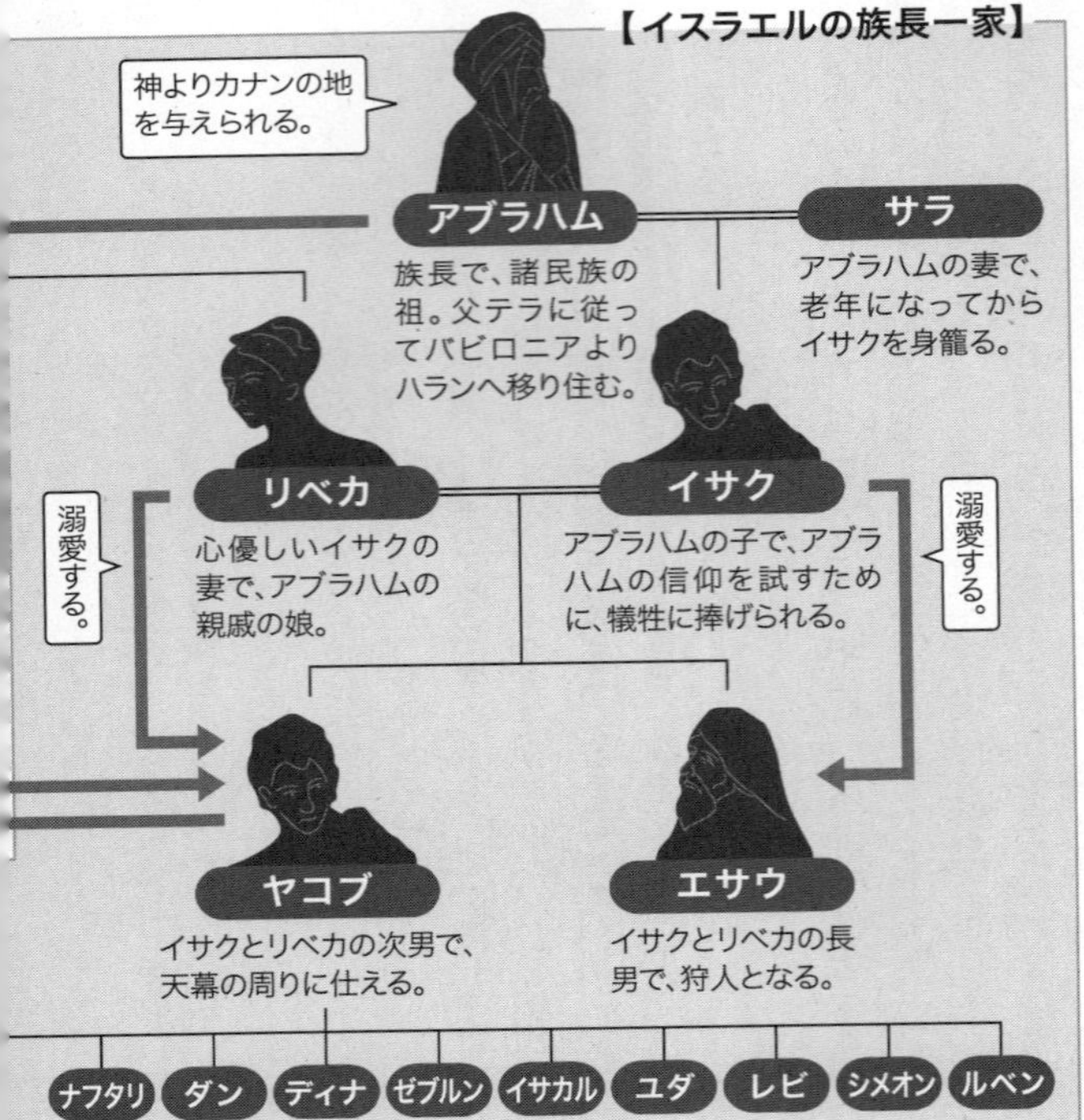
【イスラエルの族長一家】
神よりカナンの地を与えられる。
アブラハム
族長で、諸民族の祖。父テラに従ってバビロニアよりハランへ移り住む。
サラ
アブラハムの妻で、老年になってからイサクを身籠る。
リベカ
心優しいイサクの妻で、アブラハムの親戚の娘。
イサク
アブラハムの子で、アブラハムの信仰を試すために、犠牲に捧げられる。
溺愛する。
溺愛する。
ヤコブ
イサクとリベカの次男で、天幕の周りに仕える。
エサウ
イサクとリベカの長男で、狩人となる。
ナフタリ
ダン
ディナ
ゼブルン
イサカル
ユダ
レビ
シメオン
ルベン

第2章の相関図

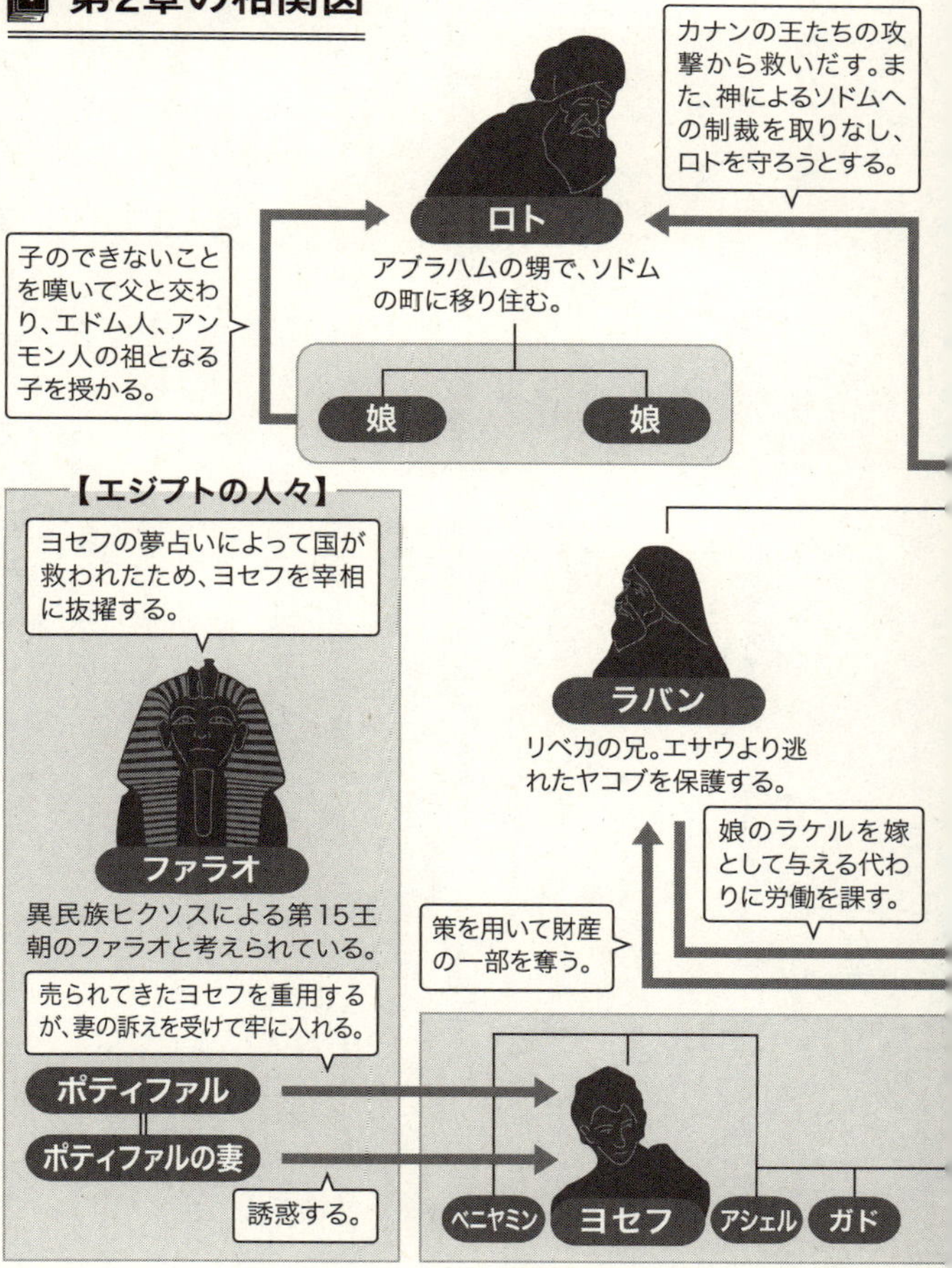
カナンの王たちの攻撃から救いだす。また、神によるソドムへの制裁を取りなし、ロトを守ろうとする。
ロト
アブラハムの甥で、ソドムの町に移り住む。
子のできないことを嘆いて父と交わり、エドム人、アンモン人の祖となる子を授かる。
娘
娘
【エジプトの人々】
ヨセフの夢占いによって国が救われたため、ヨセフを宰相に抜擢する。
ファラオ
異民族ヒクソスによる第15王朝のファラオと考えられている。
売られてきたヨセフを重用するが、妻の訴えを受けて牢に入れる。
ポティファル
ポティファルの妻
誘惑する。
ラバン
リベカの兄。エサウより逃れたヤコブを保護する。
娘のラケルを嫁として与える代わりに労働を課す。
策を用いて財産の一部を奪う。
ベニヤミン
ヨセフ
アシェル
ガド

アブラムの旅立ち

約束の地カナンを与えられた古の族長

◆カナンへの出発

聖書の物語はイスラエルの民を率いる族長たちの時代へと移っていく。

ノアの子セムの子孫で、バビロニアのウルに暮らしていたテラは、あるとき息子のアブラム（のちのアブラハム）とその妻サライ（のちのサラ）、早世した息子ハランの子ロトを連れて、地中海沿岸のカナン地方（現在のパレスティナ地方）に向かう旅に出た。彼らはウルからカナンの間に広がるアラビア砂漠を避け、ユーフラテス川を遡《さかのぼ》る形で北上。ハランにたどり着いたところで、テラが没した。

テラの跡を受けて一族を率いる立場になったのがアブラムである。このアブラムと神はある重要な約束を交わした。

「あなたは父の家を離れ、私が示す地に行きなさい。そうすれば私はあなたを祝福し、あなたの名を高める」

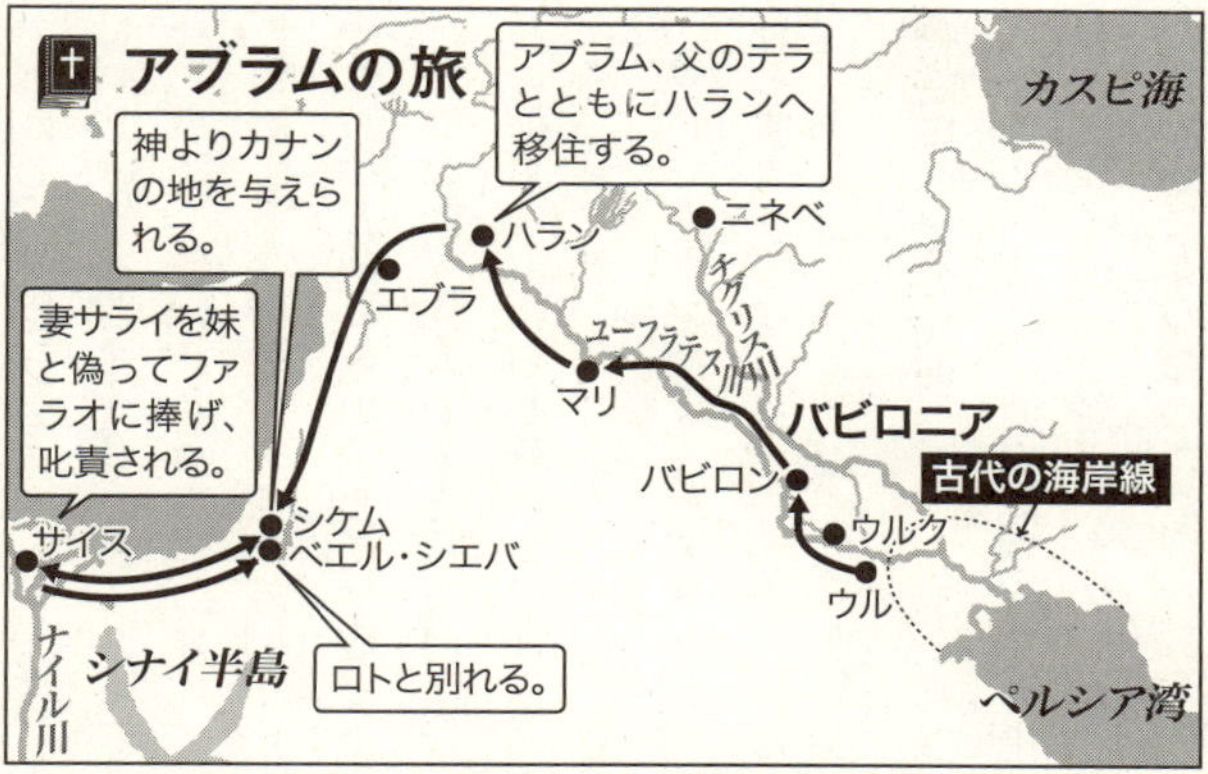
アブラムの旅
アブラム、父のテラとともにハランへ移住する。
カスピ海
神よりカナンの地を与えられる。
ニネベ
ハラン
エブラ
チグリス川
ユーフラテス川
マリ
妻サライを妹と偽ってファラオに捧げ、叱責される。
バビロニア
バビロン
古代の海岸線
ウルク
ウル
サイス
シケム
ベエル・シエバ
シナイ半島
ロトと別れる。
ナイル川
ペルシア湾

父テラに従ってウルを出たアブラムは、神の声を聞いてカナンへと向かう。そして、この地を神から授かることとなった。

すでに七十五歳になっていたアブラムであったが、神の言葉に従い妻のサライや甥のロトを連れ、遠路はるばるカナンへと渡った。

アブラムがカナン地方の岩山地帯のシケムまできたとき再び神が現われ、「あなたの子孫にこの地を与える」と告げた。以来、カナンの地はイスラエル民族にとっての「約束の地」となったのである。

今日のイスラエルとパレスティナの紛争の遠因はここにある。

ようやく安住の地を得たのもつかの間、このカナン地方が激しい飢饉《ききん》に見舞われてしまう。アブラムは食糧を求めてエジプトへ赴いて、難を逃れることにした。

しかし、アブラムは美しい妻のサライがエジプト人に目をつけられ、自分は殺されて、サライと財産が奪われるかもしれないと恐れた。そこで彼は、いざというときのためにサライを妹と偽った。

はたして、サライはエジプトの王ファラオに気に入られて召し出され、アブラムは羊やロバなど多くの土産を受け取ったのである。

とはいえ、他人の妻を召し出すという不義のため、神は、エジプトの宮廷に対し恐ろしい病気をもたらし報いた。サライがアブラムの妻であるという事実を知ったファラオはアブラムを叱責すると、慌ててサライをアブラムのもとに帰したのだった。

やがてカナンに戻ったアブラム一家は、金、銀、羊や牛など多くを手に入れ、裕福に暮らすようになる。

◆甥ロトとの決別

ところがまた厄介な問題が持ち上がる。家畜が多くなり過ぎたために、これらを飼育する牧草地などを巡り、アブラムと甥ロトそれぞれに仕える羊飼いたちの間で争いが起こるようになったのだ。

この問題を解決するため、アブラムはロトに別れて暮らすことを提案。彼は自分が年長ながら、若いロトに好きな地を選ばせた。

ロトは迷うことなく、緑豊かな大地が広がるヨルダン川流域の低地一帯を選び、なかでも栄えていたソドムの町に移り住んだ。

一方、アブラムにはほこりの多い荒地だけが残された。しかし神は、寛容で謙譲の美徳を示した彼を見捨てなかった。

アブラムがいる場所から見える東西南北のすべての土地を永久に与えると約束したのだった。

✝聖書ミニエピソード✝

アブラムの軍事力

ソドムに入ったロトを待ち受けていたのは悲劇だった。町がエラムの王らによって攻められて財産や食糧が奪われ、ロトも家族とともに捕虜になってしまったのだ。

これを知ったアブラムは318人の下僕を引き連れ、救出に向かった。夜襲をかけて侵略軍を打ち破り、ロトと家族、そして財産を取り戻した。この後、ソドムの王はアブラムを丁重に迎え、侵略軍から取り返した財産の一部を分け与えると告げた。しかしアブラムは「あなたにアブラムを裕福にしたのは自分だといわれたくないので、糸一筋でもいただきません」と拒絶したのである。

この物語から、すでにアブラムの一族が一定の軍事力を有していたことがわかる。

イサクとイシュマエル

母親同士の争いに巻き込まれた息子たち

◆割礼の起源

カナンとエジプトへの旅を経るなかで、アブラムは子孫が星の数ほどになるという約束を神からもらったが、いっこうにサライとの間に子が生まれる気配がなかった。

血統が途絶えることを心配したサライは、意を決してエジプト人の女奴隷ハガルを夫に差し出した。子を産まない妻が夫に奴隷を与え、生まれた子を世継ぎとして育てるのは、古代イスラエル社会の習慣でもあった。

アブラムもサライの申し出を受け入れ、ハガルを側女《そばめ》にしたところ、やがて彼女は身籠った。

するとハガルは優越感からサライを見下すようになる。これに腹を立てたサライは夫に訴え、夫の赦しを得るとハガルにつらく当たった。耐えきれなくなったハガルは逃げ出すが、今度は神によって諭《さと》され、アブラムのもとに戻ってイシュマエルを産んだ。

アブラハム一族の内紛

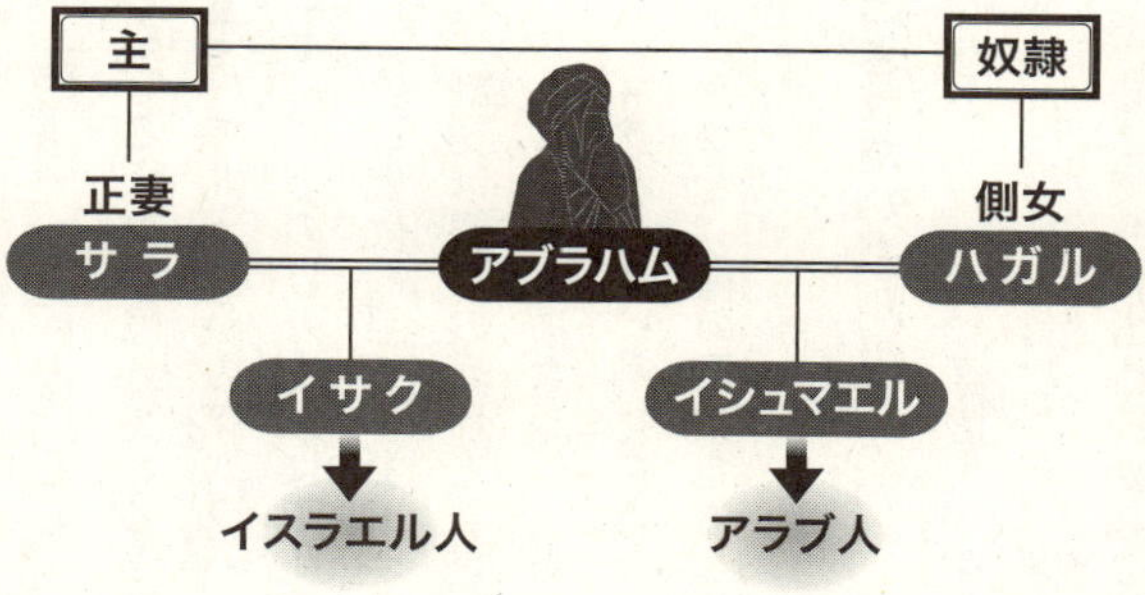
主
奴隷
正妻
側女
サラ
アブラハム
ハガル
イサク
イシュマエル
イスラエル人
アラブ人

ようやくハガルに子を授かったアブラハムであったが、妊娠を諦めていた正妻サラにも子ができたことで内紛が起こる。

こうしてアブラムは八十六歳にして初めて父親となる。

それから十三年後、神がアブラムの前に現われ、先の契約を確認した。神はアブラムを国民の父、サライを国民の母にして子孫の神々にもなると告げ、それぞれアブラム（りっぱな父）からアブラハム（多くの国民の父）へ、サライ（私の王女）からサラ（王女）へと名前を変えさせた。

神はさらに、新たなふたつの契約を示した。ひとつ目はカナン全土をアブラハムとその子孫に与えること。ふたつ目は一年以内にサラに男の子が生まれ、その子とも契約を交わすことである。

その代わりに神を信じる証として、子孫

はもちろん奴隷に至るまですべての男子に、生まれて八日目に割礼《かつれい》（性器の包皮の一部を切除する儀礼）を受けることを約束させた。これが永遠の契約となり、無割礼の男は、契約を守る人から除外されると告げた。

これを受けて九十九歳のアブラハムと十三歳のイシュマエルは、自分の家にいる男子全員とともに、その日のうちに割礼を受けた。

この日を境に現代に至るまで、ユダヤ人の男子は生まれて八日目に割礼を受けるようになった。割礼は犠牲の変形とも言われ、ユダヤ人にとっては宗教的に選ばれた者の証として行なわれるようになった。当然、イエスも割礼を受けている。

さて、アブラハムらは割礼を行なったものの、一方で当時九十歳のサラが子供を産めるものだろうかと、神の言葉を信じられず思わず笑ってしまう。

◆追い出されたハガル母子

ところが翌年、サラに子どもが生まれた。神の命令どおりイサク（「私は笑う」）と名づけ、八日目に割礼を受けさせ、盛大な祝宴を開いた。

しかし、ここでまたも内紛が起こる。

自分の子を授かったサラは、ハガルの産んだイシュマエルを疎ましく感じるようになったのである。ハガル母子もそれを感じ取ったのだろう。サラ母子とハガル母子の仲は険悪となった。そしてイシュマエルが幼いイサクをいじめたのを見たサラは、ついにハガル母子を追い出すようアブラハムに迫った。

アブラハムにとってはいくら正妻の子ではないとはいえ、イシュマエルもわが子であることに変わりはない。すると、悩むアブラハムの前に神が現われ、「あの子とあの女のことで苦しまなくてもいい。サラの言う通りになさい」と言われた。

そこで翌日、アブラハムはパンと水を与えてハガル母子を追い出したのだった。

✝聖書ミニエピソード✝

イシュマエルのその後

一族のもとを追い出されたハガルとイシュマエルは、その後どうなったのだろうか。

砂漠をさまよううちに持参した水も底を尽き、飢えと渇き、そして疲労に絶望したハガルは、イシュマエルを木の下に置く。そしてわが子が死ぬのを見るのは忍びないと言って、その場を離れて泣いた。そんなハガルの声を聞いた神は、天使を遣わして水の豊富な井戸をハガルに示し、神自身が少年を守るとふたりを励ました。

その後イシュマエルはシナイ半島に住み、長じてエジプト人の妻を迎えて、アラブ人の祖となった。イスラームの伝説によれば、イシュマエルはアブラハムとともにメッカのカアバ神殿を築き、その血脈はイスラーム教の開祖ムハンマドに至るという。

ソドムとゴモラ

神に滅ぼされた悪徳の町とカナン周辺異民族の誕生

◆神の裁きにさらされるロト一家

アブラハムがイサクを授かる少し前のこと。

アブラハムの甥ロトは、家族とともに死海のほとりの町、ソドムに住んでいた。ところがソドムと隣町のゴモラは、人々の欲望がうごめき、男色がはびこる邪悪な町と化していた。そのため神はこの町に罰を下そうと考えた。これを神から告げられたアブラハムは、甥の身を案じて神に取りなしを願う。執拗《しつよう》に食い下がるアブラハムに対し、神は「町に十人でも正しい者がいれば滅ぼしはしない」と約束して去った。

ほどなく旅人に身をやつしたふたりの神の使いがソドムの町に着いた。町の門の辺りにいたロトは、旅人を自宅に招き入れ、歓待して泊まっていくように強く勧めた。

ところがこれを聞きつけた町の人々が騒ぎ出し、ロトの家を取り囲んだ。ロトは騒ぎを鎮めようとしたが、人々は家の戸を破って室内になだれ込もうとする始末。

この町には十人も正しい人がいないと悟った神は、町を滅ぼす決断を下し、すぐに逃げるようロトに告げた。ロトは嫁いでいるふたりの娘たちに伝えたが、その婿たちは信用しない。仕方なくロトは妻とふたりの娘だけを連れてソドムを脱出。そんなロト一行に神は、「命がけで山に逃げなさい。ただし後ろを振り返ってはいけない」と忠告した。ロト一家が命からがら低地のはずれの町ツォアルにたどり着いたとき、神は罰を下した。ソドムとゴモラは、いたるところに硫黄の火が降り注ぎ、住民も植物も町全体がみな焼き尽くされた。ロトたちは逃げ続けたが、妻はソドムの町が気になったのだろう。思わず神の忠告を忘れて振り返った。その瞬間、彼女はたちまち塩の柱になってしまう。残された三人は悲しむゆとりもなく走り続け、ようやく逃げおおせた。

◆ソドムの悲劇は史実だった？

これがソドムとゴモラの滅びの物語である。神の業そのものとしか言いようがない天変地異だが、この一連の現象は科学的に根拠のない話ではないと主張する学者もいる。

もともと、この地域は地震活動が活発で、死海の下には巨大な地層の裂け目が走っていた。そのため大地震が起こり、裂け目から地中に眠っていた石油やメタンガスがわき

塩分濃度の高い死海。湖の周辺には地下の裂け目を伝わって地表に現われた塩の塊が見られる。ソドムとゴモラの物語において、ロトの妻が塩の柱になったが、死海の南側にはこのロトの妻とされる岩塩の山がある。

出て引火。その火が、この地中に多く眠る硫黄を発火させたというのだ。

硫黄が燃えながらドロドロと斜面を流れ出すさまは、火炎地獄さながらの様相だっただろう。

さて、助かったロトとふたりの娘は山の洞穴に住んだ。娘たちは子孫を残すために相談して、父から子種を受けようと考えた。

父にぶどう酒を飲ませ、父が気づかないうちに床をともにした。そして娘たちは父の子を身籠り、姉はモアブ人の祖となるモアブを産み、妹はアンモン人の祖となる男の子ベン・アミを産んだ。

イサクの犠牲

究極の選択によって証明されたアブラハムの信仰心

◆わが子の犠牲によって試される信仰

その後、アブラハムはサラとイサクとともに平和に暮らしていたが、あるとき試練が訪れた。神から「あなたの愛する息子、イサクを連れてモリヤの山に行き、燔祭《はんさい》として捧げなさい」というお告げが下されたのだ。

燔祭とは羊を祭壇で殺し、焼いて神に捧げる犠牲の儀式である。神はその羊の代わりにイサクを捧げるよう命じたのだ。

かわいいわが子を殺して焼き尽くすことなどできるだろうか。とはいえ、神の言葉に背くことはできない。

アブラハムは悩んだが、彼はやはり信仰の人であった。

夜明け前、妻には打ち明けないまま、ふたりの従者とイサクを連れて家を出た。三日後、一行はモリヤの山に到着する。アブラハムは麓に従者を残し、薪《たきぎ》を背負ったイサクとふたりで山道へと入っていった。

「お父さん、火と薪はありますが捧げる羊はどこにあるのですか」とイサクが無邪気にたずねた。アブラハムは言葉少なに「子羊は神自らが供えてくれる」としか答えることできなかった。

そしてついにそのときがきた。

アブラハムはイサクを縛って祭壇に乗せた。そしてイサクの頭を取り押さえると、刃物でその首に切りつけようとした。その瞬間、「アブラハム」と声が響いた。

「その子に手をかけてはならない。あなたは私のためにひとり子さえ惜しもうとしなかった。私はあなたを祝福し、あなたの子孫を夜空に輝く星くずのようにいっぱいにする」と、天からの声が聞こえ、アブラハムの信仰心の強さをたたえたのである。

この劇的な場面は、絵画のモチーフとして盛んに用いられた。天使が刃を持ったアブラハムの腕を止める構図のレンブラントによる『イサクの犠牲』などが名高い。

神による制止ののち、アブラハムはうしろに羊が供えられているのを見た。アブラハムは刃でその羊の首を刺し貫き、イサクの代わりとして神に捧げた。

◆なぜ神はアブラハムを試したのか？

わが子を神に捧げようとしたこのエピソードは、子どもへの愛か、それとも信仰心かという究極の選択でアブラハムの信仰心を試そうとしたものである。

神は捧げられたイサクを受け取ることで、アブラハムの確かな信仰もしっかり受け取ったのだった。

アブラハムはその場所を「ヤーウェ・イルエ」と呼んだ。そして今も「主の山に、備えあり」と言う。これは「神が見ていて下さる」とも訳すことができる。アブラハムは見えないところに備えている神の恵みに心から信頼していたのである。

✝聖書ミニエピソード✝

イサクの嫁取り

長寿を誇ったアブラハムも、サラを失い、やがて自身の死期を悟るときが来た。そこで、イサクの嫁に信仰心の篤い娘をと考え、故郷にいる一族の娘から選ぶよう、従者に命じた。従者が故郷ナホルに行き、泉のほとりで祈っていると、美しい娘が水汲みにやってきた。

従者が水瓶の水を飲ませてほしいと懇願すると、娘は快く応じたばかりか、従者が連れていたラクダのために何度も水を汲みに走った。美しく優しい娘の名はリベカ。しかもアブラハムの兄弟ナホルの血を引く娘であった。

従者はさっそくリベカの父に結婚を申し込み、リベカはイサクのもとに嫁いで来た。イサクはリベカを愛し、これを見届けたアブラハムは175年の生涯を閉じた。

ヤコブの策略

老いたイサクを騙し長子権を奪い取った次男

◆兄と父を騙すヤコブ

イサクとリベカの間にはなかなか子どもが生まれなかったが、イサクのたっての願いを聞き入れた神によって、この夫婦に双子が授けられた。

ところが、リベカのふたりの子どもが胎内で激しく争ったため、リベカがその理由を神にたずねたところ、神はふたりの仲は悪く、兄は弟に仕えることになると予告した。

やがて月が満ち双子が誕生。赤毛の兄は「赤」を意味する「エサウ」と名づけられ、この兄のかかとをつかんで生まれた弟は「かかとにつかまる者」を意味する「ヤコブ」と名づけられた。やがて父イサクは、活発な狩人に成長したエサウを愛し、母リベカは、天幕の周りで働く穏やかなヤコブを愛した。両親のこの偏愛が新たな争いを生む。

ある日、腹を空かせたエサウは、ヤコブがつくっていた赤い色の煮物を分けてほしいと頼んだ。ヤコブは「長子権と引き換えなら」と答えた。空腹に耐えかねたエサウは深く考えもせず、それを聞き入れて煮物にありつく。こうしてヤコブは一皿の料理で長子権を手に入れてしまう。

やがてイサクは年老いて目がかすみ、エサウに好物である獲物の肉を食べさせてくれれば長子に対する祝福を授けると伝えた。これは家督を譲ることを意味する。

ここでリベカは一計を案じる。子ヤギを料理し、ヤコブの手と首に子ヤギの皮をつけさせ、料理を運ばせたのである。視力が弱まっていたイサクは肉の匂いに騙され、またヤコブの手を握り、毛深いエサウと勘違いしてエサウに授けるべき祝福を授けてしまう。これでヤコブは家長であるイサクから正式に長子権を認められたことになる。

その後、エサウが本物の肉を持って帰ったが後の祭りであった。エサウは怒り、ヤコブを殺そうとしたため、リベカはヤコブを自分の兄ラバンのもとに逃がす。

その地でヤコブはラバンの娘ラケルに心惹かれ、ラケルを嫁にもらう代わりに七年間ここで働いた。晴れて婚礼の日を迎えるが、明け方、ヤコブのかたわらに寝ていたのは、ラケルではなく、醜い姉のレアだった。ラバンは妹を姉より先に嫁がせるわけにはいかないと言い訳をして、ラケルのためにもう七年間働いてほしいと言った。ヤコブはラケルを愛していたので、ラケルを娶《めと》るまでもう七年間、ラバンのもとで働いた。

ヤコブの帰還

天使と互角に闘ったヤコブは新たな名を与えられる

◆「イスラエル」の名の由来

ヤコブはしたたかな伯父ラバンのために、二十年間の労働を強いられた。しかしヤコブもこれを逆手にとってひと財産築いたため、ラバンとの仲が険悪になった。

そんななか、ヤコブは「今すぐ先祖の土地に帰りなさい。私はあなたとともにいる」という神の声を聞く。ヤコブはすぐさま妻と多くの子をラクダに乗せ、ここで得たすべての家畜とともにカナン地方に向けて脱出した。

さて、郷里が近づくにつれ、兄のエサウがいまだ怒っているのではないかと心配になったため、ヤコブは先に使いを送った。兄が出迎えてくれると聞いたものの、なおも不安が募り、万一のときに備えて財産や民を半分に分けて野営地にとどまらせた。

不安な夜を過ごすなか、ヤコブはヤボクの川の渡しに差し掛かった。すると、何者かが現われて夜明けまでヤコブと組打ち（組み合って闘うこと）をした。その人物はヤコブに勝てず、ヤコブの腿の関節を打ってこれを外すと、「今後はイスラエルと名乗りなさい。なぜならあなたは神と闘って勝ったのだから」と告げ、祝福を与えて姿を消した。この改名は神との出会いを経験し、それを機に人生が一変することを祝福するものである。

ヤコブの性格には問題も多いが、彼の真剣な姿勢が神に祝福を許されたのだ。

さて、ヤコブの不安に反して、エサウはヤコブを親しく出迎え、ふたりは和解した。エサウはセイルに、ヤコブはシケムに戻って族長の地位に収まった。

◆イスラエル諸部族の祖となったヤコブの子ら

晴れて族長となったヤコブには、十二人の子があった。当初、姉のレアにばかり子が生まれ、次女ラケルにはなかなか生まれなかったので、ラケルはレアに対抗して女奴隷を与えた。レアもこれに対抗して女奴隷を与えたので、計四人の妻から十二人の子が生まれたのだ。

レアの子がルベン、シメオン、レビ、ユダ、イサカル、ゼブルン。ラケルの子はヨセフ、ベニヤミン。ラケルの女奴隷ビルハからはダン、ナフタリ。レアの女奴隷ジルパか

イスラエル十二部族の祖先

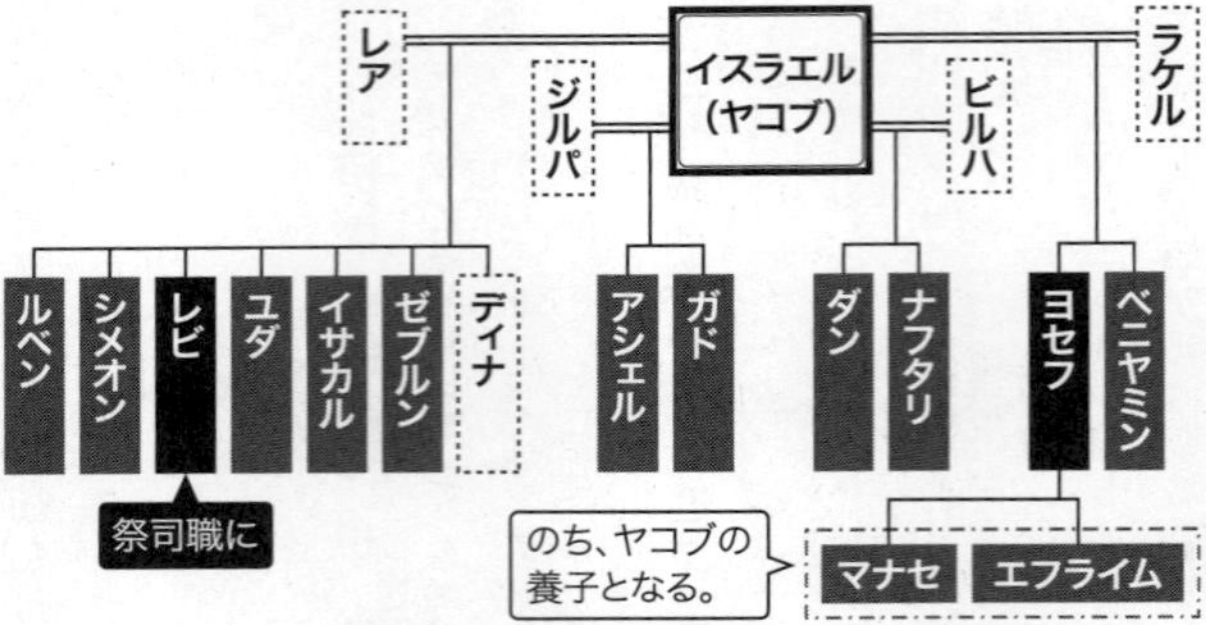
レア
ジルパ
イスラエル
(ヤコブ)
ビルハ
ラケル
ルベン
シメオン
レビ
ユダ
イサカル
ゼブルン
ディナ
アシェル
ガド
ダン
ナフタリ
ヨセフ
ベニヤミン
祭司職に
のち、ヤコブの養子となる。
マナセ
エフライム

ヤコブの息子たちは、イスラエル民族を構成する12の部族の祖となった。

らはガド、アシェルが生まれている。彼らはイスラエル十二部族の祖となった。

イスラエルにおいて、この十二という数字は、世界を包括する完全な数といわれている。

ところで神に祝福されて生まれてきたヤコブだが、彼が神性を備えた証とされるものに石の柱がある。それは兄からの逃亡中でのこと。ヤコブは夢のなかで天に届く階段を神の使いが上り下りする夢を見た。夢から覚めたヤコブは枕にしていた石を柱に見立て、その先端に香油を注ぐ儀式を執り行なった。

柱にされたその石は、イギリスで「スクーンの石」と呼ばれ、ウェストミンスター寺院に置かれて歴代国王の戴冠式《たいかんしき》を見守り続け、現在はエジンバラ城に収められている。

エジプトに売られたヨセフ

兄たちから嫌われたヤコブの秘蔵っ子の悲劇

◆兄たちの怒りを買った夢解き

エサウと和解したヤコブは、かつて父が滞在していたカナンの地で暮らしていた。最愛の妻ラケルを早くに失ったが、そのラケルとの間に生まれたヨセフは十七歳になった。ヤコブはこのヨセフを特別かわいがり、特別な衣服を与えたりしたが、これがヨセフに悲劇をもたらす。

兄たちはヨセフが父に特別かわいがられていることを快く思っていなかった。その上、ヨセフが見たという夢が兄たちを激怒させた。

ヨセフは「畑で束を結わえていると、私の束がまっすぐ立ち上がり、兄さんたちの束が集まってきて私の束にひれ伏す夢を見た」というのである。これが兄たちに「ヨセフが俺たちより優位に立って、俺たちを支配するというのか」と反感を買ってしまう。

ヨセフの夢はそれだけではなかった。再び兄たちに「太陽と月と十一の星が私にひれ伏す夢を見た」と言い、さらに父ヤコブにまでこの夢を話した。そのため父からも「私も母さんも兄さんたちも、お前の前にひれ伏すというのか」と叱られてしまう。父はこのことを心に留め置いただけだが、兄たちはいっそうヨセフを憎んだ。

当時、夢は神からのメッセージだと考えられていたため、その解釈が盛んに行なわれていた。ヨセフの見た夢は、ヨセフが兄たちを支配することを暗示した内容ととられるものであった。

ついに兄たちは、ヨセフを殺してしまおうという考えに至る。

◆エジプトに売られるヨセフ

兄たちはヨセフが父の使いでシケムにやってきたとき、これを捕らえて穴に投げ込んで飢え死にさせようとした。

ところが、たまたまイシュマエル人の隊商がやってくるのが見えたため、計画を変更。兄弟のひとりのユダが「弟を殺しても何の得にもならない。それよりもあのイシュマエル人に売ってしまおう」と持ちかけ、ヨセフを銀二十枚の値段で売り渡そうとした。

しかし、すでにヨセフはミディアン人の隊商によって穴から引き上げられ、イシュマエル人に売られてしまっていた。

ヨセフはこの商人によってエジプトへ連れて行かれ、ファラオの宮廷に仕える高官ポティファルに売り渡された。

一方、父にはヨセフがいなくなった説明をしなければならない。兄弟たちはヨセフの着物をヤギの血に浸してヤコブに見せたのである。

ヨセフが野獣に食い殺されたと思った父は泣き崩れた。子どもたちがかわるがわるやってきて父を慰めようとしたが、彼は「私もあの子のところへ嘆きながら下っていきたい」と嘆き悲しむばかりだった。

✝聖書ミニエピソード✝

残虐なヨセフの兄たち

実の弟を殺害しようとしたヨセフの兄たちには、次のような逸話もある。

あるとき、彼らの妹にあたるディナがシケムという人物に凌辱を受けた。シケムの父が謝りに訪れたところ、兄レビとシメオンは割礼を受けるよう求めた。そして、その隙をついてシケムの町を襲撃し、町の男を皆殺しにしてしまった。

ユダは長男の未亡人タマルを次男オナンの妻とした。面白くないオナンは膣外に射精したため、オナンは神の怒りに触れて死ぬ。この故事から自慰行為はオナニズムと呼ばれるようになった。タマルは三男との結婚を求めたが、ユダはこれを拒否。恨みに思ったタマルは遊女に成りすましてユダと関係を結び、その子を身籠った。

ヨセフの出世

王の夢解きにより奴隷の身からエジプトの宰相へ

◆投獄されたヨセフ

兄弟たちによってエジプトに売られたヨセフは、奴隷という不遇の身に落とされながら、神を信じて一生懸命働いた。神もヨセフを祝福したため、ヨセフの行ないはすべて成功した。彼の主であるポティファルも信頼して家の全財産の管理を任せるまでになった。

ところが好《こう》事《じ》魔《ま》多し。ポティファルの妻が美貌のヨセフを執拗《しつよう》に誘惑し始めたのだ。ヨセフは強い心を持ち、不義の交わりは神に対する罪であることを理由に拒み続けたが、ポティファルの妻も執念深かった。

ある日、彼女はひとりでいたヨセフのもとにこっそりやってくると、彼の上着を強引につかんで、一緒に寝るように迫った。ヨセフはとっさに逃げたが、これが人妻の怒りに火をつけた。ヨセフが思うようにならないと知った彼女は突然大声を出し、ヨセフに襲われかけたと訴えたのである。

これを聞いたポティファルは怒ってヨセフを監獄に入れてしまった。

◆夢解きがもたらしたヨセフの出世

しかしヨセフはここでも投げやりになることなく、誠実で前向きな生き方を貫いた。やがて彼は監獄長からも信頼され、囚人の管理を任されるようになった。

そんなある日、ヨセフは監獄にいたファラオの元給仕長が見た夢の夢解きを頼まれた。その夢解きの通り、給仕長は王から許され、元の職場に復帰することになった。

ヨセフは給仕長に、自分が無実の罪で監獄に入れられていることをファラオに取り計らってくれるよう頼むが、給仕長はヨセフの頼みごとなどすっかり忘れてしまう。

それから二年の歳月が流れた。あるときファラオはふたつの不思議な夢を見た。ひとつは、ナイル川のそばで七頭のやせ細った雌牛が、肥えた七頭の雌牛を食べてしまう内容である。もうひとつは、七つのしなびた穂が七つの肥えて豊かな穂を飲み込んでしまうというものだった。この夢に重大な意味があると感じたファラオは、国中から有名な占い師などを集め、この夢の意味をたずねるが、誰も答えられなかった。

そのとき、給仕長はすっかり忘れていたヨセフのことを思い出してファラオに告げた。召しだされたヨセフは「これは神が解くのです」と答えた上で、その夢の重大な意味を解き明かした。それは七年の大豊作がやってきて、その後に七年間の大飢饉《ききん》がやってくるという神からの予告である。そこで七年間に穀物をたくわえ、優秀な人材を雇うべきだと、ヨセフは対処方法まで教えた。

ファラオは感動し、その仕事をさせるために三十歳のヨセフを宰相に任命した。

そしてヨセフの言葉通り、七年の大豊作ののち、七年間の大飢饉に見舞われたが、ヨセフが提案した対策のおかげでエジプトは大事に至らなかったのである。

古代エジプトとイスラエルの族長

4500年頃	**先王朝時代** エジプトに新石器文化が起こり、農耕・牧畜が始まる。
2900年頃	**初期王朝時代（第1～第2王朝）** メネス（ナルメル）王が、エジプト全土を統一する。
2550年頃	**古王国時代（第3～第6王朝）** 第4王朝のクフ王がギザに大ピラミッドを築造する。
2490年頃	太陽神殿が盛んに建設される。
2200年頃	**第1中間期（第7～第10王朝）** 国内は混乱し、群雄割拠の時代となる。
1986年頃	**中王朝時代（第11～第12王朝）** メンチュヘテプ2世、エジプトを再統一する。
1768年頃	**第二中間期（第13～第17王朝）** アジアの遊牧民ヒクソスが侵入し、異民族王朝が樹立される。
1460年頃	**新王国時代（第18～第20王朝）** トトメス3世の征服により、エジプトの領土が最大となる。
1360年頃	ツタンカーメン王が即位する。
1315年頃	ラムセス2世、シリアのカデシュでヒッタイトと交戦する。

B.C.1900年頃	アブラハム	カナンへ移住
B.C.1500年頃	ヨセフ	エジプト移住
B.C.1250年頃	モーセ	出エジプト

※年代はすべて紀元前（B.C.）

ヨセフが活躍した時代のエジプトは、ヒクソスによる異民族王朝によって支配されていたといわれる。

ヨセフと兄弟の和解

飢饉によって解決した兄弟のわだかまり

◆エジプトでヨセフと兄弟たちが再会

エジプトで飢饉が起こったとき、世界各地でも同様の飢饉が起こり、人々は食糧が豊富にあるエジプトに集まるようになった。ヨセフの父ヤコブと兄弟たちが暮らすカナンも食糧が乏しくなったため、末息子のベニヤミンを除く兄弟が食糧を求めてエジプトにやってきた。ヨセフはすぐに兄たちだと気づいたが、兄弟たちはまさか目の前に立つエジプトの宰相が弟のヨセフだとは思わずひれ伏した。

ヨセフは兄弟たちに仕返しをするために罠を仕掛ける。まずは兄弟たちをスパイ容疑で逮捕すると、シメオンだけを人質として残した。そしてほかの兄弟たちに家へ帰って末息子のベニヤミンも連れてくるように命じた。

カナンに戻った兄弟たちはベニヤミンを連れて行こうとするが、ヤコブは愛妻ラケルの遺児であったベニヤミンを手放すことを嫌がった。しかしエジプトに行かなければ捕らえられているシメオンを救えず、一家の食糧も確保できない。

その時、兄弟のひとりユダが「私たちが身柄を保証します。もし私が彼を連れ帰れなかったなら、私は一生あなたに対して罪を犯すことになります」と強い覚悟で説得したため、父も心を動かされ、ベニヤミンを同行させた。

一行を出迎えたヨセフはうってかわって一行を歓待し、官邸に招きいれた。ヨセフは唯一、母を同じくする実の弟ベニヤミンを見て懐かしさが募った。

◆改心していたヨセフの兄たち

翌朝、一行は多くの荷物を手に官邸をあとにして家路を急いだ。ところが町を離れると、武装した兵士の一団が後を追ってきて「私の主人が飲む杯を取るとは、何事か。善を悪で報いるつもりか」と責め立てる。

ことの次第を理解できない兄弟たちは「もしそんなことがあれば私どもも奴隷になりましょう」と順番に袋を開けていった。

ところが最後のベニヤミンの袋からヨセフの銀の杯が出てきて兄弟たちは青くなった。ヨセフは引き立てられてきた兄弟たちに向かって「杯が見つかったものだけ奴隷に

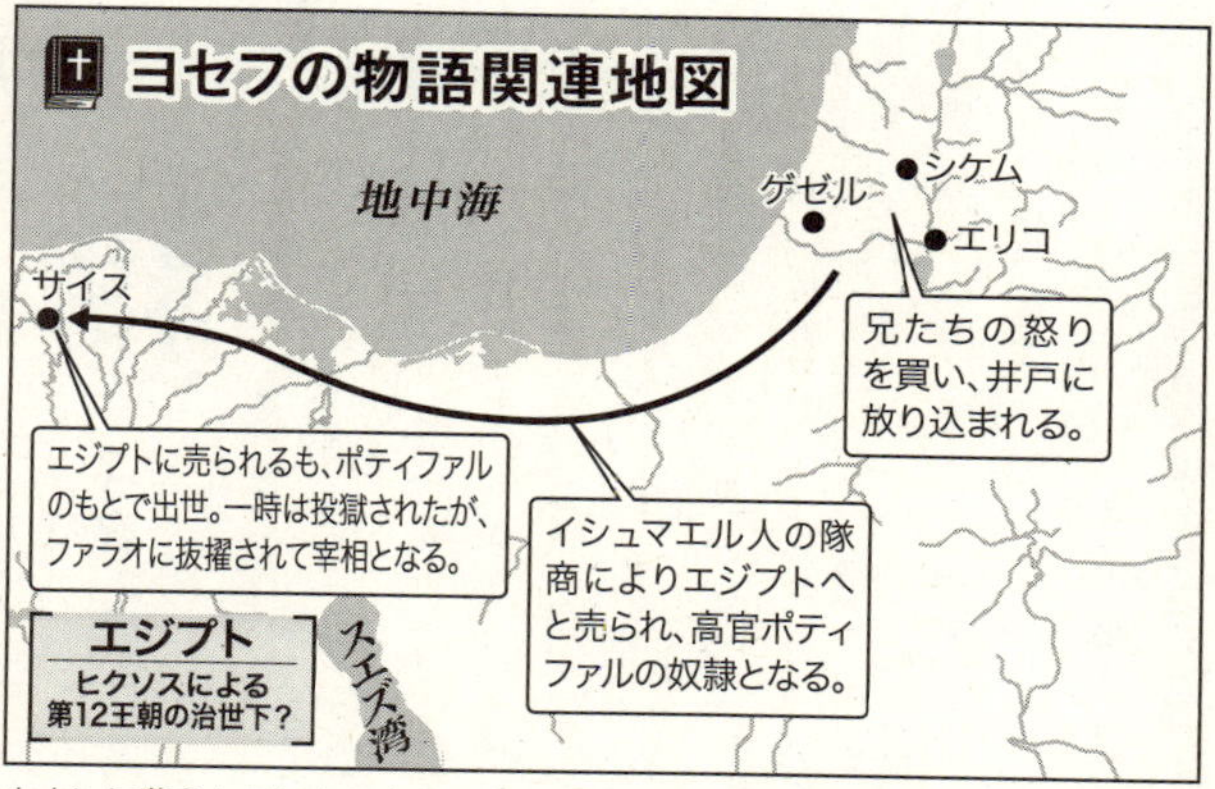
ヨセフの物語関連地図
地中海
ゲゼル
シケム
エリコ
サイス
兄たちの怒りを買い、井戸に放り込まれる。
エジプトに売られるも、ポティファルのもとで出世。一時は投獄されたが、ファラオに抜擢されて宰相となる。
イシュマエル人の隊商によりエジプトへと売られ、高官ポティファルの奴隷となる。
エジプト
ヒクソスによる第12王朝の治世下？
スエズ湾

カナンに暮らしていたヨセフであったが、エジプトに売られ、この地で華々しい出世を成し遂げる。


なればよい」と言った。

するとかつてヨセフを売り渡そうと提案したユダが今度は「父のために、自分が身代わりになるから末の弟だけは帰してほしい」とベニヤミンをかばう。

これを聞いたヨセフは感激し大声を上げて泣いた。そしてついに「私はヨセフです。まだ父上は生きていますか」と自分の正体を明かした。じつは、銀の杯はヨセフが、兄たちがどのような行動に出るか試すために仕組んだことだったのだ。ヨセフは兄たちを許し、兄弟との再会を喜びあった。

その後、ヨセフはカナンから父ヤコブと兄弟たちの一族全員をエジプトに呼び寄せたのだった。

Column
コラム

ユダヤ教・キリスト教・イスラーム教は三兄弟

俗に「ユダヤ三兄弟」と呼ばれるユダヤ教・キリスト教・イスラーム教の関係は、どのように理解したらいいのでしょうか?

じつは、それぞれの神学的な解釈にこだわらなければ、この三者は三つの宗教というより、同一の神を崇拝する三つの「宗派」と捉えるほうが、理解しやすいと思われます。なぜ「宗派」かというと、まずこれらの宗教は、同じ神を拝んでいる三つのグループであり、彼らの違いは、同一の神から授かった聖典が異なる、ということに尽きるからです。

この点は仏教で考えてみれば、わかりやすいでしょう。つまり、仏教では釈尊《しゃくそん》が悟ったとされる真実、即ち法(ダルマ)を表現したとされる経典が沢山あり、どの経典を最高のものとするかで宗派ができています。たとえば『阿弥陀経』なら浄土宗、『華厳経』なら華厳宗といったぐあいです。

もっとも、仏教では互いの優劣は議論しますが、「ユダヤ三兄弟」のように、暴力沙汰の争いに及ぶことは滅多にありません。ましてや、これが原因で「聖戦」になるというようなことはありません。そこに、この「ユダヤ三兄弟」の宗教の特殊性があります。

　この特殊事情を理解することは、単なる宗教レヴェルの問題に限らず、国際関係や国際紛争を理解する上でも非常に重要です。ひとつの例として、宗教都市・エルサレムの帰属問題を考えてみましょう。

　現在、イスラエルが実効支配するエルサレムは、元々はユダヤ教徒の神殿が建設されたユダヤ教徒の聖なる都でした。しかし、ユダヤ教の改革派的存在として出発したキリスト教にとっても、教祖イエス・キリストが処刑され、また復活したこのエルサレムは、まさに聖地中の聖地となったのです。

　さらに七世紀には、同じ唯一絶対の神を仰ぐイスラーム教徒が、預言者ムハンマドの昇天の地として、エルサレムを支配しました。こうしてエルサレムは、ユダヤ三兄弟のそれぞれの聖地として、その領有権の正統性が主張され、争われているのです。

　現在、それらの宗教は、長い紛争の歴史的結果として、辛うじて共存関係を維持していますが、その均衡は極めて危ういものです。その理由は、彼らの思考が「唯一絶対」という考え方を基本とし、宗教的に妥協点を見いだすことが難しい点にあります。後に述べるように彼らは、ただひとつの神の救いという椅子を三人で奪い合う、椅子取りゲームをしているような構造になっているのです。

第1部 『旧約聖書』

——第3章——

約束の地を目指して

モーセからのイスラエルの民の解放要求を拒み続ける。

イスラエルの民をエジプトより解放するよう求める。

10の禍をもたらし、ファラオを屈服させる。

神に背くイスラエルの民を懲らしめるため、イスラエルの民を支配させる。

回心したイスラエルの人々に対し、士《し》師《し》を遣わし、異民族の支配から解放させる。

カナンへと侵入し、民を長期にわたって支配する。

エジプトのファラオ

イスラエルの民を奴隷として扱うファラオ。第18王朝のラメセス2世とされる。

【カナン周辺の諸勢力】

カナン王ヤビン

ハツォルを治めていたカナン人の王。

ミディアン人

カナン周辺に暮らす異民族のひとつ。

アマレク人

カナン周辺に暮らす異民族のひとつ。

モアブ人の王エグロン

カナン周辺に暮らす異民族の王。

クシャン・リシュアタイム

イスラエルを８年間支配したアラム人の王。

ペリシテ人

鉄製の武器を駆使してイスラエルを圧迫した民族。

第3章の相関図

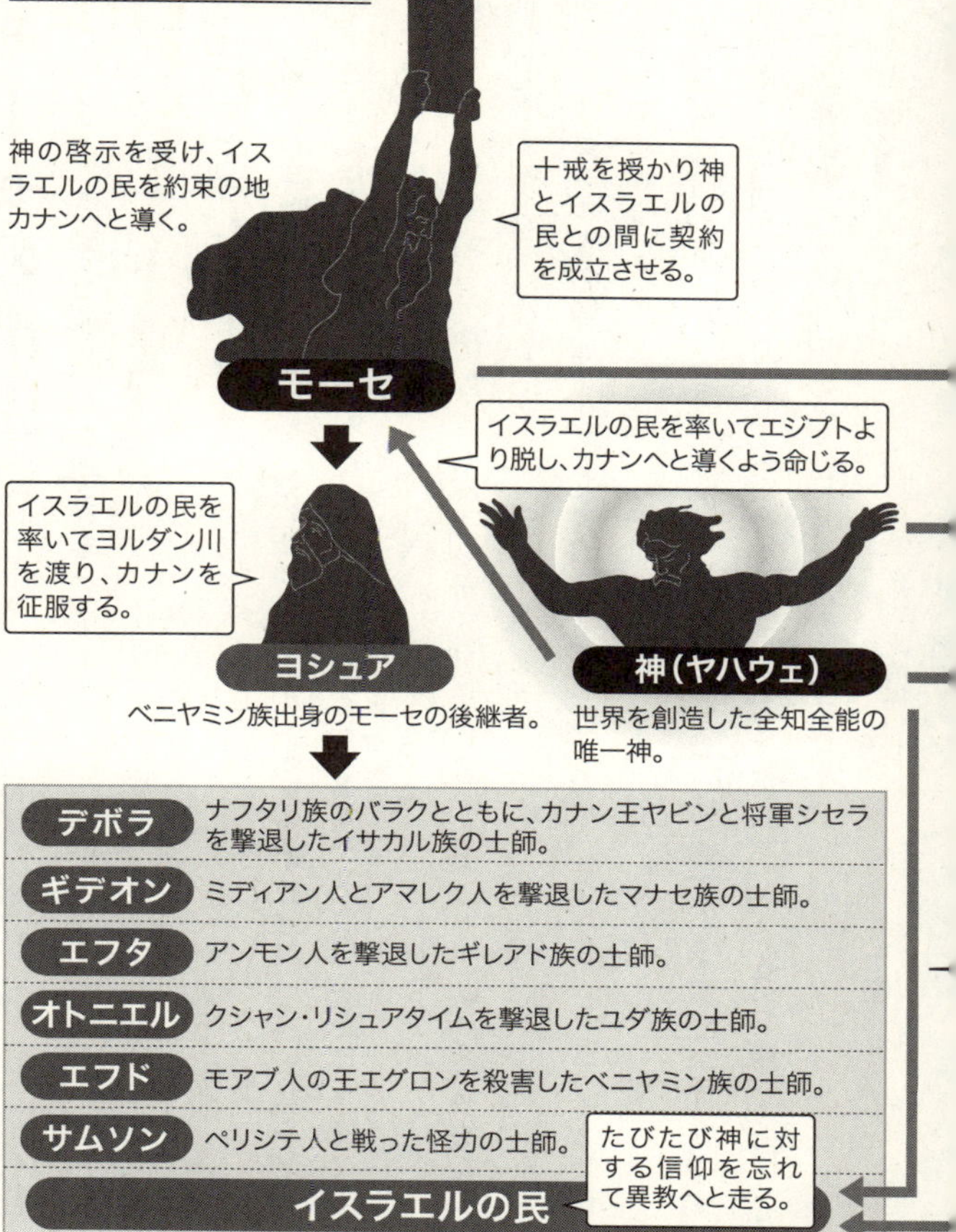
神の啓示を受け、イスラエルの民を約束の地カナンへと導く。
十戒を授かり神とイスラエルの民との間に契約を成立させる。
モーセ
イスラエルの民を率いてエジプトより脱し、カナンへと導くよう命じる。
イスラエルの民を率いてヨルダン川を渡り、カナンを征服する。
ヨシュア
ベニヤミン族出身のモーセの後継者。
神（ヤハウェ）
世界を創造した全知全能の唯一神。
デボラ
ナフタリ族のバラクとともに、カナン王ヤビンと将軍シセラを撃退したイサカル族の士師。
ギデオン
ミディアン人とアマレク人を撃退したマナセ族の士師。
エフタ
アンモン人を撃退したギレアド族の士師。
オトニエル
クシャン・リシュアタイムを撃退したユダ族の士師。
エフド
モアブ人の王エグロンを殺害したベニヤミン族の士師。
サムソン
ペリシテ人と戦った怪力の士師。
たびたび神に対する信仰を忘れて異教へと走る。
イスラエルの民

モーセの出生

イスラエル民族を解放した導き手の誕生

◆王の娘に育てられたモーセ

飢饉を救ったヨセフの栄光によって、イスラエルで栄えたヤコブの子孫は数を増し、エジプト全土に広まった。だが、長い歳月が流れると、エジプトの人々はヨセフを忘れ、その功績を知らないファラオが登場するようになった。ファラオは、数を増して勢力を拡大するイスラエル民族を恐れた。そのため彼らを奴隷化し、迫害するようになる。

さらにイスラエル人の増加を防ぐため、イスラエルの男児が生まれたらナイル川に投げ込むことまでも命じた。

そんな不穏な情勢下、イスラエルの部族のひとつレビ族のとある家で男児が生まれた。両親はこの男児を三か月隠したものの隠し切れず、一縷《いちる》の望みを託してパピルスの籠《かご》にその子を入れ、ナイル川の葦《あし》の岸辺に浮かべて置いた。

そこへ水浴びにやってきた王の娘が籠のなかの赤子を見つける。イスラエル人の子と分かったものの、娘は不憫《ふびん》に思ってその子を助け出し、自ら引き揚げたため、モーセ（引き揚げるの意、転じて救済者）と名づけて養子にして育てたのだった。しかも実の母が乳母として採用されたため、苦難の日々を送るイスラエル人のなかにあって、モーセは例外的に恵まれた幼少時代を送ることが出来た。

こうしてモーセはエジプト人のあらゆる学問を教え込まれて成長した。詳しいことは記されていないが、モーセもエジプトの王子と同じく家庭教師について学んだようだ。当時の王子の教育は象形文字の読み書きから、古典文学などの筆写、行政文書作成などの知識が教え込まれ、さらに武芸百般も身につけたと思われる。

しかしモーセは、自分がイスラエル人であることを忘れることはなかった。成人したモーセは、同胞のイスラエル人がエジプトの役人に鞭打たれているのを見て義憤に駆られ、役人を殺害してしまう。

モーセはその死体を砂に埋めたが、すぐに発覚したため、エジプトを脱してミディアン地方に逃亡。そこで祭司エトロの娘ツィポラと結婚し、息子をもうけることとなった。

モーセの逃亡と十の禍

殺人者としての逃亡から神の啓示を受けるまで

◆モーセに神の啓示が下る

モーセは逃亡先のミディアンで妻を持ち、義父の羊を飼って生活していた。

あるとき羊の群れを追って神の山ホレブにやってくると、そこで不思議な「燃える柴」を目にした。その柴は燃えているのに、いつまでも燃え尽きようとしない。モーセが近づくと、炎の間から「モーセよ」と神が呼びかけてきた。驚くモーセに神は、「苦しむイスラエル人を、エジプトからカナンに連れてくるように」と重大な使命を告げる。

戸惑うモーセは、自分が神の使いだと言っても信じてもらえないだろうし、雄弁ではないからと言って断った。すると神は杖をヘビに変えるなど奇跡の印を見せ、それを証にするように告げた。それでもモーセが断ろうとすると、神はついに怒り、雄弁なモーセの兄アロンを代弁者とせよと指示した。ここに至りモーセもこの使命を果たすことを決意した。

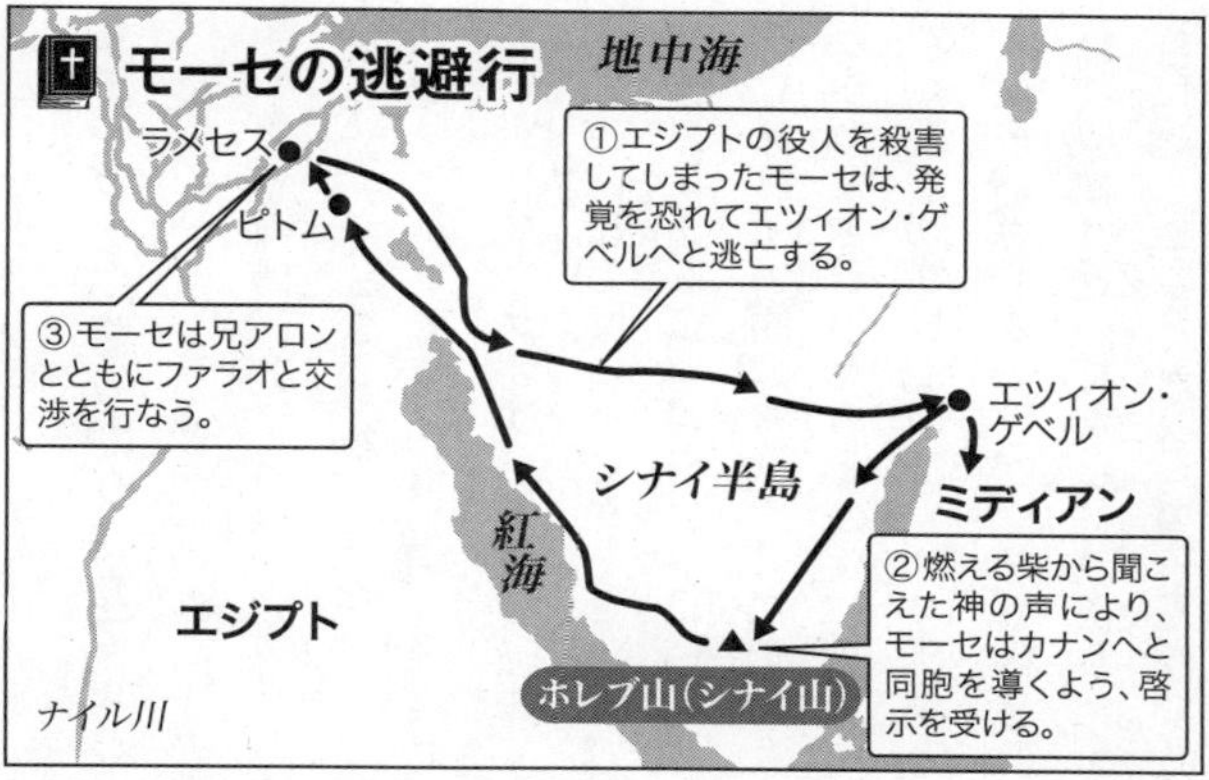
モーセの逃避行
地中海
ラメセス
ピトム
①エジプトの役人を殺害してしまったモーセは、発覚を恐れてエツィオン・ゲベルへと逃亡する。
③モーセは兄アロンとともにファラオと交渉を行なう。
エツィオン・ゲベル
シナイ半島
ミディアン
紅海
②燃える柴から聞こえた神の声により、モーセはカナンへと同胞を導くよう、啓示を受ける。
エジプト
ホレブ山(シナイ山)
ナイル川

エジプト人を殺害してしまったモーセは、エツィオン・ゲベルへと逃亡。しかし、ホレブ山に登った際、神からの啓示を受ける。

エジプトに戻ったモーセはアロンとともにファラオに会い、「イスラエルの神が、イスラエル人に荒野で祭りを捧げるよう命じているため、エジプトから出国させてほしい」と申し出た。時のファラオは、「出エジプト記」に登場する町の名前などから、第十九王朝のラメセス二世とする説が有力だ。

しかしモーセの申し出に対し、ファラオは「労役につくのが嫌だからそんなことを言い出したに違いない」と憤り、イスラエル人にムチをふるってより厳しく働かせた。

そのためイスラエル人は、モーセとアロンが余計なことをしたと彼らを憎むようになってしまう。最悪の事態になったと嘆くモーセに神は、奇跡でもって証拠を示すよう命じた。

◆エジプトに降りかかった厄災

そこで神がもたらしたのが「十の禍」である。ナイルの水が血に変わる禍、カエルの禍、ブヨの禍、アブの禍、家畜が疫病にかかる禍、人間と家畜に腫れ物ができる禍、雹《ひょう》の禍、イナゴの禍、エジプトを暗闇が覆う禍などの厄災を起こしてファラオに決断を迫ったのである。

しかしファラオはあくまで強情で、拒否したり、いったん約束しても変心したり、家畜だけは残していけと命じたりして、交渉はそのたびに物別れに終わった。そこで神は最後の禍として「エジプトにいるイスラエル人以外の初子《ういご》をすべて殺す」とし、これを楯にモーセは再びファラオに迫ったが、それでもファラオはイスラエル人の出国を許さなかった。そのためその夜、イスラエルの神の信仰を守る家以外の初子たちは、ことごとく殺されてしまった。ファラオの子も例外ではなかった。

翌日、さすがのファラオも観念し、モーセにイスラエル人を連れて出て行くよう命じた。奴隷に近い身から解放されたイスラエルの民は家畜を伴い、ただちにエジプトを出発した。このとき成人男子だけでも約六十万人にのぼったという。

十戒

イスラエルの民、モーセを介して神との契約を交わす

◆葦の海が割れた奇跡

モーセに率いられたイスラエルの民の一団は、荒野の道をシナイ山目指して行進していく。ところが奴隷を失うのが急に惜しくなったファラオは、心変わりして軍隊に後を追わせた。昼も夜も行進を続けたモーセの一団だが、葦の海を目の前にしてエジプト軍に追いつかれてしまう。

目の前には葦の海、後ろからはエジプト軍。もはや絶体絶命と誰もがあきらめかけたとき、奇跡が起こった。モーセが杖を高く上げ、手を海に向かって差し伸べると、強い東風が吹き荒れて、葦の海がみるみるうちに東西に分かれて壁になり、真んなかに陸地が現われたのだ。人々が歓声を上げて葦の海を渡り終えたとき、またもや不思議なことが起こった。モーセが海に杖をかざすと、海水は逆流となって追撃してくるエジプト軍を飲み込んでしまったのだ。救われた人々は神を讃え、歌い踊ったという。

◆神から授けられた契約「十戒」

さて、その後も荒野の旅は苦難が続いたが、そのなかで人々は数々の奇跡を目の当たりにする。あるとき激しい飢えに襲われた人々が、モーセに不満を言い立てた。モーセが神によばわると、必要な分だけのパンが天から降った。また、飲み水がないときにはモーセが杖をとって岩を打つと、水がほとばしり出たのだった。

そして葦の海を渡ってから三か月後、イスラエルの民はシナイ山の麓に落ち着いた。その三日後、雷と稲妻が山を覆い、角笛の音が鳴り響いた。山は煙に包まれ、炎のなかから神が山頂に降り立った。神はモーセを呼び寄せて、人々が守るべき十の戒律、すなわち「十戒《じっかい》」を授けた。また、祭司や財産の規定など、人々が守るべき教えも事細かに託した。

ところがこの後、モーセが教えを書いた石板を受け取るためシナイ山に登ったとき、麓では皮肉な事件が起きていた。モーセが長い間帰ってこないため、彼は死んだと思いこんだイスラエルの民が、アロンに「拝むための神をつくってほしい」と頼んだのだ。それは十戒でも禁じられている偶像崇拝であった。ところがアロンはその願いを聞き入れ、金の装飾品を溶かして雄牛の像をつくり、それを神として敬ってしまう。それを知

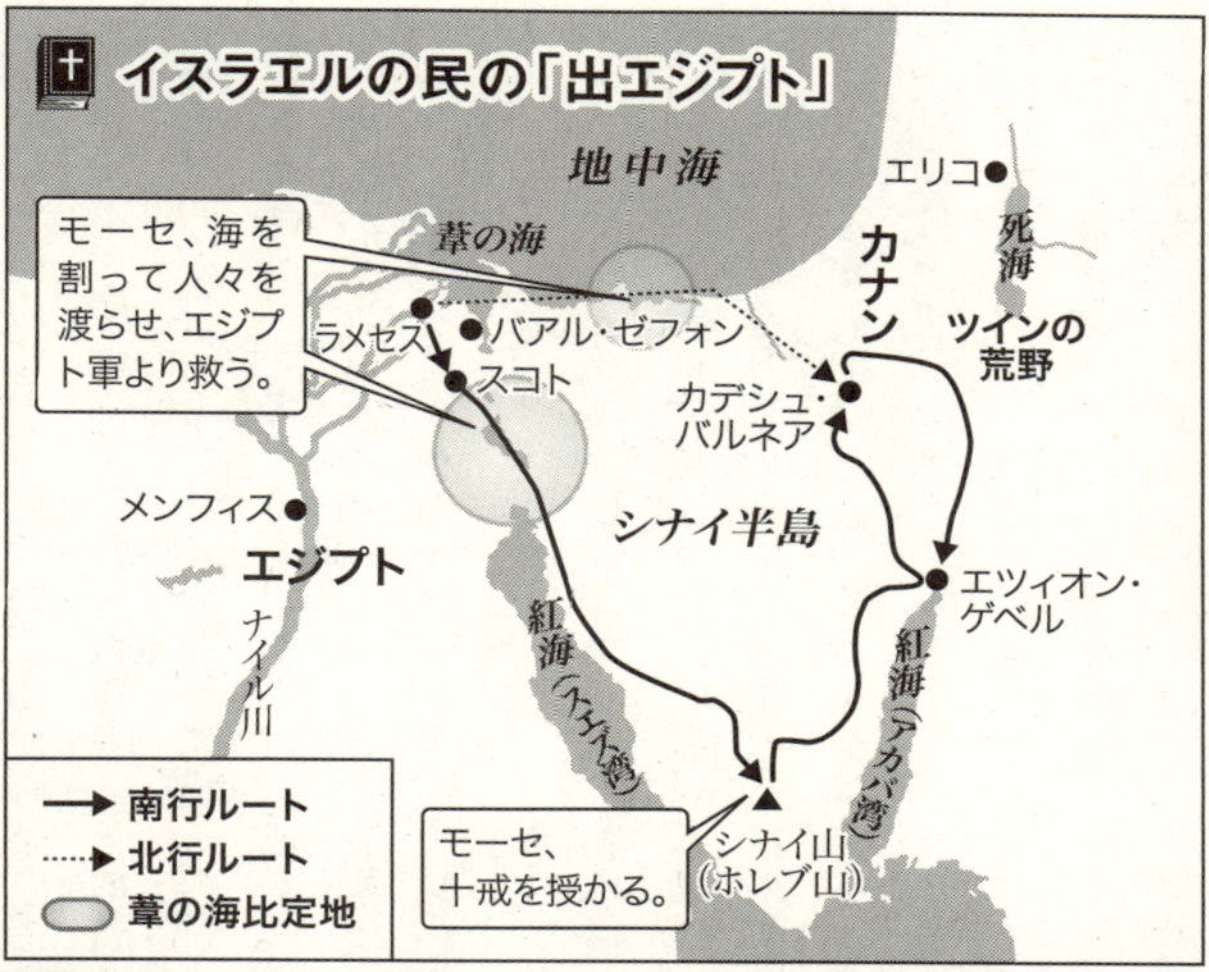
イスラエルの民の「出エジプト」
地中海
エリコ
死海
カナン
ツインの荒野
葦の海
モーセ、海を割って人々を渡らせ、エジプト軍より救う。
ラメセス
バアル・ゼフォン
スコト
カデシュ・バルネア
メンフィス
エジプト
シナイ半島
エツィオン・ゲベル
ナイル川
紅海（スエズ湾）
紅海（アカバ湾）
シナイ山（ホレブ山）
モーセ、十戒を授かる。
南行ルート
北行ルート
葦の海比定地

モーセの十戒

一、あなたは私以外を神としてはならない。
二、あなたは自分のために像をつくってはならない。
三、あなたの神、主の名をみだりに唱えてはならない。
四、あなたは、安息日を心に留め、これを守らねばならない。
五、あなたの父母を敬え。
六、殺してはならない。
七、姦淫してはならない。
八、盗んではならない。
九、隣人について、偽証してはならない。
十、隣人の家を欲してはならない。

モーセによる出エジプトは、紀元前 1250 年頃とされ、その経路については、南行ルートと北行ルートのふたつが有力とされる。また、モーセが海を割ったとされる葦の海については、紅海とバーダビル湖の２説が唱えられている。

った神は烈火のごとく怒った。山から下りてきたモーセも契約の石板を投げつけると、雄牛を粉々に砕いて焼いた。首謀者とその賛同者約三千人は神に打たれて死んだ。

偶像崇拝を排除したモーセは、神との契約を結び直し、神の言葉を刻んだ二枚の石板を持って山から下りてきた。彼らは神との契約を忘れないため、幕屋という移動できる礼拝所をつくり、その奥に石板を入れた契約の箱を置いた。

こうしてイスラエルの民は神と契約を交わし、神の意志に添う神の民になったのである。

ところでイスラエルの民がエジプト脱出後、通った経路はいったいどこなのか。その経路に関する説は大きく北行説、南行説のふたつに分かれている。

北行説は葦の海をシナイ半島北岸のバーダビル湖だとする。地中海とシルボニス湾を隔てている狭い地峡を渡ってカデシュ・バルネアへと南下したという。この説に従えばシナイ山はカデシュ・バルネアの西、ツィンの荒野にあるジェベル・ヒラルと呼ばれる巌、またはカデシュ南方のジェベル・アライフになる。一方南行説は、シナイ山をシナイ半島を南に迂回。カデシュ・バルネアを経て、カナンに入る経路だ。シナイ山をシナイ半島南端のジェベル・ムーサとし、紅海はメンザレ湖の南岸近くとする。

カナンの偵察

神を信じなかった十人と神を信じたふたりの偵察者

一行は約束の地カナンに近づいた。しかしカナンにはすでに住民がいて都市国家を築いていた。そこでモーセはカナン偵察のため、十二部族から代表者をひとりずつ選んで、カナンに送り込んだ。四十日後、帰ってきた彼らの意見はふたつに分かれていた。十人は「カナンは肥沃《ひよく》な土地ですが、住民は強く軍事力も自分たちより勝っている。エジプトへ引き返すべきです」と主張した。残るエフライム族のヨシュアとユダ族のカレブは、「神の導きを信じて前進すべきです」と訴えたが、人々は十人の報告を信じて怖気《おじけ》づくばかり……。これを見た神はいつまで民は私を侮るのかと激昂し、反対した人々は四十年間、荒野をさまよい、荒野で死ぬ運命になると告げたのだった。

以後四十年、イスラエルの民は反対した者が死に絶えるまで荒野において苦難の日々を過ごす。イスラエルにおける仮庵祭《かりいおさい》は、この聖書の記録に由来し、祖先の苦難を偲《しの》びながら八日間を仮設の小屋で過ごす祭りである。

モーセの死

神とイスラエル民族に生涯を捧げた預言者の終焉

◆カナンを目前にして生涯を終えたモーセ

出エジプト以降、民はたびたび神の力を疑い、怒りを買ってきた。そのたびに神に取りなしを願ってきたモーセであったが、神はモーセがカナンの地を見ることなく、荒野で死ぬと宣告していた。

やがてアロンも亡くなり、モーセにも死期が迫った。

そこでモーセは後継者を与えてほしいと神に頼んだ。神はヌンの子ヨシュアを後継者に指名。モーセは神の言われた通り、ヨシュアを祭司の前に立たせ、彼の上に手をおき、ウリム（神託を得るために用いたくじ）によって、彼を後継者に任命した。

最後の使命を終えたモーセは神の言葉に従って、モアブの平野からネボ山の頂に登り、ヨルダン川の奥に広がる約束の地カナンを見渡すと、やがてモアブの地で没した。

ネボ山は現在のヨルダンのマダバ西方に位置する海抜八百メートルの山で、山頂には

『モーセの遺言と死』（シニョレッリ／システィーナ礼拝堂）。画面右中央がモーセ。また、画面左ではヨシュアを後継者に指名する場面が描かれている。

モーセの逸話に基づく、ヘビが絡みついた杖のモニュメントが建てられている。

虐げられていたイスラエルの民をエジプトから脱出させ、約束の地の入り口まで導き、また神と契約を交わして様々な掟を定めるなど、神とイスラエル民族に生涯を捧げたモーセは、こうしてその命を終えたのである。

モーセは死んだとき百二十歳であったが、目のかすみもなく、気力も衰えてはいなかった。

神は彼をモアブの谷に葬ったが、現在までその墓を知る人はいない。イスラエルの人々は、モアブの平野で三十日間、モーセを悼《いた》んで泣いたという。

エリコの攻略

強固な城壁が崩れる奇跡によって得た勝利

◆契約の箱の力

モーセの跡を継いだヨシュアによるカナン征服のくだりは、「ヨシュア記」に記される。最初にヨルダン川対岸にあるエリコの町に目標を定めたヨシュアは、攻略に先立ち、ふたりのスパイを町に潜入させた。スパイはエリコの遊女ラハブの家に招かれ、そこからエリコの様子を探った。しかし、スパイ潜入はエリコの王に知られることとなった。王はラハブにスパイの引渡しを求めてくる。彼女はスパイを屋上に隠すと「スパイはもう出て行きました」と嘘の報告をして彼らを救った。

スパイの帰還を受けて、いよいよイスラエルの民はヨルダン川を渡る。この川を越えた先が約束の地カナンである。聖書には、ここからも数々の奇跡が記録されている。

まず一行が契約の箱を担いで川を渡り始めると、ヨルダン川の流れがピタリと止まり、乾いた地が現われた。この奇跡により、一行は簡単に川を渡ることができた。

さらにエリコの攻略も奇跡に彩られている。

ヨシュアはエリコまで軍を進めたものの、城門を固く閉ざされてしまう。するとこのとき「角笛を鳴らしながら契約の箱を担いで一日一回ずつ城壁の周りを回れ。七日目には早朝から七回りし、角笛の音が聞こえたら、勝どきをあげよ」と神の命令が下った。

これに従い七日目に勝どきをあげたところ、なんとエリコの城壁が突如として崩れ落ちたのだ。イスラエルの民は城内になだれこみ、町を占領。そして遊女ラハブとその家族以外のすべての老若男女、さらに家畜さえも一頭残らず殺してエリコを攻略した。

ところで、イスラエル人によるカナン征服の第一歩となるエリコ攻略が史実かどうかは、古くから議論されてきた。パレスティナ地方には紀元前一万年には人類が住み着いていたらしいが、その後パレスティナ最古の都市とされるエリコは、ヨシュアの年代より古い紀元前一五五〇年頃に破滅した後、二百年近くも放置されていたという。その後、ようやく掘立小屋程度の建物が建つ程度だったというから、実際にカナンに入ったイスラエル人たちが目にしたのは、廃墟と化した町だったといわれている。

イスラエル人はこの廃墟となった町を物語に取り入れ、イスラエルの民の成立を、神への信仰と結びつける歴史物語として成立させたのではないかと考えられている。

ヨシュアのカナン征服

ついに約束の地へ足を踏み入れたイスラエルの民

◆滅ぼし尽くされるカナンの町々

エリコを征服したヨシュアは続いてアイの町に三千人の兵を率いて攻め込むが、大敗を喫してしまう。敗れた理由は、エリコ攻略の際、神の命令に背いて奉納物を隠し持っていた者がいたからだった。それを知ったヨシュアはイスラエルの部族を集め、くじで振り分け、ユダ族のアカンが犯人であるとつきとめる。人々はアカンとその家族を石で打ち殺した。

償いを済ませたヨシュアは、アイの住民をおびき出し、挟み撃ちにする形で一万二千人もの住民をひとり残らず殺害し、町を攻略した。するとこれを知ったギブオンの町が和睦《わぼく》を申し込んできた。一方、動揺したエルサレム、ヘブロン、ヤルムト、ラキシュ、エグロンの五つの町は手を結び、イスラエルとギブオンに戦いを挑んでくる。神に励まされたヨシュアは全軍を挙げて迎撃。神も敗走する敵軍に天から雹《ひょう》を降らせて助け、敵を全滅させた。しかもこの日、ヨシュアは勝利するまで夜がこないように願っていたのだが、神がこの願いを聞き入れ、この日に限って日暮れが延びていたという。神がこのように人の訴えを聞き入れたのは、後にも先にもこれ一度だけであった。

五人の王は洞穴に隠れたが、すぐに発見されて殺され、木に吊るしてさらされた。ヨシュアは余勢を駆って次々と町を攻め、南はハラク山から北はヘルモン山の麓バアル・ガドまでを獲得した。これらの町ではひとり残らず滅ぼすか、奴隷にしていった。

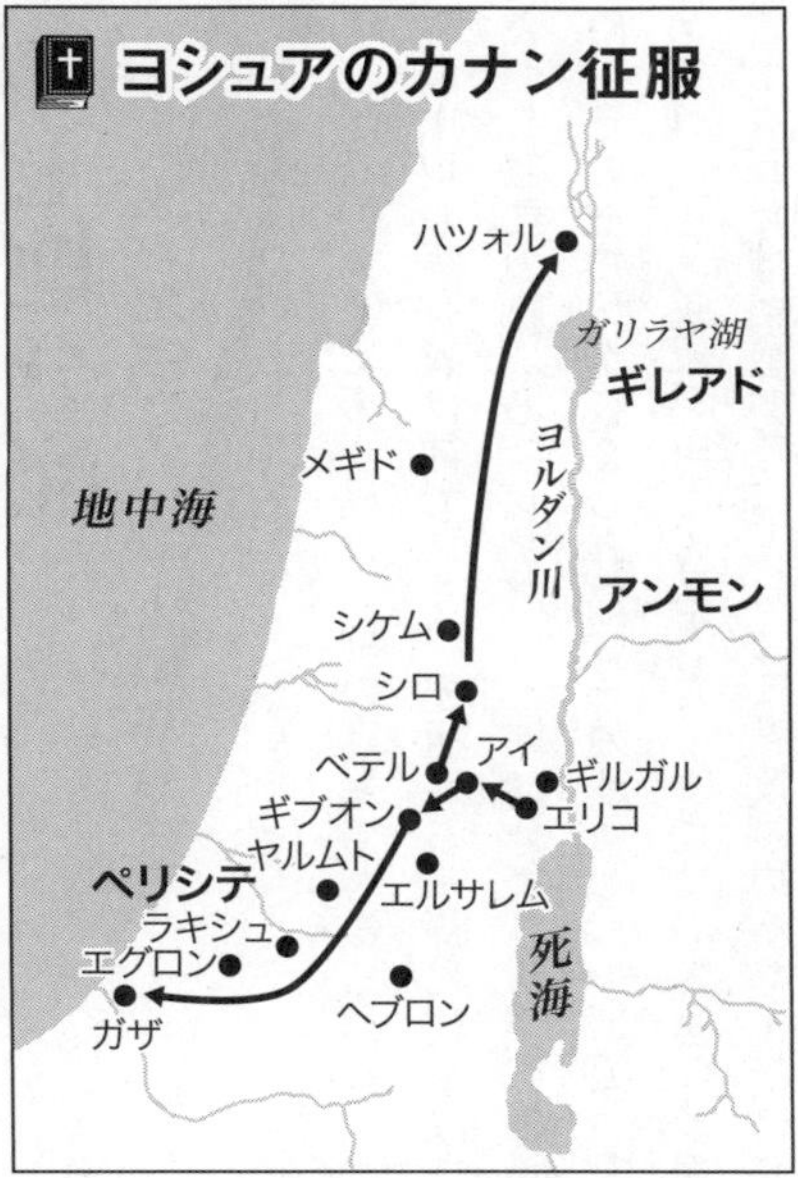

ヨルダン川を渡ったイスラエルの民は、ヨシュアに率いられてエリコ、アイなどカナンの町を次々に制圧していった。

イスラエル軍がここまで徹底的に敵を殲滅《せんめつ》したのは、高度な文明を持つカナン人からの復讐を防ぐためだったともいわれている。

土地分配

約束の地「カナン」を切り分けたイスラエル十二部族

征服したカナンの土地は、神の真意であるくじによって十二部族に分割された。これらの土地の所有者は神であり、先祖から子孫に譲り渡さなければならない土地である。ただし祭司の職にあるレビ族に土地は分割されず、諸部族の分配地のなかから四十八の町とその放牧地が与えられた。そのうちの六つは誤って人を殺した者が復讐されないため逃げ込む「逃れの町」とされた。すでに老齢となっていたヨシュアは、約束の地を与えてくれた神に感謝し、人々には異教の神々を拝むことを戒めた。

それからしばらくしてヨシュアは百十歳で死んだ。彼の遺体はエフライム山地のガアシュ山の北、ティムナト・セラに葬られた。

さて、このようなイスラエルの民によるカナンの征服は事実であったのだろうか。

聖書の記述に沿った軍事征服説と、もともと遊牧生活をしていた人々が山間部に定住し、徐々に平野部に浸透したとする平和浸透説があるが、はっきりしていない。

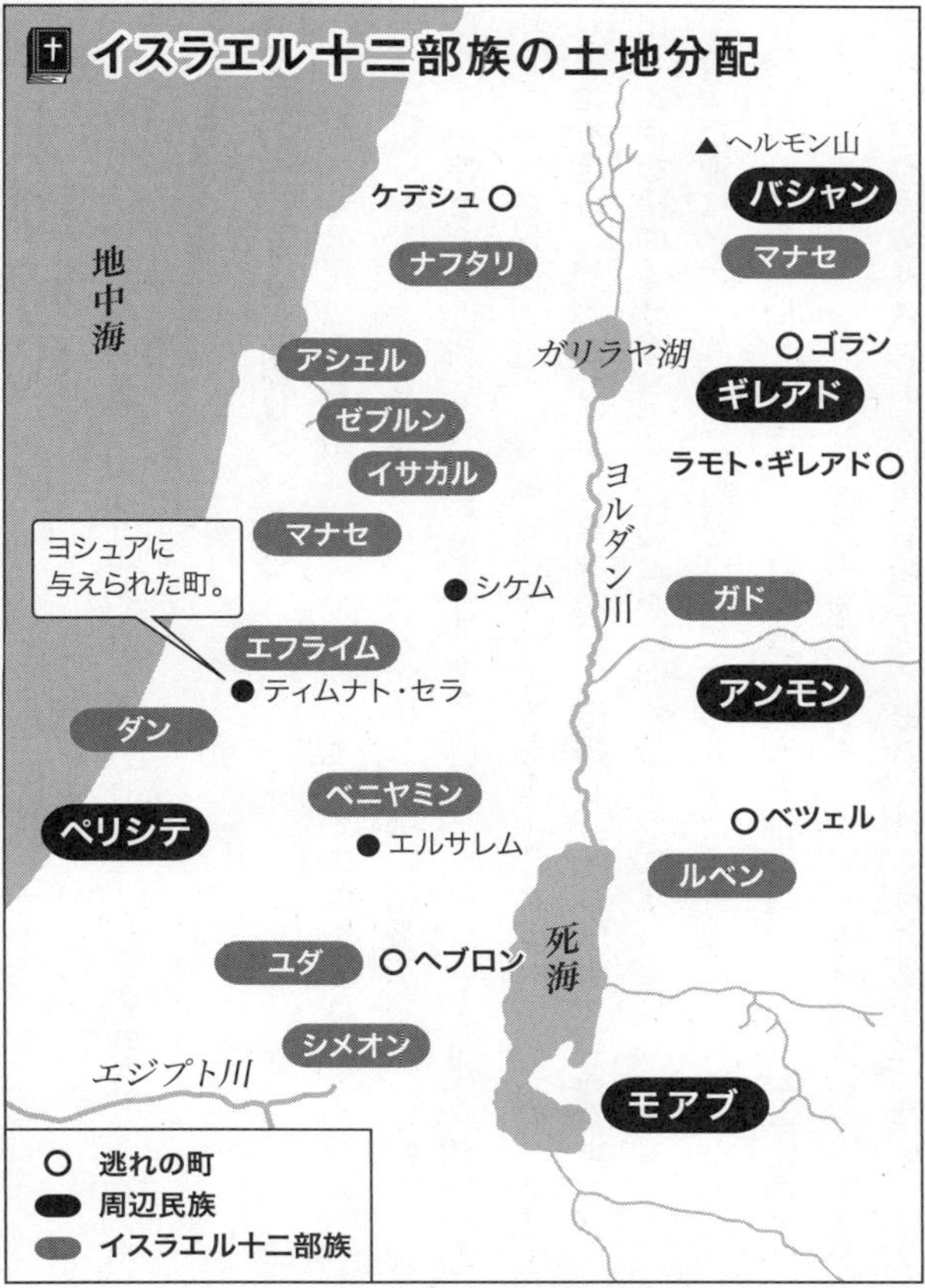
イスラエル十二部族の土地分配
ヘルモン山
バシャン
ケデシュ
マナセ
ナフタリ
地中海
ゴラン
アシェル
ガリラヤ湖
ギレアド
ゼブルン
イサカル
ラモト・ギレアド
マナセ
ヨルダン川
ヨシュアに
与えられた町。
シケム
ガド
エフライム
アンモン
ティムナト・セラ
ダン
ベニヤミン
ベツェル
ペリシテ
エルサレム
ルベン
死海
ユダ
ヘブロン
シメオン
エジプト川
モアブ
逃れの町
周辺民族
イスラエル十二部族

カナンを征服したヨシュアは、くじ引きで部族ごとの土地を振り分けた。祭司一族であるレビ族は土地を与えられず、十二部族からいくつかの町を提供されて暮らすこととなった。

士師時代

悔い改めた民を救うべく遣わされたカリスマたちの時代

◆堕落した民を救うカリスマたち

イスラエルの民による征服以前、カナンの地やその周辺には、カナン人、アラム人、エドム人、ペリシテ人など様々な民族が定住し、都市国家を築いていた。これらの人々はバアル神など現世利益的な豊穣《ほうじょう》の神々を信仰していた。そんなカナンの地に入ったイスラエルの民は、ヨシュアの時代が遠くなると、出エジプトの苦難やカナン征服などの栄光も忘れ、堕落していく。異邦の民と結婚し、イスラエルの民をエジプトから救い出した神を捨ててカナン土着の神々を信仰するようになった。

怒った神はイスラエルに外敵を送り、侵略させた。苦境に立たされたイスラエルの民は悔い改めて神に助けを求め、これを受け入れた神が遣わしたのが「士師《しし》」である。

士師とは裁く人を意味し、部族内の調停者を指すが、本来は神によって選ばれたイスラエルを救うカリスマ的な指導者のことである。彼らは外敵を追い払い、イスラエルに平和をもたらした。

しかし人々は泰平が続くと懲りずに神を忘れて堕落し、また神の怒りを買う。そして神に助けを求めた結果、再び遣わされた士師によって救われる……。士師の時代はこのサイクルが繰り返され、計十二人の士師が登場している。

これは見せかけの平和によって十二部族の団結そのものが骨抜きにされていることを表わすものでもある。

この時代は「士師時代」と呼ばれ、おそらく紀元前一二〇〇年頃から紀元前一〇〇〇年頃までの約二百年間に相当すると考えられている。

十深読み聖書十

イスラエルの民を惑わせたカナンの信仰

聖書では異教の神の崇拝を禁じているが、これは裏を返せば異教崇拝が行なわれていた証でもある。実際、古代西アジアでは多神教が信仰されており、イスラエルの民も各地で異教の祭儀を行なっていた形跡が見られる。なかでも彼らが惹かれたのが、カナンで信仰される嵐の神バアルだった。

農耕生活をしていた彼らにとって豊穣をもたらす嵐の神は魅力的に映ったのだろう。偶像崇拝の禁じられたイスラエルの神は、姿が見えずその力も想像しにくかった。

そんななか、偶像崇拝を批判し、目に見えないヤハウェの神こそが自然を支配し、歴史をつくる本当の神であると唱えた人々によって、聖書の唯一神信仰が頑なに守られ、育まれていったのである。

士師オトニエルとエフド

最初の危機を救ったふたりの士師

「士師記」に記されたイスラエル最初の士師が、ユダ族のオトニエルである。バアルをはじめとする異教の神々を信仰するようになったイスラエルの民に神は怒り、アラムの王クシャン・リシュアタイムに侵略されるように仕向けた。これにより、八年にわたって税を取り立てられたイスラエルの民は、ついに神への信仰をないがしろにした自分たちが悪かったと反省し、神に助けを求めた。民が悔い改めたのを見た神は、ユダ族の英雄オトニエルを士師として遣わした。オトニエルはイスラエルのためにクシャン・リシュアタイムと戦って勝利し、イスラエルを解放した。

ところがイスラエルの民は四十年も経つとまた自分たちの神を忘れたので、神はモアブの王であるエグロンに民を支配させた。再び民から助けを求められた神はベニヤミン族のエフドを士師として遣わした。エフドは貢物《みつぎもの》を持参してエグロンに近づき、隠し持っていた剣で王を殺し、モアブ人を打ち破る。こうして再びカナンに平和が訪れた。

士師デボラ

カナン王ヤビンを破り、「イスラエルの母」と謳《うた》われた女士師

◆イスラエル軍を導いた女預言者

エフドの死後、またしてもイスラエルの民は信仰を忘れ神の意志に背く。そこで神はカナン王のヤビンにイスラエルを二十年間にわたって支配させた。異民族の支配に喘《あえ》ぐ民が神に助けを求めると、神は女預言者デボラを士師として遣わした。

デボラはエフライム山地のラマとベテルの間にあるナツメヤシの木の下で裁きを行なっていた。

ある日、彼女はナフタリ族のバラクを呼び寄せると次のような神の言葉を伝えた。

「ナフタリ族とゼブルン族から兵一万を集め、タボル山に集結させること。すると必ず勝つであろう。ただしカナンの将軍シセラは女性の手によって死ぬ」

こうしてデボラとバラクが一万の兵とともにタボル山に陣取ると、その知らせを聞いたヤビン配下の将軍シセラも、カナンが誇る九百台の鉄の戦車とすべての軍隊を集め、

キション川に陣取ってこれを迎え撃とうとした。

これを見たデボラが、「行きなさい。神がシセラをあなたの手に渡す日が来ました。神はあなたに先立っていかれました」とバラクを奮い立たせると、彼は一万の兵とともに山を下った。キション川の決戦では神の言葉通り、シセラ軍のすべての戦車、軍勢が大混乱をきたし、バラク軍の剣に倒れ、ひとり残らず討ち取られた。

◆味方に裏切られたシセラ

シセラは戦車から降りて走って逃げ出し、命からがらカナン人へベルの妻ヤエルの天幕まで逃げ込んだ。カナンの王ヤビンとヘベル一族が親しかったからである。ヤエルはシセラを親切に出迎え、ミルクをふるまった。こうして人心地ついたシセルは、追っ手がきても私のことは黙っておいてほしいとヤエルに頼んで、ぐっすり眠ってしまう。

ところがヤエルは裏切った。天幕の釘とハンマーを手にすると、熟睡しているシセラのこめかみに釘を打ち込んだのだ。釘は地まで突き刺さり、シセラは死んだ。バラクがシセラを追いかけてこの天幕までたどりついたとき、シセラのこめかみには釘が刺さっ

デボラとバラクがカナンの大軍を打ち破ったとされるタボル山。

たままであった。

　こうしてシセラはバラクの剣からは逃れたものの、デボラの預言どおり、女性の手によって命を落とした。

　やがて王ヤビンもイスラエルの民によって滅ぼされ、再びカナンに平和が訪れたのだった。

　この後、デボラとバラクはこのイスラエルの勝利を讃える歌を謳《うた》った。このデボラの歌は『旧約聖書』における最古の詩文のひとつとされる。また、この歌では彼女が預言者としてではなく「イスラエルの母」と讃えられている。それは彼女がイスラエル軍を導いて危機を救った役割を表わしたものだろう。

士師ギデオン

ミディアン人に少数で挑んで勝利をおさめた英雄

◆劣勢を覆したギデオンの策略

カナン人撃退後、四十年にわたり民を治めたデボラが没すると、民はまたも異教への傾倒を始め、バアル神の祭壇があちこちに建てられるようになった。そこで神はミディアン人にイスラエルの民を攻めさせた。

ミディアン人は残酷で、農作物をはじめすべてのものを奪い去った。そのためイスラエル人は衰え、神に救いを求めた。

このとき士師に選ばれたのは、マナセ族のギデオンである。ギデオンは神の言葉を聞くとバアルの祭壇を次々に破壊し、反撃の狼煙《のろし》を上げた。これによって目を覚ましたイスラエルの民はギデオンのもとに集結し、その数は三万二千人に上った。

ギデオンはこのなかから思慮深い三百人の兵士を選ぶと、これを三つの隊に分け、松《たい》明《まつ》を入れた空の水がめと角笛を全員に持たせて敵陣を包囲した。民はいっせいに松明を

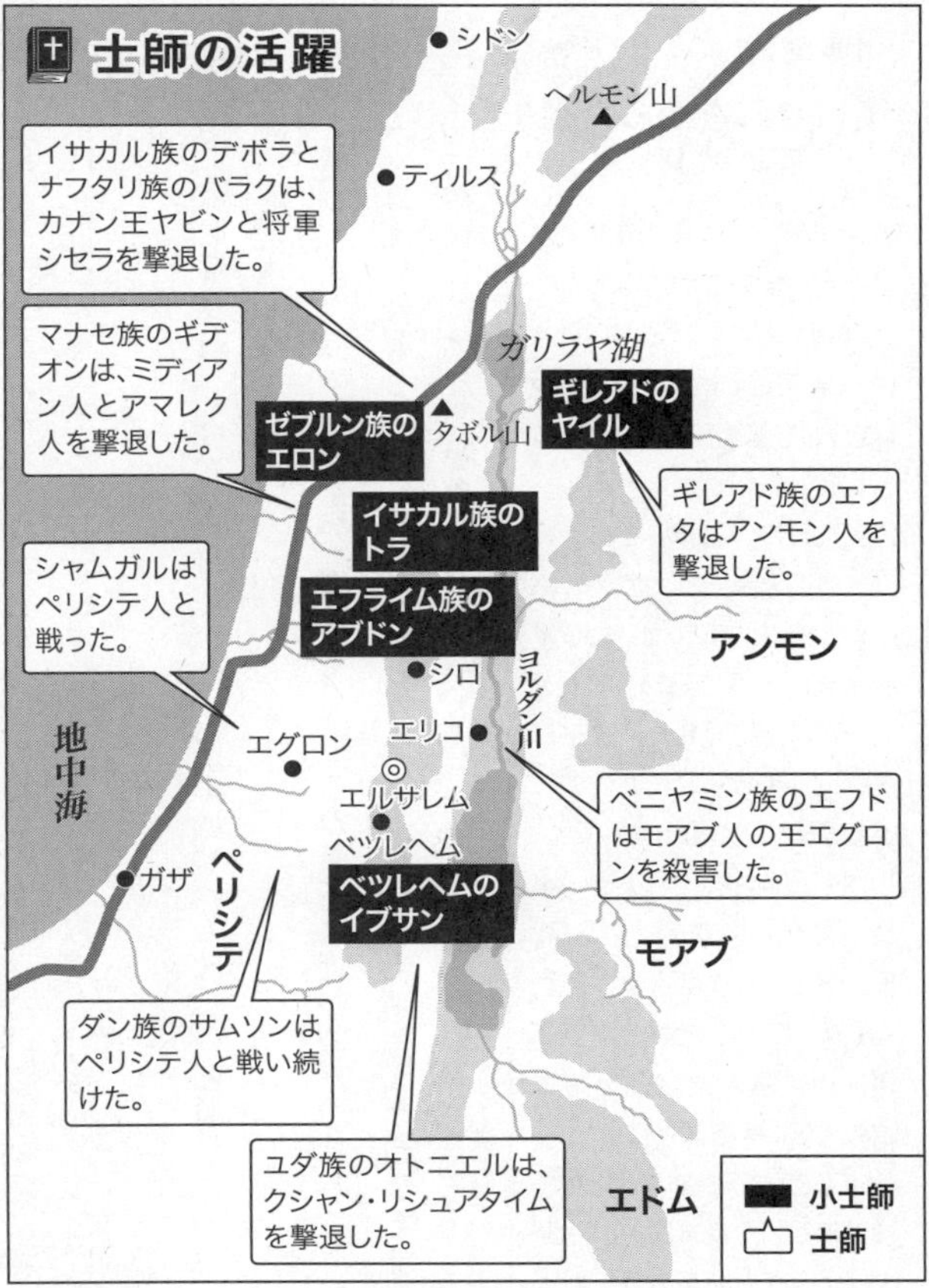
士師の活躍
シドン
ヘルモン山
イサカル族のデボラとナフタリ族のバラクは、カナン王ヤビンと将軍シセラを撃退した。
ティルス
マナセ族のギデオンは、ミディアン人とアマレク人を撃退した。
ガリラヤ湖
ギレアドのヤイル
ゼブルン族のエロン
タボル山
ギレアド族のエフタはアンモン人を撃退した。
イサカル族のトラ
シャムガルはペリシテ人と戦った。
エフライム族のアブドン
アンモン
シロ
ヨルダン川
エリコ
エグロン
地中海
エルサレム
ベニヤミン族のエフドはモアブ人の王エグロンを殺害した。
ベツレヘム
ガザ
ペリシテ
ベツレヘムのイブサン
モアブ
ダン族のサムソンはペリシテ人と戦い続けた。
ユダ族のオトニエルは、クシャン・リシュアタイムを撃退した。
エドム
小士師
士師

カナン各地で多くの士師が活躍した士師時代。士師とは通常、「裁き司」と呼ばれ、紀元前12～前11世紀の間、イスラエルの共同体内に起こる諸問題を裁いた。彼らの活躍期間については、聖書の記述に従うと前後の出来事と年代が合わなくなってしまうため、重なり合っている者もいると考えられている。

かざして「ギデオンのために剣を」と叫んで角笛を吹き続けた。この奇襲に驚いたミディアン軍は、三百人を大軍と勘違いして混乱をきたす。あげく、同士討ちをして敗走していった。

この大勝利にイスラエルの人々はギデオンに王になってほしいと頼んだが、ギデオンは神の統治を理由に拒否している。

外敵と戦うにあたって強権を発動できる「王」の存在は確かに有効である。しかし、一方で人々は王に隷属し、信仰を忘れかねない。これは、士師時代を通じてイスラエルの民の間に存在し続けた問題であった。

十聖書ミニエピソード十

王になれなかった男アビメレク

ギデオンには多くの息子がいたが、そのなかにシケムの女奴隷が産んだアビメレクという息子がいた。彼は父が「自分も息子も王にならない」と宣言したにもかかわらず、王になりたいと野心を持つ。

まず手始めにシケムの町の首長を味方につけ、ならず者を雇い入れて兄弟70人を同じ石の上で殺した。末子ヨタムには逃げられたものの、彼はまんまと王位についた。しかし3年後、神の手によってシケムの首長たちが離反。アビメレクは次々とこれを鎮め、テベツという町では塔に逃げ込んだ住民を追い詰め、塔に火を放とうとした。

すると塔のなかにいた女が投げ落とした挽き臼の上石がアビメレクの頭を直撃。女に殺されたくなかった彼は、従者に剣でとどめを刺させた。

士師エフタ

大切なひとり娘を犠牲にして神との約束を守った士師

ギデオンの時代の四十年は平穏無事に過ぎた。しかしギデオンが死ぬとイスラエルの民はまた自分たちを救い出してくれた神を顧みなくなり、バアル神を信仰した。またしても堕落し、アンモン人に攻められたイスラエルの民は悔い改め、神が遣わした士師エフタを指揮官として立てる。エフタは戦いに際して神に「アンモン人に勝てたなら、私の家から最初に出てきて迎える者を誰であろうと犠牲として捧げます」と約束した。

果たしてエフタは二十の町を打ち破り、大勝利を収めて帰ってきた。そのとき鼓の音に合わせて踊りながら出てきたのは、彼の大切なひとり娘であった。彼は神への誓いを思って嘆き悲しむが、神への誓いを破ることは許されない。娘も進んでその身を捧げようとしたため、エフタも泣く泣く宣誓を守った。もともとイスラエルの周辺地域では人間が犠牲として捧げられていたが、イスラエルでは動物を捧げるのが一般的であった。そのためエフタの娘が捧げられる話は珍しく、悲劇的な物語となっている。

士師サムソン

ライオンを引き裂き、ペリシテ人と戦い続けた怪力のナジル人

◆怪力の士師サムソンの誕生

エフタの死後、またも異教の崇拝に走り堕落したイスラエルの人々は、四十年に及ぶペリシテ人の支配を受けることとなった。ペリシテ人は、これまでイスラエルを苦しめてきた民族よりさらに強力な存在で、鉄器を駆使してイスラエルの民を抑え込み続けた。サムソンが登場するのはこうした時代のことである。

憎きペリシテ人を倒す機会をうかがってきたサムソンは、ペリシテ人の娘と結婚することになった。

彼女に会いに行く途中、怪力の持ち主であるサムソンは、襲いかかってきたライオンを引き裂いて軽々と倒した。その死骸には蜜蜂が群がり、蜜ができたので、サムソンはそれをかき集めて食べた。

ティムナにある彼女の家に着いた後、婿のサムソンはペリシテ人たちを招いて祝宴を

開いた。そして衣六十着を賭けて、「食べる者から食べ物が出た。強いものから甘いものが出た」というライオンにちなんだ謎解きを持ちかける。三日経ってもこの謎が解けなかったペリシテ人たちは困り果てて、サムソンの妻に、夫から答えを聞き出してほしいと迫った。期限の七日目、サムソンは妻が泣いてしつこくせがんだため、ついに答えを明かしてしまう。

「蜂蜜より甘いものは何か、獅子より強いものは何か」と答えを言い当てられたサムソンは怒って三十人のペリシテ人を殺し、その衣をペリシテ人たちに与えたのだった。ペリシテ人は憤慨して、サムソンの妻を花婿付添い人だった男の妻にしてしまった。

十聖書ミステリー十

サムソンの宿敵ペリシテ人とは？

サムソンと戦ったペリシテ人は、現在のパレスティナ人の祖先とされる。

もともとはイスラエル人と同じセム族であるとも、ギリシアに南下したアカイア人の一族ともいわれるが定かではない。

一説によると、ペリシテ人は紀元前12世紀頃、突如東地中海を南下して、エジプトと戦い、カナンの北に大帝国を築いていたヒッタイトを滅ぼした、「海の民」と呼ばれる人々の一派とされる。

エジプトではその「海の民」の筆頭にペリシテ人の名を挙げている。

ペリシテ人はその後地中海の東岸地域に定住し、ガザやエグロンなどの五大都市を建設。鉄製の武器を駆使してイスラエルの民を圧倒した。

サムソンとデリラ

愛する女性に裏切られた末に迎えた壮絶な最期

◆サムソンの怪力の秘密とは？

妻をとりあげられたサムソンは、ペリシテ人の農地を焼き尽くす報復に出た。捕らえた三百匹のジャッカルの尾に松明を結んで、ペリシテ人の農地へ突っ込ませたのである。それを知ったペリシテ人たちは、サムソンの妻とその父のせいだと言ってふたりを焼き殺してしまった。さらにペリシテ人たちは、支配下にあるユダ族の人々にサムソンを縛り上げさせ、自分たちの町へと連行した。ところがサムソンを縛っていた縄は火がついて糸のようになり、縄がほどけた。そしてサムソンはロバの顎骨《あごほね》を見つけると、それで千人ものペリシテ人を撃ち殺した。

こうして超人的な怪力を発揮してペリシテ人と戦ったサムソンは、士師として二十年間、イスラエルの民を導いた。ただし豪勇を誇り、ペリシテ人を震え上がらせてきたサムソンも、どうやら女性には弱かったようだ。

あるとき、サムソンはソレク谷に住むデリラという女性に惚《ほ》れ込んだ。しかしデリラは、ペリシテ人の領主たちから、サムソンの怪力の秘密を探りだすよう求められていた。そんなことを知らないサムソンは、「あなたの弱点が知りたい」と来る日も来る日もデリラにしつこくねだられたため、つい根負けして秘密を明かしてしまう。

それは誕生の際に神から定められた「頭に剃刀《かみそり》を当ててはならない」という掟を破ること。すなわちサムソンは髪の毛を剃られたら怪力を失ってしまうのだ。

それを聞き出した彼女はさっそくサムソンが寝ている間にペリシテ人を呼びよせ、彼の髪の毛を剃り落としてしまった。そのため彼から怪力が失われた。ペリシテ人たちは彼を捕らえて目をえぐり、青銅の足かせをはめて、一日中、牢屋で粉を挽《ひ》かせた。

さらにペリシテ人たちはサムソンを神殿の祭りの席に呼び出し、三千人もの前で彼を散々に侮辱した。怒りをこらえ続けたサムソンはひたすら神に祈り続けた。すると、次第に力がみなぎってきたのである。そこでサムソンは力を込めて神殿の二本の柱を押した。柱は崩れ落ちて三千人ものペリシテ人たちが下敷きになって死んだ。

しかし勇者サムソンもまた、がれきの下になって押しつぶされた。こうしてペリシテ人と戦い続けたサムソンはその生涯を終えたのである。

Column コラム

日本人には理解しづらい「戒律」の位置づけ

ユダヤ教やイスラーム教の戒律の厳しさは、最近では日本人にも理解されるようになりました。とくにイスラーム教の戒律の厳しさは有名です。戒律というのは、信徒が宗教的な救いを得るための、あるいはそこに至るための行動規範、いわば生活の仕方を定めたものです。言い換えると、戒律とは、ユダヤ教徒であれば、ユダヤ教徒として神の救済を得るために守らなければならない「宗教的義務」なのです。特に、ユダヤ教やイスラーム教は、この戒律が細かく規定されています。

一般的な日本人の間でも、たとえばイスラーム教徒は「一日五回の礼拝をする」とか「豚を食べてはならない」あるいは「酒を飲んではならない」などの戒律が知られているようで（じつは他にも沢山の戒律があります）、イスラーム教徒はこれをきちんと守る、ということがしばしば話題に上ります。そして時には、戒律があまりに厳しいため、イスラーム教は融通の利かない頑固な宗教、などと批判もされます。

しかし、そもそも戒律は宗教上の救済に不可欠なものであり、これを遵守することは、その信徒であれば当たり前のことなのです。例えば『旧約』の「レビ記」の記述には、厳しい生活規範、特に食物規定が定められています。

ただし、この『旧約』に定められている厳しい生活規範については、キリスト教徒はあまり従いません。というのも、理論上、キリスト教徒はユダヤ教の戒律主義を否定して、つまり『旧約』を無効にして、新しい契約として『新約』を得たと主張するわけですから、当然といえば当然のことなのです。

多くのキリスト教徒は豚を食べますし、酒も飲みます。『旧約』とは違い、『新約』には具体的な戒律的な項目がないので、生活規範に関しては信仰者の自由裁量ということが原則になります（ただし実際には、『旧約』の規定が参考にされる面もあります）。

この点で、イスラーム教はユダヤ教に近く、厳しい戒律が厳守されます。

翻って日本ではどうでしょうか？　多くの人は、仏教徒といえども、その自覚もあまりなく、葬儀に臨んで慌てて信者になる程度の信仰ですから、仏教が定める厳しい生活規範を守るということすら念頭にありません。しかし本当は、仏教の戒律はユダヤ教・イスラーム教以上に厳しく、これを守ることは大変な努力を必要とします。

というわけで、多くの日本人は、ユダヤ教・イスラーム教のような厳しい戒律生活について、理解に苦しむことになるのです。

第1部 『旧約聖書』

——第4章——

イスラエル王国の誕生

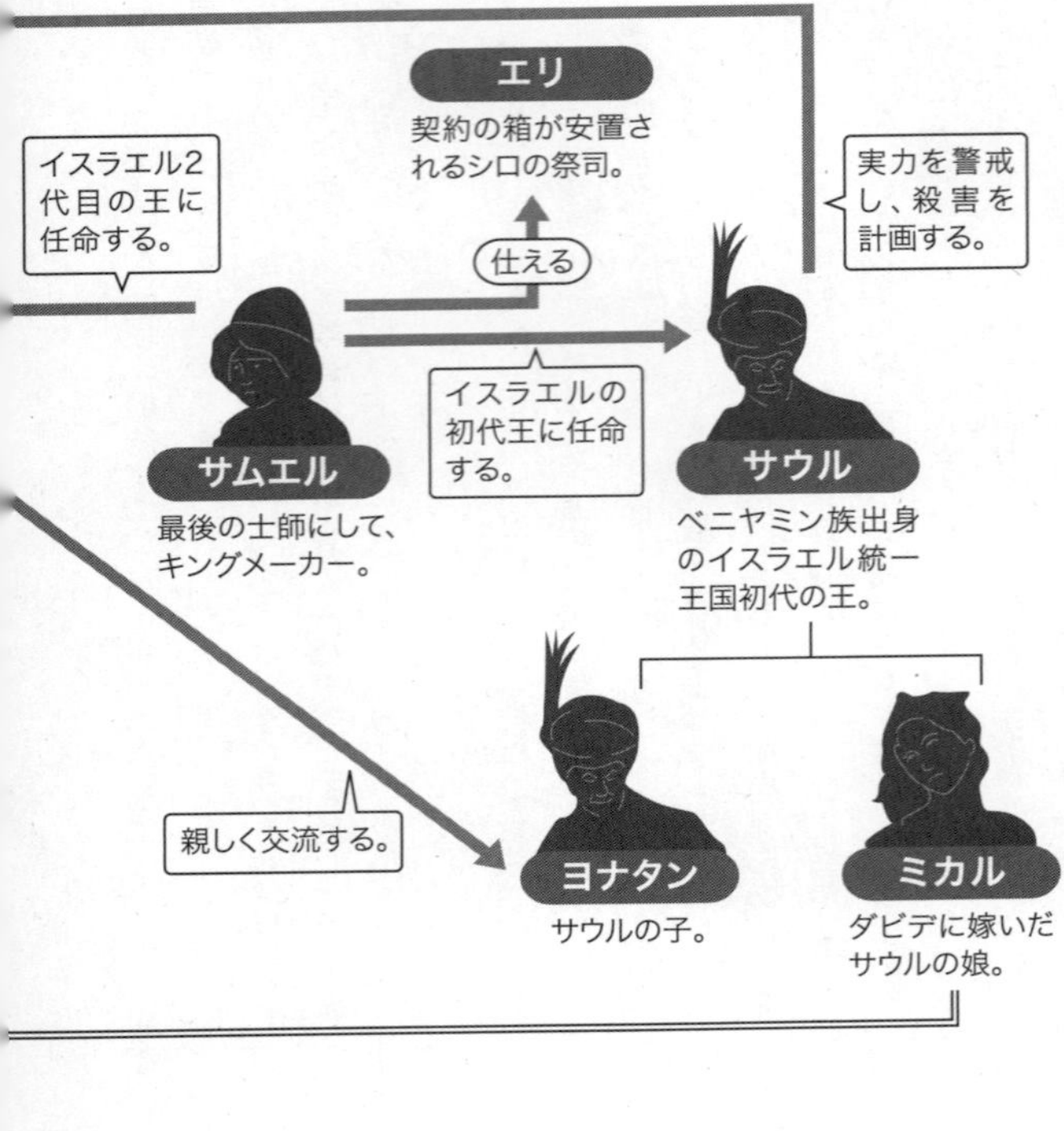

エリ
契約の箱が安置されるシロの祭司。
イスラエル2代目の王に任命する。
仕える
実力を警戒し、殺害を計画する。
イスラエルの初代王に任命する。
サムエル
最後の士師にして、キングメーカー。
サウル
ベニヤミン族出身のイスラエル統一王国初代の王。
親しく交流する。
ヨナタン
サウルの子。
ミカル
ダビデに嫁いだサウルの娘。

第4章の相関図

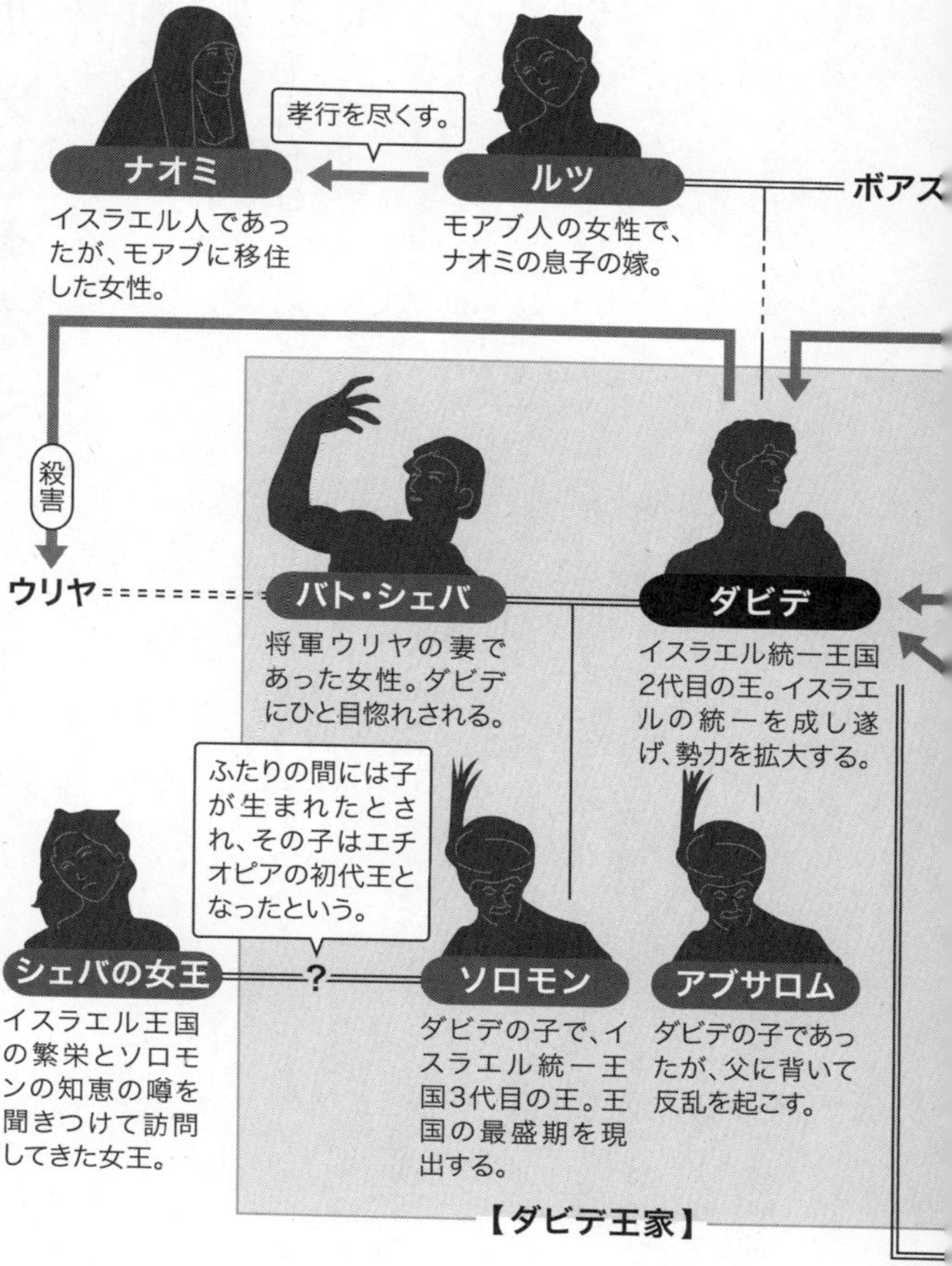

ナオミ
イスラエル人であったが、モアブに移住した女性。
孝行を尽くす。
ルツ
モアブ人の女性で、ナオミの息子の嫁。
ボアス
殺害
ウリヤ
バト・シェバ
将軍ウリヤの妻であった女性。ダビデにひと目惚れされる。
ダビデ
イスラエル統一王国2代目の王。イスラエルの統一を成し遂げ、勢力を拡大する。
ふたりの間には子が生まれたとされ、その子はエチオピアの初代王となったという。
シェバの女王
イスラエル王国の繁栄とソロモンの知恵の噂を聞きつけて訪問してきた女王。
?
ソロモン
ダビデの子で、イスラエル統一王国3代目の王。王国の最盛期を現出する。
アブサロム
ダビデの子であったが、父に背いて反乱を起こす。
【ダビデ王家】

ルツとナオミ

救い主の先祖となった献身的な異邦人女性の物語

◆助け合う嫁と姑

士師の時代が終わりに近づいた頃のこと。ルツとナオミというふたりの女性が、ベツレヘムへとやって来た。ナオミは、もともとベツレヘムに住んでいたのだが、夫やふたりの息子とともに飢饉を逃れてモアブの地へ移り住んでいた。ところが、そこで夫と息子たちが没したため、故郷のベツレヘムに帰って来たのである。

一方のルツはナオミの息子の嫁で、モアブ人だった。ナオミは、帰郷する際、ルツに里へ戻るよう勧めたのだが、ルツは姑《しゅうとめ》に仕えることを望み、ついて来たのである。

とはいえ、ベツレヘムへ来たものの、ふたりには生活の手段がない。そのためルツは、畑の落ち穂拾いに出かけた。これは、貧しい未亡人や外国人のために、穀物の刈り入れの際に出る落ち穂を残しておいて拾わせてやるという、当時の生活救済的な習慣のひとつである。ミレーの名画『落ち穂拾い』は、これを題材としている。

ルツの評判を聞いて感心したのが、その畑の主ボアズである。ボアズはルツに好意を抱いたのであろう、水や食糧を与えて厚遇したり、危険な目に遭わないよう気を配ってやった。これをルツから聞いたナオミは、さらに偶然の一致に驚く。ボアズはナオミの遠い親戚だったのである。そこでナオミは、ルツとボアズを結婚させようと思いつく。

これはボアズが富裕な農民だったからというだけではない。古代イスラエルには、レビラート婚という制度があった。この制度では、子どもができずに夫と死別した女性が夫の身内と再婚すると、それによって生まれた子は最初の夫の子としても認められ、また再婚相手の男性は、最初の夫の土地を買い取る権利を持つことになる。こうしてその家は、後継ぎと資産を保っていくのである。だからルツとボアズの結婚は、当時の社会の人々に快く承認されることであった。

ナオミはルツに一番いい衣装を着せ、香水をつけさせてボアズのもとに向かわせる。ボアズは驚くものの、喜んで結婚を決断。こうして、ルツの献身は報われたのである。

ルツとボアズの間にはオベドという男の子が生まれ、オベドの息子がエッサイ、エッサイの息子がイスラエル王となるダビデである。イスラエル王家へと連なる異邦人女性の物語は、当時イスラエルにはびこっていた排他主義を戒める目的もあったという。

ダン族とベニヤミン族

土地を巡る争いとレビ人に対する蛮行

◆絶対的権力なきゆえの悲劇

士師時代の終わり頃、王がいないイスラエルでは、時に部族同士の争いも発生した。

イスラエル十二部族のひとつダン族の住む土地は、宿敵ペリシテ人の領土に隣接し、たびたび圧迫を受けてきた。そこでダン族は五人の者を派遣して、今後人々が住み着いて受け継いでいくべきいい土地はないかと探らせた。五人は北上してライシュという町に着くと、そこの住民が心穏やかで豊かに暮らしていることを見てとった。しかもその町に権力者はおらず、ほかの町からも遠く離れていた。この町に狙いを定めた五人は、いったん引き返して武装した仲間六百人を連れてライシュに向かった。

その途中でミカという人物の家を襲うと、彫像などを奪って祭司を連れ去った。そしてライシュの町に着くと、住民を殺して町に火を放ち、そこに住み着いてしまう。町の名前も「ダン」と変更し、奪ってきた彫像を立てて拝んだという。

また、ベニヤミン族のならず者たちが、旅の途中のレビ人とその側女《そばめ》を襲うという事件が起こった。側女は一晩中犯され続けて死ぬ。レビ人はその遺体を自分の家に連れ帰ると、刃物で十二の部分に切断し、イスラエル全土に送りつけてベニヤミン族の非道ぶりを訴えた。この事件を知ったイスラエルの人々は、ミツパの地に集合して、ベニヤミン族に使者を送ってならず者を引き渡すよう要求した。ところがベニヤミン族はそれを拒否したばかりでなく、武装して集結し、戦意を露《あらわ》にしたのである。

こうして、イスラエル諸部族とベニヤミン族の戦いが始まった。最初の二日は、ベニヤミン族が優勢だったが、三日目には伏兵を配置する作戦が成功し、イスラエル諸部族の圧勝に終わる。

イスラエル諸部族は、戦いの前に自分たちの娘をベニヤミン族には嫁がせないと誓っていた。だが、それではベニヤミン族が滅び、イスラエルの部族がひとつ減ってしまう。そこで人々が考えたのは、ギレアドのヤベシュの部族を攻め滅ぼし、捕らえた処女四百人をベニヤミン族に与えることだった。また、シロで行なわれる祭りの際に、踊っている娘たちを連れ帰ることを許可した。このように、当時のイスラエルはまだ部族連合体であり、王という統治者が存在しないなかで様々な問題が生まれつつあった。

サムエルの登場

ペリシテ人の圧迫に苦しむイスラエルに現われた最後の士師

◆奪われた契約の箱

士師時代の末、契約の箱が安置されるシロの聖所に、サムエルという男の子が仕えていた。子のなかった母ハンナが熱心に祈り続けて授かったサムエルは、乳離れの頃に祭司エリのもとへ預けられ、いつしか神の声を聞くようになる。一方、シロの祭司エリにはふたりの息子があったが、その地位を利用して人々に賄賂《わいろ》を要求したり、神殿の入り口に勤める女性たちと関係を持つなど、神に背く行ないばかりしていた。本来エリは諌《いさ》める立場にあったが、息子たちを溺愛し、強く諌めようとはしなかった。

ある日のこと、サムエルは神に呼ばれ、エリの家が神によって裁かれると教えられる。以後、サムエルは神の言葉を聞く預言者として成長していった。

当時のイスラエルは、依然としてペリシテ人の執拗《しつよう》な侵攻に苦しめられていた。そこで諸部族は、契約の箱の力にすがって戦うことにした。こうして契約の箱は、エリの息

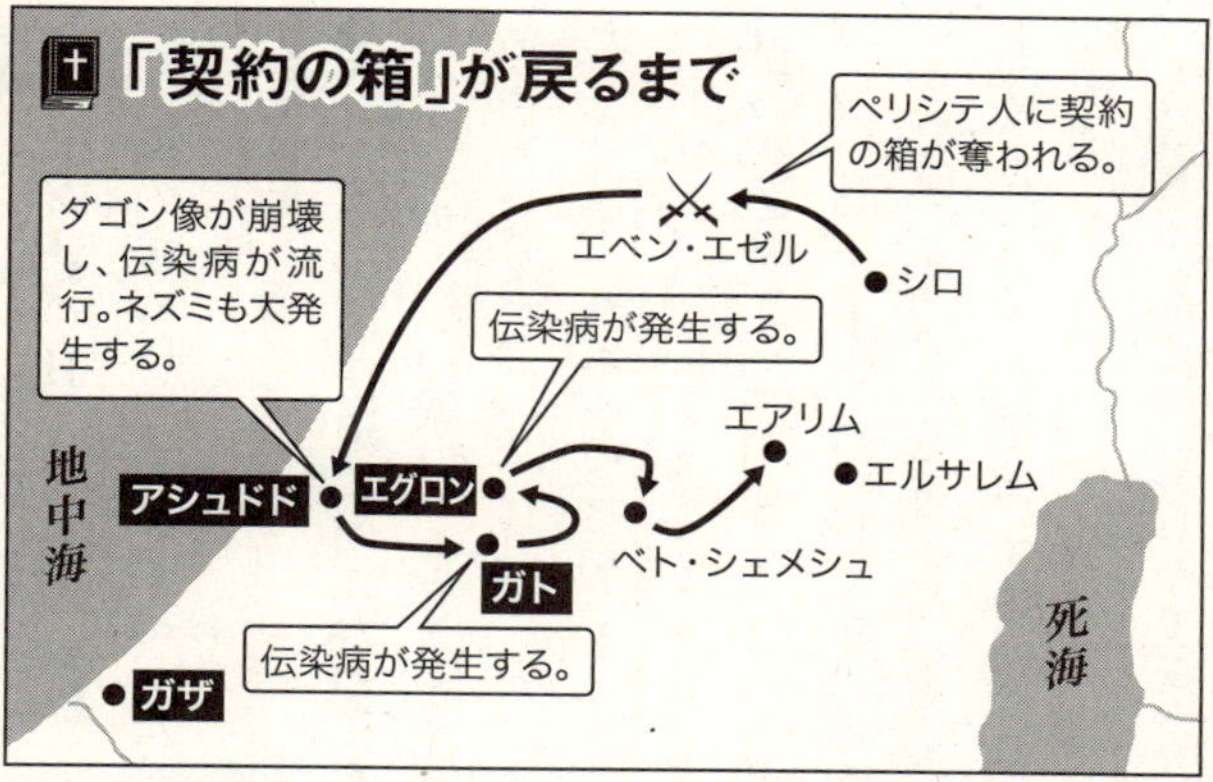
「契約の箱」が戻るまで
ペリシテ人に契約の箱が奪われる。
ダゴン像が崩壊し、伝染病が流行。ネズミも大発生する。
エベン・エゼル
シロ
伝染病が発生する。
エアリム
地中海
アシュドド
エグロン
エルサレム
ベト・シェメシュ
ガト
死海
伝染病が発生する。
ガザ

意気揚々と契約の箱を持ち帰ったペリシテ人は、彼らの神ダゴンの偶像と箱を並べておいた。ところが、その翌日には地震でもないのにダゴンの像が倒れ、やがて疫病が蔓延したので、人々はイスラエルの神のせいだとパニックに陥った。ペリシテの長老は、「このような役に立たない分捕品は、イスラエルに戻してしまえ」と嘆き、契約の箱を返してきたのである。

子たちによって担ぎ出されて最前線に到着したものの、イスラエル軍は大敗を喫したばかりか、契約の箱さえもペリシテ人に奪われてしまう。エリの息子はペリシテ軍によって殺され、その知らせを聞いたエリも、衝撃のあまりあおむけに倒れると、首の骨を折って死んでしまった。

　契約の箱を奪われるというイスラエル民族未曽有《みぞう》の危機のなか、サムエルは、イスラエル中を巡り、人々に悔い改めるよう呼びかけた。これにより、人々は目を覚まし異教の神々を排除。サムエルの指揮のもと、ミツパに結集してペリシテ人を打ち破るのである。

サウルの即位

民の求めに応えて登場したイスラエル最初の王

◆ペリシテ人の圧迫に耐えかね王を求める民

ペリシテ人との戦いから月日が流れ、年老いたサムエルは、自分のあとをふたりの息子に継がせたが、エリの息子たちのようにサムエルの息子たちも不正ばかり働いていた。そのためイスラエルの長老たちは、他国のように王を立てるようサムエルに申し入れた。

サムエルは王制を悪と考えていたので、これを了承せず神に祈った。すると神は、「民の声を聞き入れなさい。ただし王がどんなことをするか、彼らに教えなさい」と告げた。そこでサムエルは、「王はあなたたちの息子や娘を徴用して、兵士にしたり、料理をさせて使役し、上質の畑や作物を税として取り上げる。あなたたちはついに奴隷となり、自分たちが選んだ王のために泣き叫ぶことになる」と警告した。それでも王を求める声はやまなかったので、サムエルは王にふさわしい人物を探すことになった。

ベニヤミン族に、美しくてひときわ背の高いサウルという若者がいた。彼はあるとき、父が飼っているロバが何頭か迷子になったので、その行方を探して野山を越えて歩き回っているうち、「神の人」がいると聞いて会いに行く。その人なら、いなくなったロバの行方を占ってくれると思ったのである。「神の人」とはサムエルで、神のお告げを受け、イスラエルの指導者となるサウルが来るのを待っていたのである。

自分の運命を告げられたサウルは、「私は最も小さな部族のベニヤミンの人間で、そのなかでも最小の一族の者です。どうしてそんな私が？」と驚く。だがサムエルは、油の壺を手にして、サウルの頭に油を注いだ。

この「油を注ぐ」という儀式は、イスラエルの人々にとって大変重要なものである。オリーブ油を頭に注いだり、指で塗りつけることによって、その人を「神に仕える特別な者」とするのである。油を注がれた者は、これによってほかの者と区別され、特別な力を持つようになる。つまり、「聖別される」のである。「救世主」を表わす「キリスト」も「メシア」も、本来は「油を注がれた者」という意味なのである。

その後、サムエルはイスラエルの全部族を集めると、王を選ぶくじを引かせた。まずは全部族のなかでベニヤミン族が、そのなかでマトリの氏族が、次にサウルが、くじで選び出された。こうしてサウルは、イスラエルの初代の王となったのである。

ダビデとゴリアト

竪琴を持った勇気ある少年、ペリシテ人の猛将を討つ

◆サウルのもとを去ったサムエル

王となったサウルは、イスラエル全土から兵を召集して強力な軍を組織すると、ペリシテ人と戦って大勝利を得る。人々は熱狂的にサウルを支持した。ところがサウルは次第に増長し、祭祀を担うサムエルのいない場所で勝手に祭祀を行なったり、上等な家畜を手に入れて私腹を肥やしたりするようになった。失望したサムエルは、サウルを叱責して彼のもとを去り、二度と会おうとしなかった。

やがてサムエルは、神の声に導かれてベツレヘムに住む少年ダビデに会う。ダビデはルツの曽孫《ひまご》にあたり、瞳のきれいなすらりとした少年で、羊飼いをしていた。サムエルは神の言葉に従って、ダビデに油を注いで聖別した。

その頃サウルは、ひどいノイローゼに陥っていた。神が彼から離れたばかりか、神がよこす悪霊にさいなまれていたというから、サムエルに見捨てられた不安と、相次ぐ戦

いのなかで鬱《うつ》状態に陥っていたのだろう。すると家臣のひとりが、竪琴《たてごと》でもお聞きになったらいかがですかと勧めた。

そして、竪琴が巧みなうえに勇敢な戦士で、弁舌に優れ姿形もよく、神がともにある人物ということで、ダビデが連れて来られる。ダビデが奏でる竪琴の音色と澄んだ歌声にサウルは回復。ダビデはそのままサウルのそば近く仕えるようになった。

ノイローゼ状態から回復したサウルは、再びペリシテ人との戦いに臨む。この戦いのさなか、ペリシテ軍から巨人ゴリアトが一騎討ちを挑んできたのだが、サウルの兵たちは恐れて後ずさりするばかり……。そこに登場したのが、ダビデだった。

従軍している兄たちに食糧を届けに来たダビデは、この状況を見かねて自ら名

『ダビデ像』（ミケランジェロ／アカデミア美術館）。少年ダビデが巨人ゴリアトとの一騎討ちに臨み、投石用の紐で石を投げつけようとする場面を表現している。

乗り出たのである。

◆形勢を逆転させたダビデの武勲

これを受けてサウルは、ダビデに自分の鎧《よろい》や剣を与えて武装させるが、ダビデはそんなものは邪魔だとばかりに鎧も装束も脱ぎ捨て、剣も外してしまう。そして石を入れた袋と投石する紐だけを手にして、ゴリアトの前に立ったのである。

ほんの少年が、ろくな武器も持たずに現われたのを見たゴリアトは、馬鹿にされたと憤激。じりじりとダビデに近づいてきた。これに対しダビデは素早く走って石を投げつけると、石はゴリアトの眉間《みけん》を直撃したのである。急所を撃たれたゴリアトが倒れると、ダビデはゴリアトの剣を奪って首を切り落とした。これを見たペリシテ軍はパニックに陥り、勢いづいたイスラエル軍によって撃退されたのである。

一躍英雄となった若きダビデの姿は、芸術家の心を刺激するのか、古くから美しい青年の姿に描かれてきた。その構図は竪琴を弾いていたり羊とともにいたりと様々であるが、ルネサンス期には勇士としてゴリアトと闘う場面が好まれた。ミケランジェロのダビデ像も、投石の紐を背負った姿がモチーフになっている。

サウルの死

嫉妬から生まれたイスラエル最初の王の悲劇

◆ダビデ、サウルのもとを脱する

イスラエル軍の前でゴリアトを討ち取り、鮮烈なデビューを果たしたダビデは、その後も出陣するごとに戦果をあげた。民衆はダビデに喝采を浴びせ、「サウルは千を討ち、ダビデは万を討った」という歌が流行するほどだった。

サウルは、そんなダビデに嫉妬し、疎ましく思うようになっていった。サウルはダビデを殺そうとするが、サウルの長子ヨナタンがダビデを逃亡させる。

ヨナタンは武勇に長《た》けた戦士で、優れた戦略家でもあった。ダビデとは互いに尊敬し合い、兄弟の誓いを交わした親友だったのである。ヨナタンは、父サウルにもできるかぎり忠誠を尽くしたので、父と親友の板ばさみで苦しむことになる。

そんなヨナタンと、ダビデに嫁いでいたサウルの娘ミカルの尽力により、宮廷から逃れたダビデは、山野を彷徨《ほうこう》し、各地に身を寄せながら逃亡生活を続けた。

こうしたなかでサウルに不満を持ち、ダビデを慕って集まって来る者は数百人にも及んだ。またダビデは身を守るためにペリシテ人と講和を結び、その地にとどまりさえもした。ダビデとサウルの確執はペリシテにも伝えられており、ダビデは格好の戦力と見なされたのである。しかし、ダビデはイスラエル人とは決して戦おうとはしなかった。

◆サウルを逃がしたダビデの心情

じつはこの逃亡生活の間、ダビデには、サウルを殺す絶好の機会が二度あった。

一度目は、ダビデの居所を突き止め、軍を率いて捜索にやってきたサウルが、用を足すためひとりで洞窟に入ったときである。そこにはダビデとその兵たちが身を隠していたのだが、ダビデはサウルを討とうとする兵を押しとどめ、サウルの衣の端を切り取るだけにした。二度目は、荒野に陣を敷いたサウルとその兵士たちが熟睡しているときである。このときもダビデは、サウルをひと突きにしようとする側近を押しとどめ、サウルの槍と水差しを持ち去るだけにしている。

ダビデがサウルの命を奪わなかったのは、サウルが「油を注がれた者」だからである。ダビデがサウルに衣の切れ端や槍といった証拠の品を見せ、命を奪わなかったことを告げると、サウルは声を上げて泣き、許しを乞うと帰って行った。

こうしたなか、またもやイスラエルとペリシテとの間に戦いが起こる。戦いの前夜、サウルが異教の呪術を用いてサムエルの霊を呼び出すと、霊はサウルの死を予告する。

その予告通り圧倒的なペリシテ軍の前に、イスラエルは総崩れとなって、サウルはギルボア山上に逃れる。ヨナタンらサウルの三人の息子はここで戦死し、深手を負ったサウルも自ら剣の上に倒れ伏して死んだ。

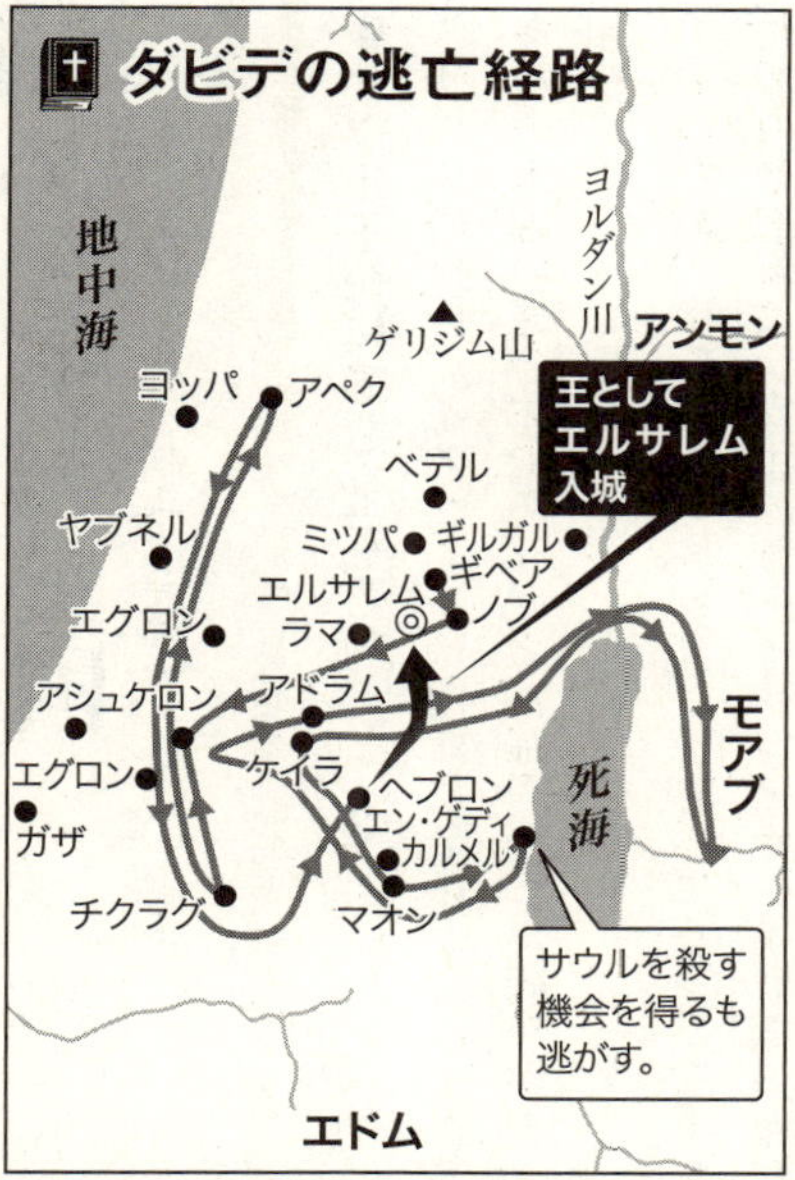
ダビデの逃亡経路
地中海
ヨルダン川
ゲリジム山
アンモン
ヨッパ
アペク
王として
エルサレム
入城
ベテル
ヤブネル
ミツパ
ギルガル
ギベア
エルサレム
ノブ
エグロン
ラマ
アシュケロン
アドラム
モアブ
ケイラ
エグロン
ヘブロン
死海
ガザ
エン・ゲディ
カルメル
チクラグ
マオン
サウルを殺す
機会を得るも
逃がす。
エドム
サウルのもとを脱したダビデは、庇護を求めながらカナン各地を転々とした。そして、サウルの死後、エルサレムを占領し、イスラエル統一王国の王となる。

この知らせを聞いたダビデは、衣を引き裂いて断食し、彼らの死を悼んだ。ヨナタンに向けては、「あなたの愛は女の愛に勝っていた」という哀歌《あいか》をつくって嘆いている。

ダビデの王国

エルサレムを制する偉大な王の誕生

◆サウル王統に挑むダビデ

サウルの死後、イスラエルは南北に分裂した。それまでひとつの国だったとはいえ、多数の部族の連合体であり、まだ確固とした統一がなされていたわけではなかったのである。

そのため、南部のユダ族はダビデをヘブロンに迎えて油を注ぎ、新たな王としたが、北部の諸部族はサウルの息子イシュ・ボシェトを王として立てた。紀元前一〇一一年のことといわれる。

そしてふたつの王国の間で、戦いが起こった。戦いは七年に及んだが、ダビデ側が常に優勢だった。イシュ・ボシェトは王としての器量に欠け、実権を握っていたのは将軍アブネルだったのである。しかもアブネルは、サウルの側室と通じたと疑われたことに腹を立てて、ダビデ側に寝返った。これでますます力を失ったイシュ・ボシェトは昼寝しているところを殺害されてしまう。

　こうなると、北部の長老たちも、ダビデ以外の者を王にすることは考えられず、ダビデを王として認め油を注いだ。こうしてダビデは、紀元前一〇〇四年、ついに全イスラエルを統一したのである。

　ダビデは、都をヘブロンからエルサレムに移した。エルサレムの周囲は起伏に富んだ地形で、攻撃を受けても守りが堅《かた》い天然の要害である。また、ここは北部のイスラエルと南部のユダを結ぶ地にあり、もともとエブス人が築いた街であった。ダビデはこの都市を、策略を駆使して

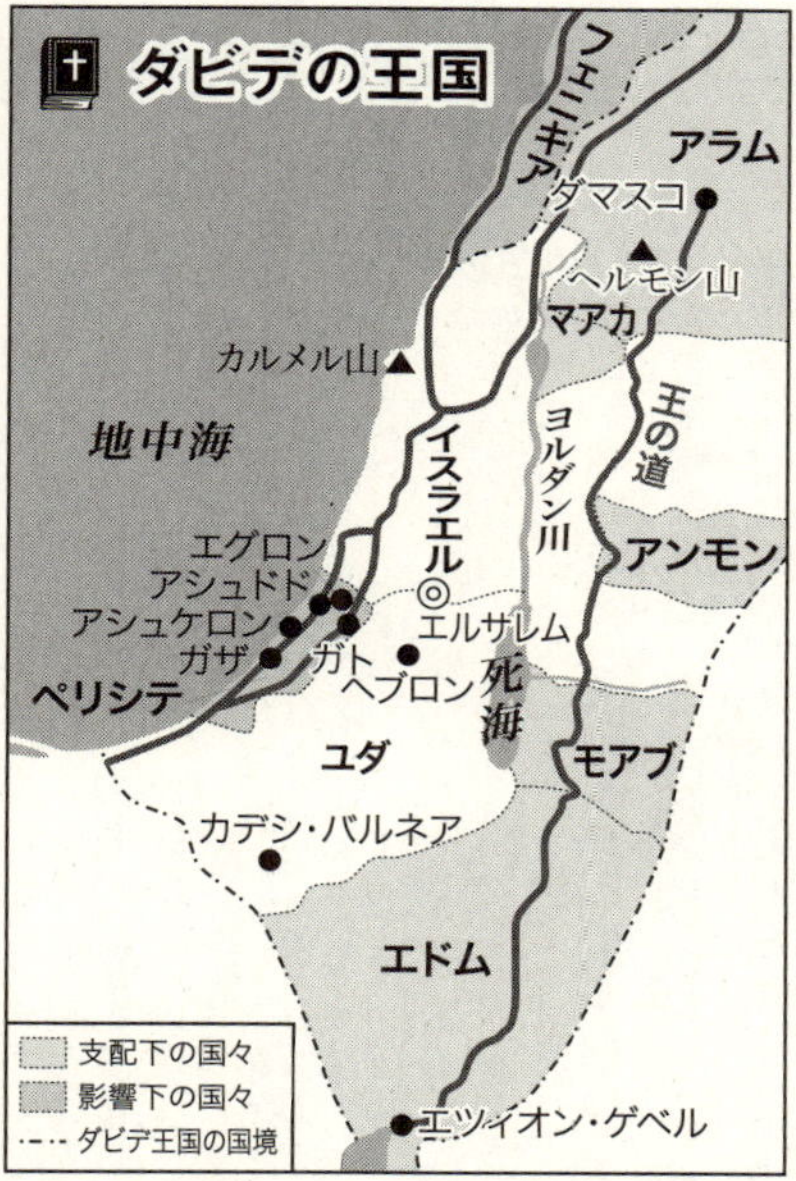

ダビデは王位に就くと周辺諸国への遠征を行なって次々に服従させていった。彼の40年の統治の間に東ヨルダン地域とカナン都市国家はことごとく併合され、カナンは領土的に統一された。

陥落させる。

そして、ここに軍や宮廷を置き、南北の統治を強化した。

この頃、ダビデの名は外国にも知られるようになっていた。ティルスの王は、貴重なレバノン杉に、木工、石工《いしく》をつけて送ってきたため、ダビデはそれを用いて王宮を建て、城壁を築いた。

◆聖都エルサレム成立

さらにダビデは、契約の箱をエルサレムに運んだ。契約の箱は新しい車の上に載せられ、イスラエルの精鋭三万という大規模な行列に守られて運ばれてきた。糸杉の楽器、竪琴、琴、太鼓、鈴、シンバルが奏でられるという賑やかさのなか、ダビデ自身も麻の祭服を身にまとって、力のかぎり跳ね踊ったという。

契約の箱が天幕のなかに安置されると、ダビデは神に「焼き尽くす捧げ物と和解の捧げ物」を捧げ、兵士と民衆の全員には男女の区別もなく、「輪形のパン、なつめやしの菓子、干しぶどうの菓子」をひとつずつ与えた。

まさに国中で喜びを爆発させるような祝祭である。人々は満足し、それぞれの家に帰っていった。

契約の箱は、いまやイスラエル統一のシンボルであり、これがダビデの生涯で最も晴れやかなイベントとなった。エルサレムはこれで政治・宗教の中心地になり、遷都が完了したのである。

内政を安定させたダビデは、外征に乗り出してペリシテ人やモアブ人、アラム人、エドム人などを次々に破り、広大な領土を得る。

のちにイスラエルの人々は、民を率いてイスラエル民族の隆盛をもたらした英雄ダビデを、理想的な王と考えるようになった。

✝聖書ミステリー✝

契約の箱はどこにあるのか

イスラエルの民の信仰の拠り所が、モーセの十戒を刻んだ石板を納めた「契約の箱」である。聖書によれば、これは純金で覆われた櫃で、2本の棒で担ぐようになっており、シロの聖所に納められていたものが、ダビデによってエルサレムに移された。その後、ダビデの子ソロモンによって壮大なエルサレム神殿が築かれ、そのなかに安置されるのだが、いつしか姿を消してしまっている。

その消失については、「新バビロニア王国によって神殿が破壊されたときに奪われたか焼失した」「預言者エレミヤが洞窟に隠し、今はヴァチカンの地下にある」「エチオピアに隠されている」など、諸説が挙げられている。多くの人が行方を探したが、発見には至っていない。

バト・シェバ事件

英雄王ダビデによる人妻との恋が招いた神の怒り

◆ダビデが犯した五つの重罪

イスラエル王国を統一し、オリエントの一大強国へと発展させたダビデだが、その晩年は様々な不幸に彩られている。しかもそれは、自ら招いた原因によるものだった。

ある日、王宮の屋上に出たダビデは、家臣ウリヤの妻バト・シェバの水浴を目撃する。ダビデは、ウリヤの出征中に彼女を召し出すと、寝床をともにした。やがて彼女が妊娠すると、ダビデは自分の所業を誤魔化すために、ウリヤを死に追いやり、まんまとバト・シェバと結婚。だが、神はすべてを見ていた。ダビデは、モーセの十戒のうち、「殺してはならない」「姦淫《かんいん》してはならない」「盗んではならない」「偽証をしてはならない」「欲しがってはならない」という、実に五つもの戒めを破ったのである。

預言者ナタンは、ダビデとバト・シェバの子は死に、家庭内に禍が次々に起こると告げる。

ダビデ王家の内紛

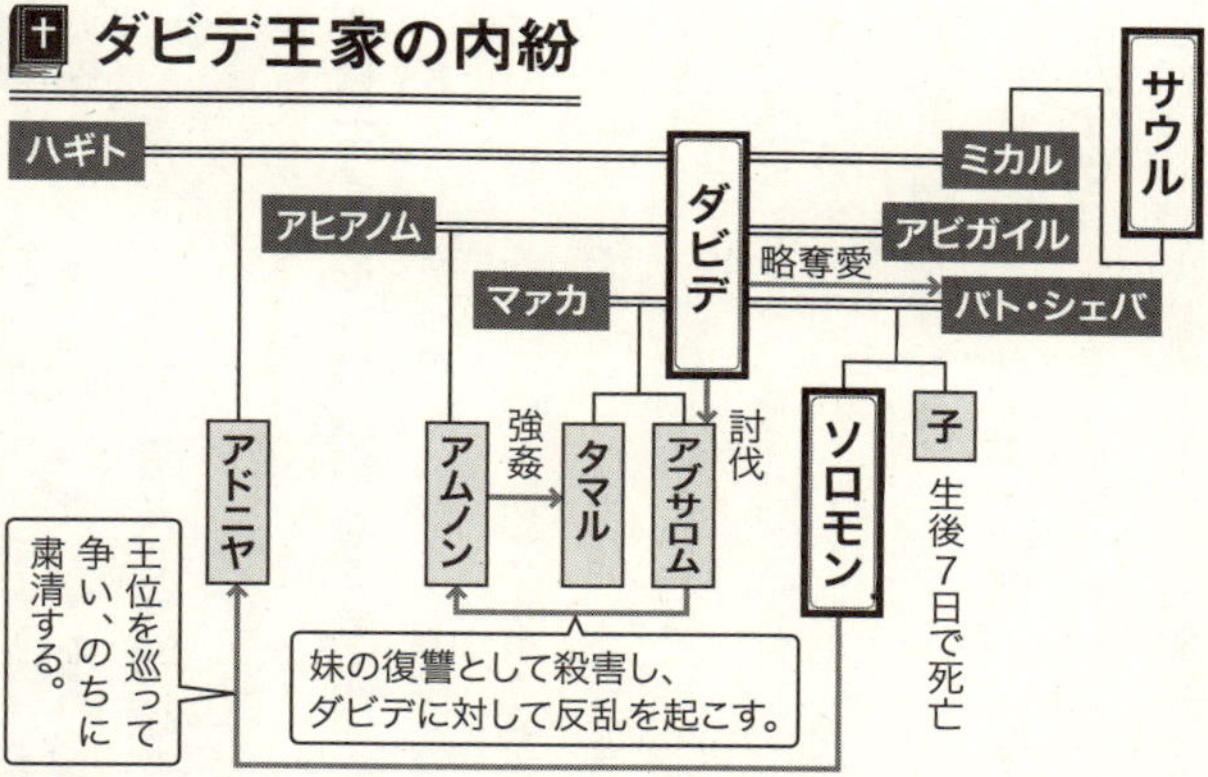
サウル
ミカル
ハギト
ダビデ
アヒアノム
アビガイル
略奪愛
マァカ
バト・シェバ
討伐
強姦
アドニヤ
アムノン
タマル
アブサロム
ソロモン
子
生後7日で死亡
王位を巡って争い、のちに粛清する。
妹の復讐として殺害し、ダビデに対して反乱を起こす。

イスラエルの律法を破ったダビデに対し、神は愛息の死と一家の内紛という悲劇でもって報いた。

その預言通り、子どもは、ダビデの必死の祈りにもかかわらず生後七日で死んでしまう。さらに、長子のアムノンが異母妹のタマルをレイプするという事件が起きた。タマルの実兄アブサロムは、兄弟全員を宴に招待して、アムノンにぶどう酒をたっぷり飲ませて油断させると、殺害して妹の復讐を果たす。

これを契機にアブサロムの反乱が勃発。ダビデは一時エルサレムを奪われるほどであったが、やがて形勢を逆転。アブサロムは敗走する途中で長い髪の毛が樫の木に引っかかったところを討ち取られた。アブサロムの死を知ったダビデは、部屋に籠って、声を上げて泣いたという。

ソロモンの知恵

ダビデの後継者として即位し、大いなる知恵を授かった賢王

◆賢王ソロモンの陰惨なる登場

ダビデ王家の内紛は続く。ダビデの死期が近づくと、後継者争いが起こったのである。大勢いる息子のなかで、有力候補とされたのが最年長のアドニヤとバト・シェバの子ソロモンだった。両者の対立は宮廷を二分する抗争にまで発展したが、ダビデは次の王を誰にするかについても相変わらず優柔不断だった。

こうしたなか、アドニヤが即位の宣言をしてしまうが、バト・シェバは黙っていなかった。我が子を王位に就けるべく、死の床にあるダビデを説得して、後継者はソロモンだと言わせたのである。

ダビデは、ソロモンに事細かな遺言を残して死ぬ。これによって王座についたソロモンは、寛容なところを見せてアドニヤを許すものの、のちに言いがかりをつけて殺させる。アドニヤに味方していた軍長や祭司たちも、殺したり追放したりして粛清された。

◆国を富ませたソロモンの諸政策

陰謀のなかで産声を上げたソロモンの政権であるが、その統治は優れたものであった。まず、ダビデの時代に大きくなった王国を統治するため、様々な制度を整えた。エジプトを規範として官僚機構を取り入れ、中央集権化を進めて部族の力を弱体化させた。宮廷と常備軍を維持するために徴税制度も整え、新しい行政区分として十二の県を置いた。また、契約の箱を納める壮麗な神殿を建設し、民衆の人気を集めた。

そんなソロモンの夢にある日、神が現われて、願いを何でもかなえようと言った。するとソロモンは、「民を正しく裁き、善と悪を判断することができるように、聞き分ける心を与えてください」と答えた。神は、この非の打ちどころのない答えに感心して願いを聞き入れたため、ソロモンは知恵に溢《あふ》れ、正しい裁きを行なう王になったという。

よく知られているのが、ふたりの女と赤ん坊のエピソードである。あるとき、ふたりの女がひとりの赤ん坊を巡って、「この子は私の子です」と互いに主張し、訴え出てきた。ふたりは同じ家に住む遊女で、三日違いで出産したものの、ひとりの赤ん坊が死んでしまい、生きているのは我が子だと、どちらも言い張っているのである。

訴えを聞いたソロモンは、赤ん坊を剣でふたつに裂いて、半分ずつ持って行けと命令した。するとひとりの女が悲鳴をあげ、赤ちゃんはあの人に連れて行ってもらう、と訴えを取り下げた。これを聞いたソロモンは、その女が本当の母親だと裁きを下した。我が子を心から思う母親の愛情を見抜いたのである。

ソロモンの名声を聞いて、どれほど賢いのか試そうと、はるばるやって来たのがシェバの女王である。女王は多くの従者を連れ、大量の香料、金、宝石をラクダに積んでやって来ると、ソロモンに多くの難問を浴びせかけた。だがソロモンは、すべての質問にすらすらと答えたため、女王はすっかり感心した。また女王は、宮殿や神殿の壮麗さや、家臣や従者の立派な様子にも心を奪われ、ソロモンを讃《たた》えて多くの財宝を贈った。ソロモンも彼女に贈り物をし、望むものは何でも与えたという。

シェバの女王の国がどこだったのかは不明だが、現在のエチオピアにあったのではないかと考えられている。エチオピアは歴史の古い国で、ソロモンとシェバの女王は愛し合い、メネリクという子をもうけたという伝説がある。しかも一九三一年の国家憲法にも、このメネリクがエチオピア皇帝の先祖であると記されている。また、ソロモンはメネリクに契約の箱を与えたという言い伝えもある。この説は、十字軍の兵士からヨーロッパにもたらされ、今もエチオピアには契約の箱とされるものが伝えられている。

ソロモンの外交と背信

最盛期を迎える一方で、国家分裂の予兆が忍び寄る

◆ソロモンが現出した栄華

ソロモンの治世下、イスラエル王国は最盛期を迎える。その象徴がエルサレムに建設された神殿で、契約の箱もここに安置された。ダビデの時代まで契約の箱は、天幕のなかに置かれていた。これは、遊牧生活を営んできたイスラエルの民の慣習に沿ってのことだと思われる。だが、エルサレムに生まれ育ったソロモンはあくまで都市型生活を営んだ。契約の箱も、それに合わせるかのように、神殿に安置されることになった。

当時のイスラエルには、この神殿のような巨大な建築物を建てる技術がなかったのであろう。ソロモンはフェニキアから建築家を招いて、これを建てさせている。

またソロモンは、貿易を盛んに行なった。それまでイスラエルには海洋貿易の実績はなかったのだが、アカバ湾に港を開いて、諸外国から金、象牙《ぞうげ》、銘木《めいぼく》、馬、戦車などを輸入すると、これをシリアやアジアに運ばせて莫大な利益を得た。この収益で神殿をは

じめとする建築の費用をまかない、宮廷の暮らしを運営したのである。

ソロモンは外交活動も活発に行ない、周囲の国や民族と姻戚関係を結んで友好を保った。王妃は七百人、側女は三百人いたと伝えられるほどで、これは誇張だとしても、周辺の諸国から多くの王女たちを妻として迎えていたと思われる。

だがこれが、のちに混乱を生む原因となる。というのも、彼女たちはそれぞれが信じる異教の神をイスラエルに持ち込んだのである。知恵者として知られるソロモンも、老境に入ると彼女たちの言いなりになったのか、礼拝の場として高台を築いてやり、自らも異教の神の教えに従ってしまう。これはイスラエルの人々にとって信じがたいことで、神に対する背信であった。神はこれに怒り、イスラエルに様々な災厄をもたらす。

栄華を極めたソロモンの治世にも、敵対する者は皆無ではなかった。かつてダビデに滅ぼされたエドム王家の血を引くハダド、ダマスコやアラムを支配したレゾンなどが、イスラエル攻略の機会をうかがい続けた。

また、ソロモンに仕えていたヤロブアムは、異教の神を信仰するソロモンに怒りを抱いた預言者によって、「イスラエルの王となれ」と告げられ、反乱を起こした。結果的に反乱は失敗に終わったが、イスラエル王国の屋台骨は確実に揺らぎ始めていた。

ダビデ・ソロモンの王国とエルサレム神殿

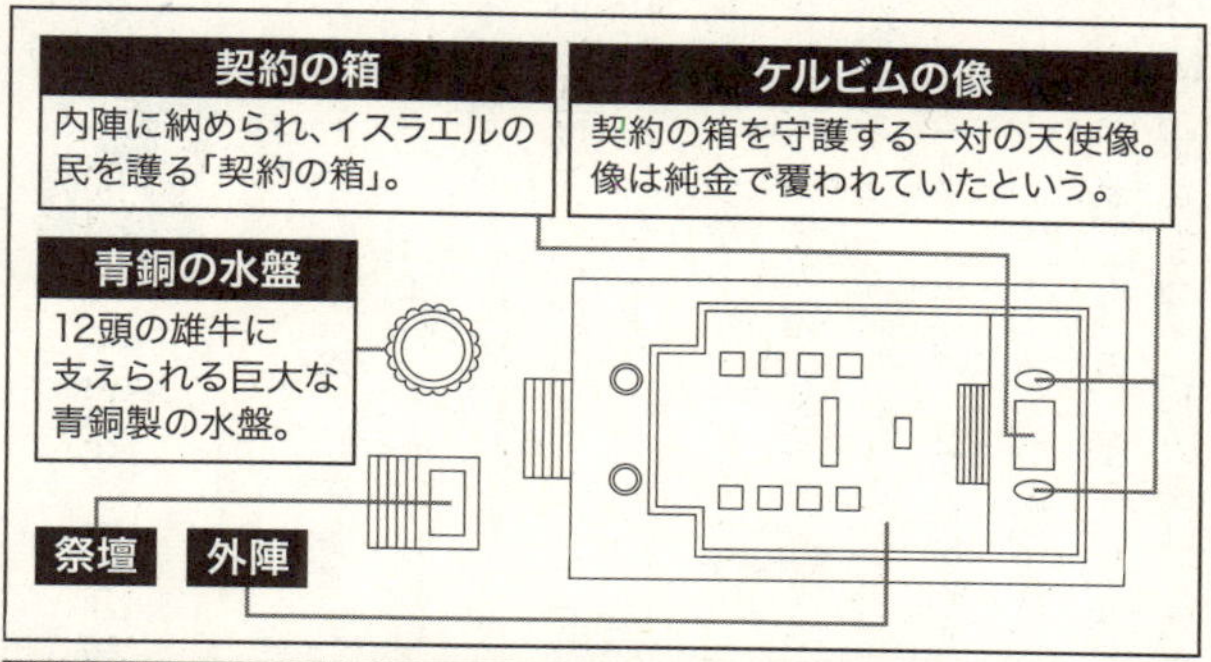
契約の箱
内陣に納められ、イスラエルの民を護る「契約の箱」。
ケルビムの像
契約の箱を守護する一対の天使像。像は純金で覆われていたという。
青銅の水盤
12頭の雄牛に支えられる巨大な青銅製の水盤。
祭壇
外陣

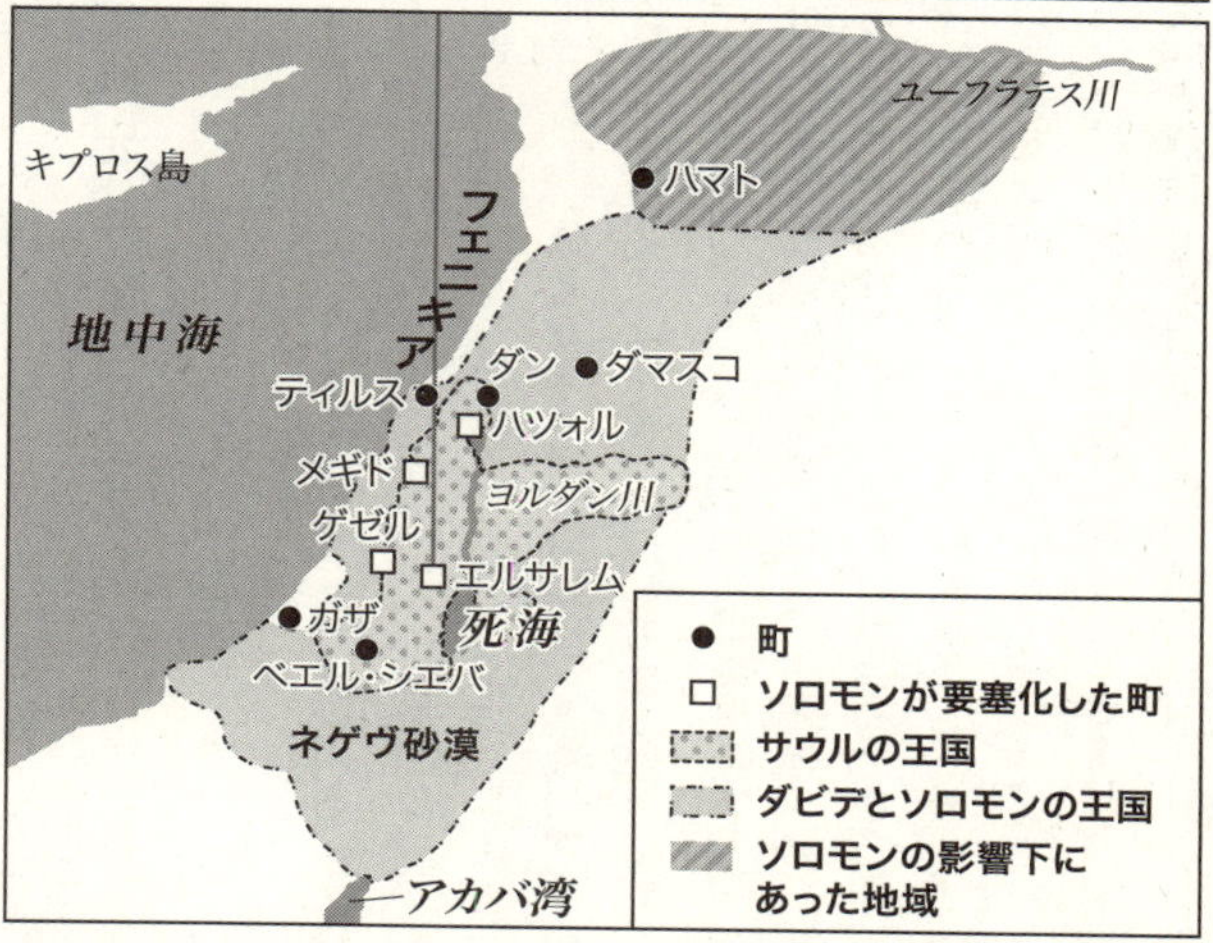
ユーフラテス川
キプロス島
ハマト
フェニキア
地中海
ダン
ダマスコ
ティルス
ハツォル
メギド
ヨルダン川
ゲゼル
エルサレム
ガザ
死海
ベエル・シエバ
ネゲヴ砂漠
アカバ湾
町
ソロモンが要塞化した町
サウルの王国
ダビデとソロモンの王国
ソロモンの影響下にあった地域

ダビデ・ソロモンの２代によってイスラエル統一王国は最盛期を迎える。ソロモンの宮廷は、父ダビデの時代とは比べようもないほど贅沢なもので、その暮らしぶりは、「ソロモンの栄華」と讃えられた。また、ソロモンは契約の箱を納める神殿を７年の歳月をかけて建造し、壮麗な神殿を築き上げた。

Column
コラム

「聖戦」は選民思想から生まれた

アメリカ・ニューヨークのツインタワーと、ワシントンのペンタゴンへの同時多発テロ、いわゆる九・一一事件で、すっかり日本人にも知られるようになった「聖戦」は、イスラーム独自の教えのように思われるかも知れませんが、これも「ユダヤ三兄弟」に共通する思想です。『旧約聖書』の「創世記」や「申命記」、あるいは「ヨシュア記」には、聖戦に関する記述があります。たとえば、「私はこれらの者たちを皆殺し（聖絶と表現してますが）にするであろう」（「出エジプト記」二三）、また「主は彼らをあなた方に渡し、あなたがたはこれを打つとき、あなたがたは彼らを聖絶しなければならない」（「申命記」七）、あるいは「イスラエルが彼らを追って来たアイの住民をことごとく荒野の戦場で殺し、剣の刃で彼らを独りも残さず倒して後、（中略）その町を剣で打った。その日、打ち倒された男や女は併せて一万二千人で、アイの全ての人々であった」（「ヨシュア記」八）などが有名です。そして、古代民族の通例ではありますが、幾たびもの戦いが神の名において繰り返されてきました。

では、なぜイスラエルの民は、異民族を聖絶できるのか。その理由としては、「神に選ばれた民だからだ」という選民思想が説かれます。もっとも、このような選民思想そのものは、どの民族宗教も自らの正統性を主張するときに用いる常套手段です。日本の神道でも、自らを「神の子」とする発想が、天皇（天津神の子孫）から庶民（国津神などそれぞれの土地神の子孫）に至るまで存在します。ただし、排他性を持たない神の概念では、この論理は単なる自己主張、いわば自己満足的な領域に止《とど》まるものです。ユダヤ教ほど選民思想が徹底した宗教は、あまり例がないのではないでしょうか。

　この選民思想はキリスト教にもイスラーム教にも引き継がれますが、そこで自らの正統性を立証するために、聖典が編纂されることになります。すなわち聖書であり、コーランです。こうした聖典は、神と啓示を受けた預言者が交わした契約書と見なされ、これを保持する者の正統性を保証するものです。

　ところが、その啓示は何回も発せられますので、その都度書き換えられてしまい、ついにはどの聖典（契約書）が、最も有効なのかわからなくなってしまいました。そこで、最終手段として、自らの奉じる聖典の正しさを立証するすべとして、武力により、その正統性を認めさせようということになります。その手段のひとつが「聖戦」というわけです。唯一の正統性を巡って幾つもの宗派、宗教が武力で争うという構図が、こうして生まれることになるのです。

第1部 『旧約聖書』

第5章

バビロン捕囚への道

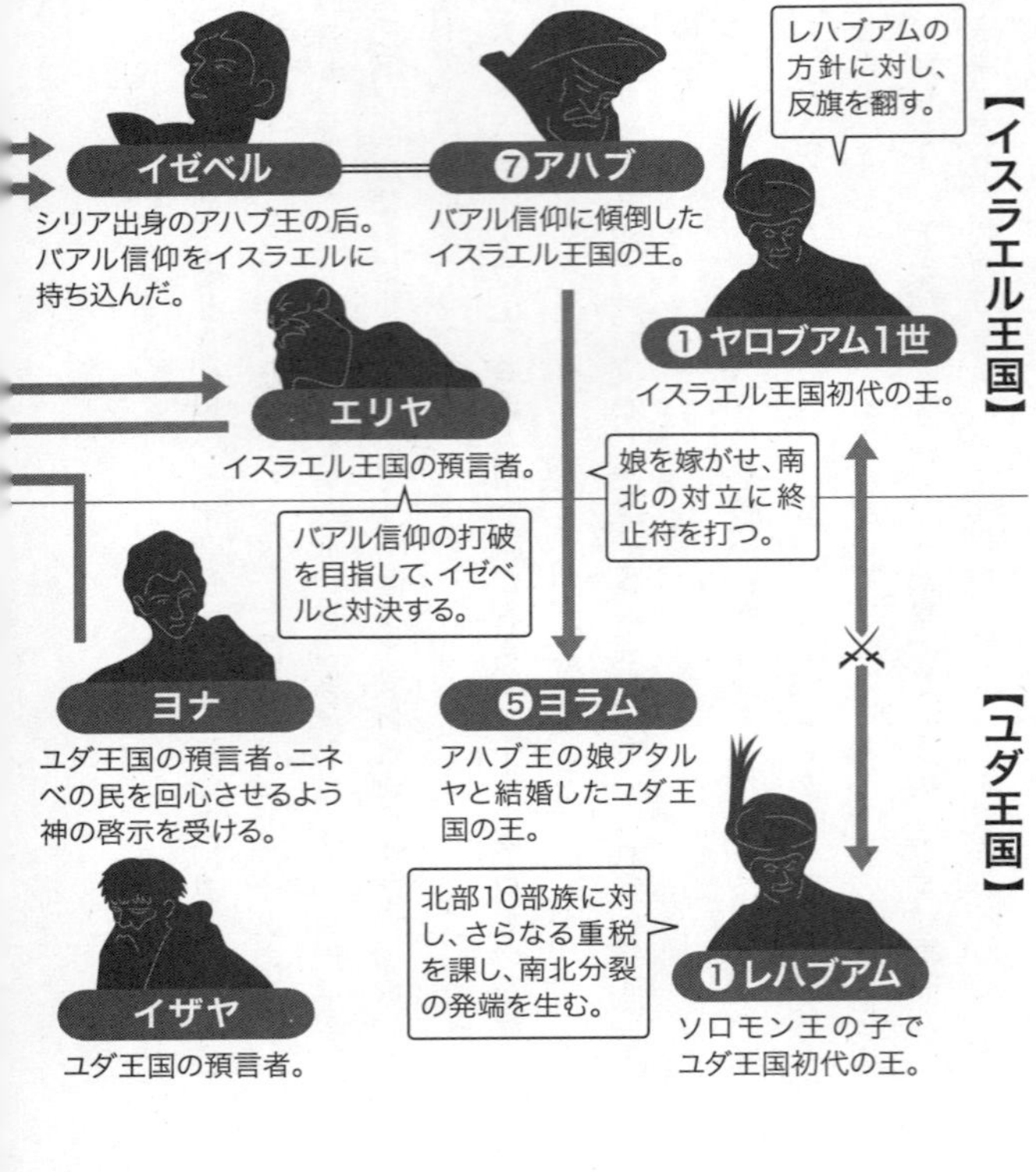

【イスラエル王国】
【ユダ王国】
イゼベル
シリア出身のアハブ王の后。バアル信仰をイスラエルに持ち込んだ。
❼アハブ
バアル信仰に傾倒したイスラエル王国の王。
レハブアムの方針に対し、反旗を翻す。
❶ヤロブアム1世
イスラエル王国初代の王。
エリヤ
イスラエル王国の預言者。
バアル信仰の打破を目指して、イゼベルと対決する。
娘を嫁がせ、南北の対立に終止符を打つ。
ヨナ
ユダ王国の預言者。ニネベの民を回心させるよう神の啓示を受ける。
❺ヨラム
アハブ王の娘アタルヤと結婚したユダ王国の王。
イザヤ
ユダ王国の預言者。
北部10部族に対し、さらなる重税を課し、南北分裂の発端を生む。
❶レハブアム
ソロモン王の子でユダ王国初代の王。

第5章の相関図

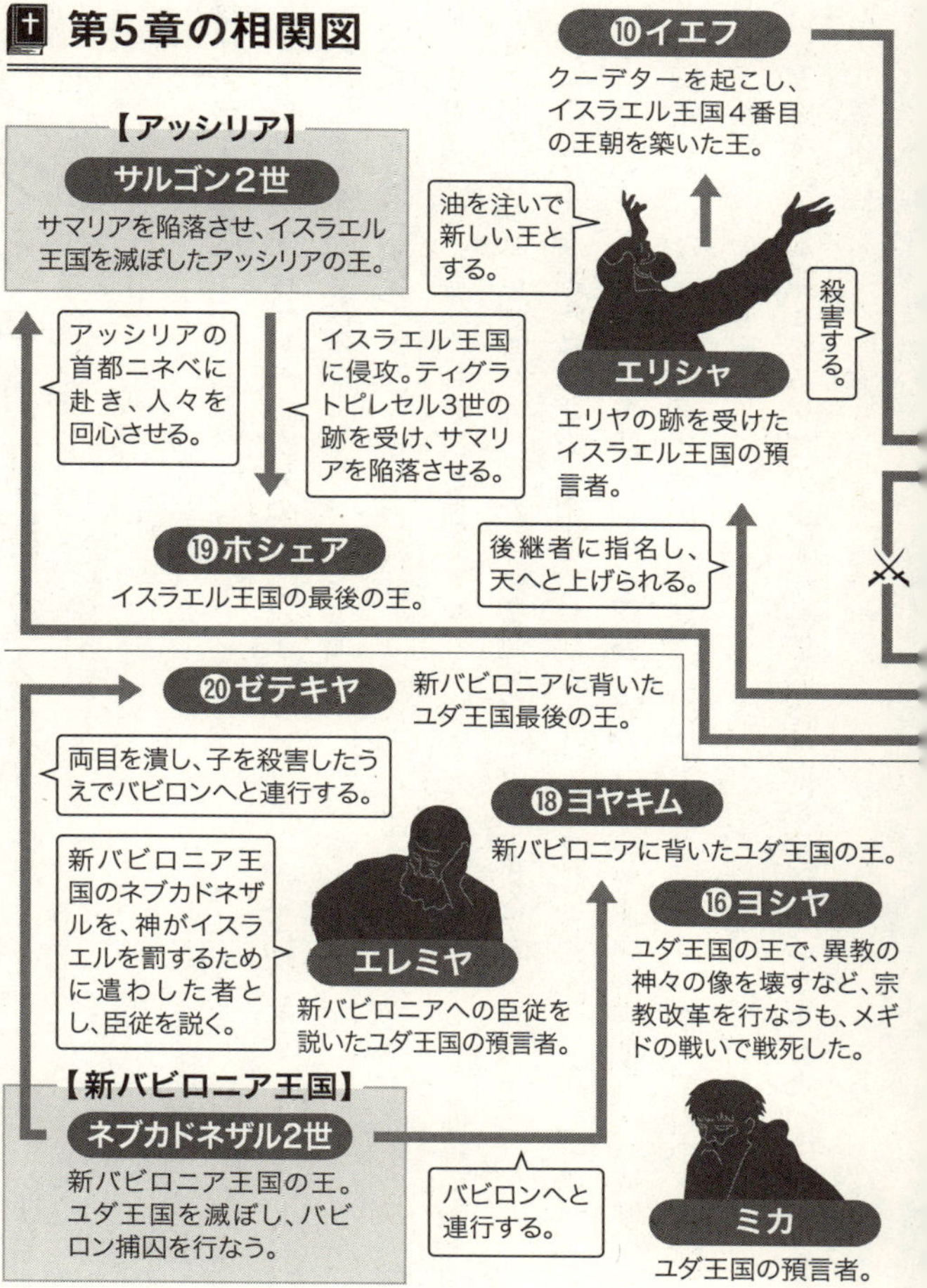

【アッシリア】
サルゴン2世
サマリアを陥落させ、イスラエル王国を滅ぼしたアッシリアの王。
⑩イエフ
クーデターを起こし、イスラエル王国4番目の王朝を築いた王。
油を注いで新しい王とする。
殺害する。
エリシャ
エリヤの跡を受けたイスラエル王国の預言者。
アッシリアの首都ニネベに赴き、人々を回心させる。
イスラエル王国に侵攻。ティグラトピレセル3世の跡を受け、サマリアを陥落させる。
⑲ホシェア
イスラエル王国の最後の王。
後継者に指名し、天へと上げられる。
⑳ゼデキヤ
新バビロニアに背いたユダ王国最後の王。
両目を潰し、子を殺害したうえでバビロンへと連行する。
⑱ヨヤキム
新バビロニアに背いたユダ王国の王。
新バビロニア王国のネブカドネザルを、神がイスラエルを罰するために遣わした者とし、臣従を説く。
エレミヤ
新バビロニアへの臣従を説いたユダ王国の預言者。
⑯ヨシヤ
ユダ王国の王で、異教の神々の像を壊すなど、宗教改革を行なうも、メギドの戦いで戦死した。
【新バビロニア王国】
ネブカドネザル2世
新バビロニア王国の王。ユダ王国を滅ぼし、バビロン捕囚を行なう。
バビロンへと連行する。
ミカ
ユダ王国の預言者。

イスラエル王国の分裂

繁栄を極めたダビデ・ソロモンの王国の崩壊

◆イスラエル統一王国の終焉

紀元前九二六年にソロモンが死ぬと、息子のレハブアムが王位を継承しようとした。それに待ったをかけたのが、ヤロブアムである。

エジプトに亡命していたヤロブアムは、ソロモンの死を聞くと急遽《きゅうきょ》イスラエルに戻り、北方諸部族の首長たちを引き連れてレハブアムと会見する。そして、即位の条件として、北方諸部族に課せられていた強制労働と税の軽減を求めたのである。

そもそもイスラエルは、北方と南方ではかなり違った文化を持っていた。北方は「北のイスラエル」と称される十部族から、南方はユダ、ベニヤミンの両部族から成り、互いに反発していた。かつてダビデが打ち立てたのは、北のイスラエル、南のユダを統一した王国だったのである。

ユダ族を勢力基盤とするダビデ王家は必然的に南部を優遇する政策をとっていた。そのため北方諸部族は、王家が課した重税や強制労働に大きな不満を抱いていた。そこで、新王となるレハブアムには、これを軽減してもらおうと考えたのである。

レハブアムの家臣のなかで、ソロモンの代から仕えていた経験豊かな長老たちはこれを受け入れるよう進言した。ところがレハブアムは、未熟な若者たちの意見を容れ、北方諸部族の要求を拒絶したのである。

この結果、北方諸部族は独自にヤロブアムを王に立てて王国から離反してしまう。こうしてイスラエルは、北のイスラエル王国と南のユダ王国に分裂した。

ダビデ王家の支配を脱したイスラエル王国では、早々に神への背信が行なわれる。ヤロブアムが金の子牛を二体つくってダンの町とベテルの町に置き、レビ族ではない者を祭司に選んだ。これは偶像崇拝であり、ヤロブアムは息子が病死するという罰を受けた。

一方、南のユダ王国は、隣接する大国エジプトの脅威にさらされる。ファラオ・シシャク（シェションク一世）の侵略に遭い、エルサレム神殿や王宮にある宝物を奪われてしまうのだ。南北に分裂し、それぞれの道を歩み始めたとはいえ、両国とも弱体化は否めない。以降、両国とも、エジプトやアッシリア、バビロニアなどの大国に囲まれた小国として、対立と協調をめまぐるしく繰り返していくことになる。

イスラエル王国とユダ王国の諸王

イスラエル王国の歴代王と預言者

王	在位(紀元前)
ヤロブアム1世	931~910
ナダブ	909
バシャ	909~886
エラ	885
ジムリ	885
オムリ	885~874
アハブ	873~853
アハズヤ	853~852
ヨラム	852~841
イエフ	841~813
ヨアハズ	813~797
ヨアシュ	797~782
ヤロブアム2世	782~747
ゼカルヤ	747
シャルム	747
メネヘム	747~742
ベカフヤ	742~740
ベカ	740~731
ホシェア	731~722/21

預言者

エリヤ
アハブ王の偶像崇拝を戒め、バアルの祭祀を排除する。

エリシャ
イエフに油を注いで王とし王朝交代を実現する。

アモス
イスラエル王国の滅亡を預言する。

ホセア
遊女と結婚して姦淫の罪を犯した女を救う一方、イスラエル王国の滅亡を預言する。

ユダ王国の歴代王と預言者

王	在位(紀元前)
レハブアム	931~914
アビヤム	914~911
アサ	911~871
ヨシャファト	871~848
ヨラム	848~841
アハズヤ	841~840
アタルヤ	840~835
ヨアシュ	835~796
アマツヤ	796~767
ウジヤ	767~739
ヨタム	739~734
アハズ	734~728
ヒゼキヤ	728~698
マナセ	698~643
アモン	642~641
ヨシヤ	640~609
ヨアハズ	609
ヨヤキム	609~598
ヨヤキン	597
ゼデキヤ	597~587

預言者

イザヤ
王の支配に対して批判を繰り返し、大国との同盟政策を批判した。

ミカ
ベツレヘムから新しい支配者が現われると預言する。

ゼファニア
信仰の乱れに対して警告を発する。

エレミヤ
新バビロニア王国のネブカドネザルを神が遣わした人物として、その支配を受けることを進言する。

エゼキエル
多くの幻を見、捕囚下の民に対し、苦難が終わることを宣言する。

イスラエル王国とユダ王国
シドン
ダマスコ
ティルス
ダン
フェニキア
地中海
ガリラヤ湖
メギド
ヨルダン川
ラモト・ギレアド
サマリア
ヤッファ
イスラエル
エルサレム
ペリシテ
死海
ガザ
ヘブロン
モアブ
ベエル・シェバ
ユダ
ガデシュ・バルネア
エドム

ソロモンの死後、イスラエル統一王国は南北に分裂。両者は互いに衝突を繰り返しながら、それぞれの道を歩んでいった。ヤロブアム１世が王位に就いたイスラエル王国では、政変が頻発し、何度も王朝が代わった。一方、ユダ王国ではダビデの王統が続き、安定した政権運営が行なわれた。

※王の在位年代は、『旧約聖書の王歴代誌』ジョン・ロジャーソン著／高橋正男監修（創元社）を参考に作成。

エリヤとアハブ王

ヤハウェ信仰を守るべく、異教徒との戦いに臨んだ預言者

◆アハブ王の背信

北のイスラエル王国は、紀元前九世紀前半に登場したアハブ王の代に領土を拡大させ、経済的にも発展する。

また南北に分裂して以来、ユダ王国との間には対立が続いていたが、アハブ王は自分の姉妹（あるいは娘）をユダの王ヨシャファトの子ヨラムに嫁がせ、婚姻関係を結ぶことで同盟を結んだ。これによって一世紀近くにわたる対立に終止符が打たれ、両国の間に平和がもたらされたのである。

しかしアハブ王は、フェニキアから迎えた妻イゼベルの影響を強く受ける。イゼベルの信じるバアル神を祀る神殿を建てて祭壇を築き、アシェラの像をつくり、自らもそれを信じるようになったのである。アハブ王の後ろ盾を得たイゼベルは、イスラエルの預言者たちを弾圧した。すると、神の怒りのためか三年も干魃《かんばつ》が続き、イスラエル王国の

都サマリアはひどい飢饉に見舞われた。ただひとり残ったイスラエルの預言者エリヤは、このバアル信仰の打破を誓って立ち上がる。王宮に現われたエリヤは、アハブ王の行ないを叱りつけると、バアルの預言者と対決することにした。

◆カルメル山における戦い

まずエリヤは、イスラエルのすべての民と、バアルの預言者四百五十人、アシェラの預言者四百人をカルメル山に集めるよう、アハブ王に求める。そして、裂いた雄牛を神への捧げ物として薪《たきぎ》の上に載せて火をつけずにおき、それぞれの神に祈って燃え上がらせようではないかと挑戦した。祈りの力を比べ、火をつけて応じる神こそが、真の神だというのである。民たちも、この試みに賛成した。

異教の預言者たちがバアルの名を呼んで祈っても、火はつかない。エリヤはそれを嘲笑すると、民を自分の近くに集め、雄牛と薪の上から三度も水をかけさせた。それから祈りを捧げた。すると、主の火が降って雄牛や薪ばかりでなく、石や溝にあった水までも焼き尽くしたのである。民は自分たちの神を思い出し、ひれ伏した。

これを見たエリヤは異教の預言者をひとり残らず捕らえさせると、皆殺しにしてしまった。民の回心を受けて長い干魃は終わり、激しい雨が降り出した。

こうして見事に勝ったエリヤのことを、アハブは妻イゼベルに話した。信仰するバアルの祭司を皆殺しにされたイゼベルは激怒し、エリヤを殺してやると宣言する。イゼベルの怒りに抗しきれず、エリヤは逃亡して荒野に入る。疲れ果ててエニシダの木の下に座り込み、「主よ、もう十分です。私の命を奪ってください」と祈ることもあったが、天使に助けられるなどしながら、四十日と四十夜歩き続けて、モーセが十戒を授かった神の山ホレブにたどり着いた。すると、山中の洞窟で神の声を聞き、王たちへ油を注ぐ者としての使命が告げられたのである。

✝深読み聖書✝

王に意見する預言者とは？

イスラエル王国の時代、エリヤをはじめとして数多くの預言者が登場した。

預言とは神の言葉を「預かる」という意味であり、未来を予測する「予言」とは異なる。預言者は未来を言い当てることもあるが、それはあくまで神の言葉を聞き、人々に伝えた結果であり、当ててみせることが目的ではない。彼らの役割は神の意志を人々に伝え、また人々の意志を神に伝える仲介者としてのものである。

預言者たちが伝える内容は日常の事柄から、国政に関することまで幅広い。それは時として、ダビデに仕えたナタンや、アハブ王を諫めたエリヤのように、国王への痛烈な批判ともなり、王の怒りを買って弾圧の対象ともなったようだ。

アハブ王の回心

神への不信仰が招いたイスラエル王の悲劇

◆アラムの侵攻とアハブ王の善戦

エリヤの逃亡中、イスラエル王国はアラム人の攻撃にさらされていた。

アラム王のベン・ハダドは、大軍で侵攻してきてサマリアを包囲すると、アハブ王に金銀や妻子を差し出すよう要求した。

アハブは、とても勝ち目はないと見て降伏しようとしたが、長老たちや民たちの反対を受けて戦う決意を固め、預言者の言葉に従って、すべてのイスラエルの民を召集。大軍を組織してアラム軍を打ち破った。

だが翌年になると、ベン・ハダドは再び攻めてきた。アラム軍は、「イスラエルの神は山の神だから、平地で戦えば優位に立てる」という作戦を立てていたが、神のお告げでそれを知ったアハブは、七日間のにらみ合いののちにアラム軍を撃破。こうしてアハブは、二度にわたってアラム軍を撃退したのである。

◆ナボトのぶどう園

だが、この戦勝をもってアハブが正しい王になったわけではなかった。アハブは、自分の宮殿の隣りにあるナボトのぶどう園が欲しくなった。そして、代金を支払うか、代わりの土地を用意するので譲るようにとナボトに命じたが、ナボトは「先祖代々伝わる土地を渡すわけにはいかない」と、首を縦に振らなかった。古代イスラエルでは、先祖の嗣業地（受け継いだ地）を勝手に売買するのは、神との契約に背く行為だと考えられていたのである。アハブは落胆し、宮殿に帰っても床に伏して食事をしなかった。

事情を知ったイゼベルは怒り、ナボトを殺してしまう。これを聞いたアハブがぶどう園に行こうとすると、エリヤが突然現われ、悪を行なったアハブの家は断絶すると預言する。また、イゼベルは犬に食われるだろうと、その最期の有様を告げる。神の怒りに触れたことを知ったアハブは戦慄《せんりつ》し、自分の衣を裂くと、粗布をまとって食を断ち、改悛。神は「彼の世には禍を下さない、その子の世に下すだろう」とエリヤに告げた。

しかし、またもアラム軍との間に戦いが起こる。アハブは、ユダの王ヨシャファトとともに戦ったが、敵の矢を鎧の胸当てと胴の間に受け、その日の夕刻に息絶えた。

一方、イゼベルが預言に示された死を迎えたのは、イエフ王の代になってからである。アハブののち、その子アハズヤとヨラムが二代続けて王になったが、イエフと血のつながりはない。じつはイエフはヨラムに仕える将軍だったが、油を注がれ、アハブ家を滅ぼしてイスラエルの王となるよう言われたのである。イエフはその言葉のままに、クーデターを起こしてヨラムを弓で射て殺し、王の座を奪った。

このときイエフが城門を入って来るのをイゼベルは見下ろしていたが、イエフが宦官《かんがん》らに命じてイゼベルを突き落とさせたのである。その血は壁や馬にまで飛び散った。イゼベルの亡骸《なきがら》は犬に食われ、ほとんど残らなかったという。

✝聖書ミニエピソード✝

エリヤの昇天

アハブ王を回心させ、イスラエル王国に健全な信仰をもたらした預言者エリヤは、やがて死期を悟ると、弟子のエリシャとともにヨルダンへと赴く。すると、火の馬にひかれた馬車が現われ、エリシャの目の前でエリヤを乗せて天へと昇っていったという。この光景を見たエリシャは、「わが父よ、イスラエルの戦車よ、その騎兵よ」と叫んだといわれる。そのエリシャの前にはエリヤのマントが舞い降りてきた。エリシャはこのマントとともにエリヤの能力をも受け継いだという。

昇天したエリヤについては、ユダヤ教の七大天使のひとり、サンダルフォンになったともいわれ、ミカエルらとともに天界において重要な地位についているとされる。

エリシャ

奇跡物語に彩られる一方、冷酷な一面を見せる預言者

◆エリヤに見出された預言者

アハブ王を回心させた預言者エリヤは、エリシャという人物が牛を追っているところに出会い、これを弟子にする。両者は師弟として強く結ばれるようになったが、エリヤは間もなく昇天してしまう。だがエリヤの霊がエリシャにとどまっているのか、その後エリシャは数多くの奇跡を起こし、預言をするようになった。

エリシャの奇跡は、多くの人々を救った。エリコの町では、水質がよくないので穀物の実りが悪く、赤ん坊の死亡率も高かった。ところがエリシャが水源に塩を投げ入れると、水は清くなり何の害もなくなった。また、世話になっている婦人の子どもが死んだときは、それを生き返らせてやったり、毒性のつる草の煮物に麦粉を入れて毒を消したりした。このようにエリシャの起こす奇跡は、民の生活に根ざしたものが多い。

また、二十個のパンで百人の飢えを満たしたり、敵であるアラム軍の司令官の皮膚病

を治してやったり、預言者仲間が川に落としてしまった斧《おの》を浮き上がらせるなど、それまでの預言者にはなかったバラエティ豊かな奇跡を起こしている。しかも、エリシャの奇跡を起こす力は強力で、エリシャ自身が死んだあとでも、その骨に触れた死人が生き返るほどだった。

しかしその一方で、自分のはげ頭をからかった子どもたち四十二人を熊に襲わせるという冷酷な一面も見せている。これは、ヤハウェという厳しい神の一面を、預言を通じて表わしたものかもしれない。イエフをイスラエルの王とし、アハブ王の一家を滅亡へ追い込んでイゼベルに悲惨な死に方をさせたのもエリシャである。

エリシャは、アラムのダマスコでも預言をしている。そのとき、アラムのベン・ハダド王は病の床にあり、ハザエルという使者を出して、自分の病気が治るかどうかをエリシャに尋ねさせた。するとエリシャは、「必ず治るが、必ず死ぬ」という謎めいた預言をして、ハザエルには「あなたがアラムの王になる」と告げた。ベン・ハダドのもとに戻ったハザエルは、「必ず治るそうです」とエリシャの預言の一部だけを伝えた。そして翌日には、水に浸した布で王の顔を覆って殺すと、自分が王位についたのである。

いわばエリシャは、国境を超えてキングメーカーの役割を果たした預言者といえよう。

サマリアの陥落

神に見捨てられたイスラエル王国の最後

◆イスラエルに響く預言者たちの警告

たび重なる王朝交代で迷走を続けたイスラエル王国であったが、イエフ王朝が長期にわたることで安定した。

そして紀元前八世紀中頃、イスラエル王国はヤロブアム二世の治世に最盛期を迎えた。この頃、シリアとアッシリアが衝突し、双方が疲弊《ひへい》して一時的に衰退していたという背景も有利に働いた。

しかし、富み栄える王国の内部では貧富の差が大きくなりつつあった。また、商人が秤《はかり》の目をごまかしたり、豊かな者が貧しい者から搾取《さくしゅ》したりする一方、裁判では賄賂が横行し、民の信仰心までも堕落の一途をたどっていた。

これに危機を感じたのが、預言者のアモスとホセアである。

アモスが活動したのは、ヤロブアム二世の時代の後半だった。繁栄を謳歌《おうか》する人々の

アッシリアの拡大とイスラエルの滅亡
黒海
紀元前722年、イスラエル王国の首都サマリアがアッシリアによって陥落し、イスラエル王国は滅亡する。
フリギア
アテネ
スパルタ
リディア
クレタ
キプロス
地中海
ニネベ
ティルス
アッシリア
サイス
エルサレム
バビロン
エジプト
ユダ
テーベ
サルゴン2世時代
アッシュール・バニパル王時代
アッシリアの外征

紀元前722年頃、イスラエル王国は拡大を続けるアッシリアに征服され、滅亡する。

間では、神がイスラエルに永遠の黄金時代を授ける日も近いという驕《おご》りさえ生まれていた。アモスはこうした風潮を激しく批判し、審判の日が到来しても、それは闇であって、光ではないと警告した。そして、「神は強国を起こして、イスラエルを罰する」と、イスラエル王国の滅亡を預言した。

一方、ホセアは、ヤロブアム二世の時代末期から王国滅亡までの、衰退の一途をたどる王国のなかで活動を続けた。偶像崇拝や社会悪を非難し、イスラエルが滅びることを警告したのはアモスと同じだが、そうなっても神がイスラエルを見捨てたのではないというのが、ホセアの預言の特徴だった。

これは、ホセアが預言者になった事情によ

るところが大きい。

通常、預言者は神の声によって召命されるが、なんとホセアは、不幸な結婚生活を通して預言者として自覚に目覚めたという、異色の経歴を持つ人物である。ホセアの妻は不倫の罪を犯したが、それでもホセアは彼女を見捨てず復縁。ホセアはこの経験から神と人間の関係に気づいた。ゆえに、イスラエルも罪を認めてそれを清めれば、許されるというのだ。

◆サマリア陥落と十部族の悲劇

しかし、預言者たちの呼びかけにもかかわらず、イスラエル王国では、ヤロブアム二世が晩年を迎える頃から内紛が激化し、滅亡に向かって突き進んで行った。ヤロブアム二世の没後は二十五年の間に六人もの王が登場し、しかも六人のうち四人が在位中に殺害されるという混乱ぶりだった。

そうしている間にも、アッシリアの圧迫によって領土が削られていき、イスラエル王国はサマリア周辺のエフライム地方を支配するだけの小国となった。

最後の王となったのが、ホシェアである。ホシェアは、最初は親アッシリア政策を採って、毎年貢ぎ物を納めていたが、アッシリア王ティグラト・ピレセル三世が死ぬと、その機に乗じてエジプトと手を結び、アッシリアに反旗を翻した。だがアッシリアの新しい王シャルマナサル五世（アッシリア側の記録ではサルゴン二世）は、イスラエル王国に軍を進め、ホシェアは捕らえられてしまう。

サマリアは、アッシリア軍に包囲されながら二年以上も持ちこたえたが、紀元前七二二年についに陥落。人々はアッシリアへ連れ去られた。その代わりにサマリアには、アッシリアの各地から捕らえられてきた雑多な民族が入植させられた。

こうして、イスラエル王国は約二百年の歴史を閉じ、ユダ王国だけが残された。

✝聖書ミステリー✝

歴史から消えた北部十部族

当時のイスラエル王国は、多くの支族から成り立っていた。イスラエル王国が降伏した際、アッシリアによって連れ去られた人々は、「消えた十部族」と称され、どこに行ったのかは歴史の謎とされてきた。

その行方の手掛かりともいえるのが、エジプトやアラビア、インド、中国など世界各地に散らばるユダヤ人の居住地である。十部族の末裔を名乗る民族も多く、なかでもパキスタンやアフガニスタンに住むパターン族は、イスラム教徒でありながら、自分たちを「イスラエルの民」と呼び、安息日などはユダヤの風習を守っている。また南アフリカ一帯に住むレンバ族は、ユダヤ教の食事の戒律を守っており、割礼の習慣もある。

ユダ王国の興亡とイザヤ・ミカ

アッシリアの圧迫に耐え抜くエルサレムの諸王たち

◆ユダ王国の反抗

イスラエル王国同様、ユダ王国もエジプトやアッシリア、新バビロニアといった周囲の大国の脅威にさらされ、時に臣従し、時に別の大国に鞍替えしながらその命脈を保ち続けなければならなかった。

紀元前八世紀後半のアハズ王の時代にアッシリアに臣従を余儀なくされたが、その後はかえってアッシリアの圧政と、アッシリアへの貢ぎ物に苦しめられた。

アハズの後を継いだのがヒゼキヤ王で、ヒゼキヤもアハズ同様アッシリアに貢ぎ物を送り続けた。ヒゼキヤの時代に、アッシリアは北のイスラエル王国を滅亡させ、ますます強大になっていたのである。

だがヒゼキヤは、アッシリアの王がセンナケリブに代わったのを機に、エジプトと手を組んでアッシリアに対抗する姿勢を明らかにした。この頃、オリエント世界のほぼ全

エルサレム旧市街。古代イスラエル王国時代以降、エルサレムの中心地であった。

域に反アッシリアの動きが広がっており、アッシリアから独立を勝ち取る好機だったのである。

エルサレムが攻撃されることを見越したヒゼキヤは、城壁を固めて包囲戦に備えると、食糧を貯え、地下トンネルを掘った。籠城戦で問題になるのは水不足だが、地下トンネルを通して、城壁内でも十分な水が確保できるようにしたのである。

しかもこの地下トンネルは、周囲の泉や池の水を城壁内に引き込むようになっていて、攻撃側はその水源を利用できなくなるのだ。この地下トンネルは現在まで残っている。

ヒゼキヤは戦いの準備を進めながら、エジプト王と協力しつつ周囲の国に反アッシリア同盟を呼びかけた。

◆人々を戒め、励ました預言者たち

このとき、エルサレムの心の支えとなったのが、イスラエル王国の場合と同じく、預言者の存在である。そのうちのひとりイザヤは、「ユダ王国が頼りとすべきなのは、アッシリアでもエジプトでもなく神なのだから、神を信じるべきだ」と力説。またもうひとりの預言者ミカは、ユダ王国は、かつてのイスラエル王国と同じ過ちを繰り返していると糾弾した。

紀元前七〇一年、アッシリアの王センナケリブは大軍を率いて押し寄せてきた。ユダ王国に散在する砦《とりで》の町はことごとく占領されたが、エルサレムとその周辺は奇跡的に持ちこたえた。聖書ではこのとき、神の使いがアッシリア陣営に現われると、十八万五千人を撃ち殺したとされている。

何があったのかは不明だが、朝早く、みな死体となっているのが発見された。まるで日本の元寇における神風のようだが、これはにわかに陣営内でペストが大流行したのではないかという説もある。また、聖書によれば、エルサレム攻略をあきらめたセンナケリブは、なぜか大急ぎでニネベへ帰ると、そこでふたりの息子に殺されたという。

ユダ王国は危機を脱したとはいえ、エルサレム以外の町のほとんどをアッシリアに占

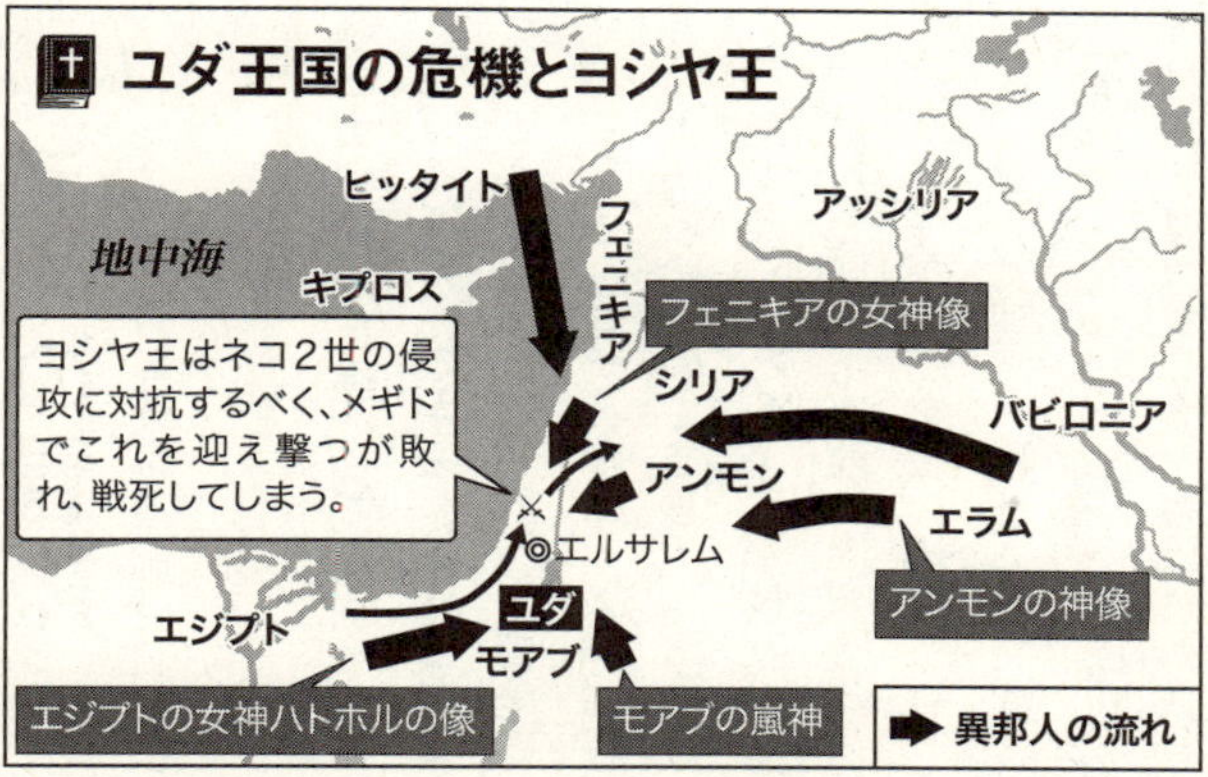
ユダ王国の危機とヨシヤ王
ヒッタイト
フェニキア
アッシリア
地中海
キプロス
フェニキアの女神像
ヨシヤ王はネコ２世の侵攻に対抗するべく、メギドでこれを迎え撃つが敗れ、戦死してしまう。
シリア
バビロニア
アンモン
エラム
◎エルサレム
アンモンの神像
エジプト
ユダ
モアブ
エジプトの女神ハトホルの像
モアブの嵐神
異邦人の流れ

ユダ王国にも時代を経るにつれて、周辺の異教文化が流入。ヤハウェ信仰が危機を迎えていた。そこでヨシヤ王は宗教改革を断行して、ユダの中興を達成したが、エジプトのネコ２世の侵攻の前にメギドで戦死してしまう。

領され破壊された。損害は大きく、荒廃した国土の回復には多大な費用と労力が必要であると思われた。

そんな困難な時代に登場し、イスラエルの神以外の崇拝を厳しく禁止する宗教改革を行なったのが、ヨシヤ王である。犠牲《いけにえ》を捧げる祭祀が行なわれるのはヤハウェの神殿だけとして、国内に多くあった異教の神の神殿をすべて取り除いた。

この時代のオリエントでは、大国アッシリアがすでに弱体化しつつあり、ユダ王国を圧迫してくる可能性は少なくなった。そのため様々な改革を行なって、国内を立て直すことができたのである。

ヨナの冒険

神の意志を疑い、逃げ出した人間味あふれる預言者

◆ヨナ、神から逃げる

預言者でありながら、神から与えられた使命を果たすのが嫌で逃げ出し、そのうえ神に口応えまでするという、聖書のなかでは珍しくユニークな人物がヨナである。

あるとき、ヨナは神の声を聞いた。「ニネベの都の住民は行ないが悪い。行って回心させよ」というのである。ニネベといえば、同胞イスラエル王国を滅ぼしたアッシリアの首都である。そのような民など回心せずに滅んでしまえばよい……。そう考えたヨナは、なんと地中海を西へ向かう船に乗り込んで逃げようとした。

だが、神が大風を吹かせたため、海は大荒れとなった。船乗りたちが恐怖におののくなか、ヨナは神から逃げてきたことを白状し、自分を海に投げ込めば海は穏やかになると言った。船乗りたちがやむなくヨナを海に放り込んだところ、嵐はぴたりとやんだが、ヨナは大魚に食べられてしまう。ヨナは三日三晩大魚の腹のなかにあったのち、神

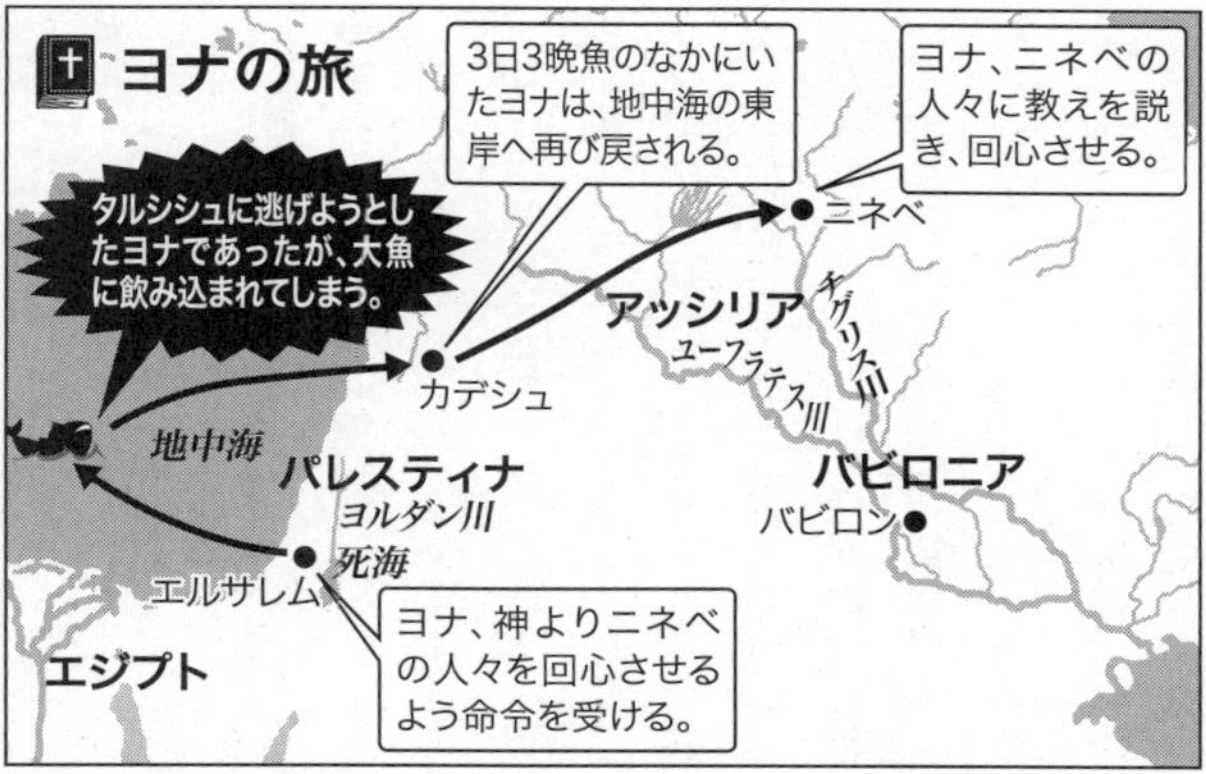
ヨナの旅
3日3晩魚のなかにいたヨナは、地中海の東岸へ再び戻される。
ヨナ、ニネベの人々に教えを説き、回心させる。
タルシシュに逃げようとしたヨナであったが、大魚に飲み込まれてしまう。
ニネベ
アッシリア
チグリス川
ユーフラテス川
カデシュ
地中海
パレスティナ
バビロニア
ヨルダン川
バビロン
死海
エルサレム
ヨナ、神よりニネベの人々を回心させるよう命令を受ける。
エジプト

ニネベの人々を回心させるよう命令を受けたヨナであったが、その命に納得できず西へ逃れようとする。

の計らいで陸地に吐き出された。

神は再びヨナに、「ニネベに行って私の言葉を伝えよ」と命じる。四十日すればニネベは滅びるというのだ。すると意外なことにニネベの人々はヨナの話を聞いて悔い改め、断食を呼びかけて粗布をまとったのである。王自らも、同じようにした。神はこれを見て、禍をくだすのをやめたのである。

ところが、このことがヨナは面白くない。「こうなることがわかっていたから逃げたのです」と怒ると、小屋を建てて座り込んだ。すると神はヨナを諭し、命を惜しむことを教えた……。この話は、神の意志は絶対で、たとえ異民族であっても悔い改めれば、運命の転換は可能だということを示している。

エレミヤ

民に届くことのなかった預言者の悲痛な訴え

◆第一次バビロン捕囚

諸改革を断行し、ユダ王国中興の祖となったヨシヤ王であったが、紀元前六〇九年、メギドの戦いで戦死してしまう。以後ユダ王国は、新バビロニア王国とエジプトの間で揺れ動くことになる。ヨシヤの息子ヨアハズは、王位についたもののわずか三か月でエジプトによって退位させられ、エジプトで幽閉されて死んだ。代わってエジプトのファラオ、ネコ二世に擁立され即位したのは、ヨアハズの異母弟ヨヤキムであった。

だがヨヤキムは、紀元前六〇五年のカルケミシュの戦いで、新バビロニアがエジプトに大勝したのを契機に、新バビロニアに臣従してエジプトに反抗するようになった。ところが三年後のフィリスティアの戦いでは、エジプトが新バビロニアに勝ったため、再びエジプトに臣従し、新バビロニアに貢ぎ物を贈るのを取りやめてしまう。

こうした動きを批判していたのが、時の預言者エレミヤである。祭司の家に生まれたエレミヤは、新バビロニア王国のネブカドネザル二世を、神がイスラエルを罰するために遣わした僕《しもべ》であるとして臣従を進言し、エジプトと手を結ぶことに反対した。しかし、その呼びかけはエルサレムの人々を怒らせる結果となり、エレミヤは投獄されてしまった。

紀元前五九七年、新バビロニアのネブカドネザルは、軍を立て直してユダ王国へと進攻。エルサレムを包囲してたちまち占領した。神殿と王宮にある宝物はすべて強奪され、ソロモンが祭祀のために作らせた黄金の祭具も破壊された。

降伏するためにネブカドネザルの前に出たのは、ヨヤキムの子ヨヤキンだった。ネブカドネザルはこのヨヤキンをはじめ、王族や政府高官、兵士、それに職人や鍛冶など、およそ一万人を首都バビロンへと強制連行し、貧しい者だけを残した。これが第一次バビロン捕囚《ほしゅう》である。

ヨヤキムは、エルサレムが陥落する前に死亡したとも、足かせをつけられてバビロンに連れて行かれたとも伝えられている。

ユダ王国では、ネブカドネザルの傀儡《かいらい》としてヨアハズの弟のゼデキヤが王位に就き、その後も名目のみの独立を認められた。

バビロン捕囚

エルサレム陥落の悲劇が生んだ、ユダ国民の大量連行

◆エルサレムの陥落

ヨヤキンの後を継いだゼデキヤは、結果的にユダ王国最後の王となった。新バビロニア王国の傀儡《かいらい》として即位したゼデキヤは当初、新バビロニアに臣従していたものの、次第に独立の意志を固め、エジプトと結託して新バビロニアを攻撃しようとしたのである。

一方、預言者エレミヤは、あくまで新バビロニアに降伏することだけが救われる道だと説いたが、ゼデキヤはそれに従おうとはしなかった。

だが、ゼデキヤの計画は、ネブカドネザル二世の知るところとなる。激怒したネブカドネザルは、紀元前五八九年、全軍を率いてエルサレムに到着すると、陣を敷いた。

エレミヤは、人々にも降伏するように警告した。守るべきなのは信仰であり、共同体であり、それこそが神の民の進むべき道であると考えたのだ。

3度にわたるバビロン捕囚の経路

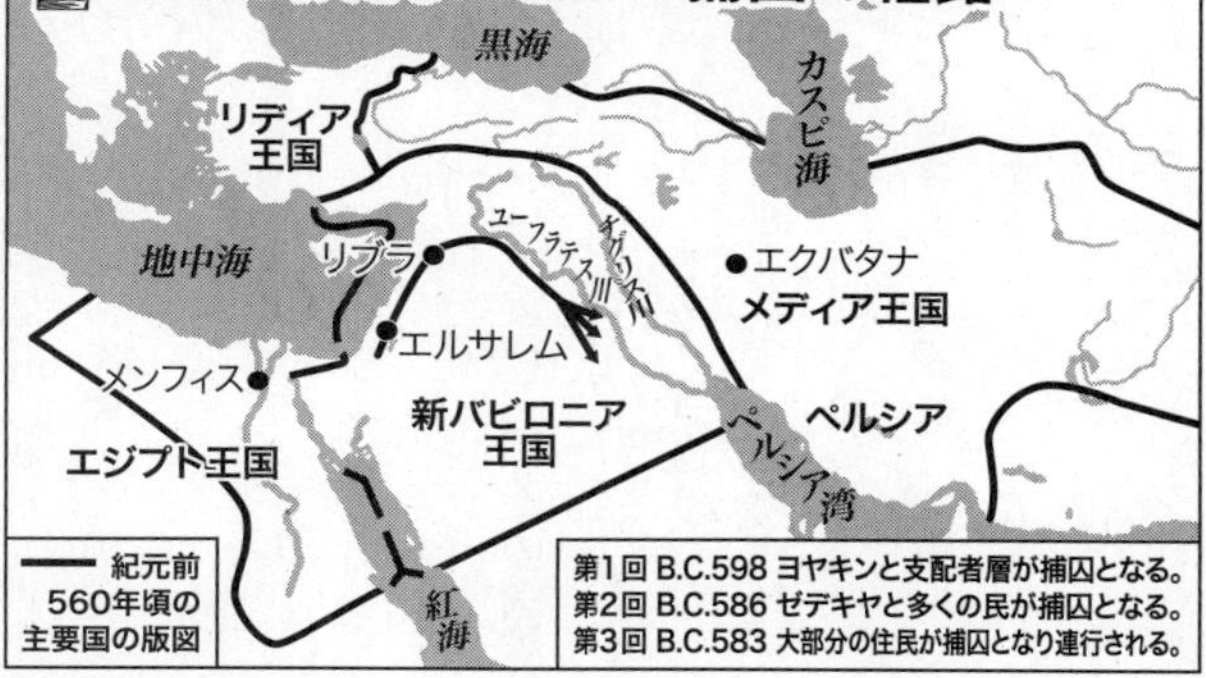
黒海
カスピ海
リディア王国
地中海
リブラ
ユーフラテス川
チグリス川
エクバタナ
メディア王国
エルサレム
メンフィス
新バビロニア王国
ペルシア
ペルシア湾
エジプト王国
紅海
紀元前560年頃の主要国の版図
第1回 B.C.598 ヨヤキンと支配者層が捕囚となる。
第2回 B.C.586 ゼデキヤと多くの民が捕囚となる。
第3回 B.C.583 大部分の住民が捕囚となり連行される。

ユダ王国の民は、計３度にわたり遠く離れた新バビロニア王国の首都バビロンへと連行されていった。

だが、聞き入れようとする者はなく、それどころか士気をくじく者としてエレミヤの処刑を王に求めるほどだった。

以後、二年にわたるエルサレムの攻防戦が繰り広げられる。だが、結局エジプトからの来援はなく、紀元前五八六年、ついにエルサレムは陥落。ゼデキヤも側近の兵とともに市街を脱出したが、エリコの野で捕らえられた。ネブカドネザルの前に引き立てられたゼデキヤは、その目の前で息子たちを処刑されたうえ、両目をつぶされてバビロンに連行された。そして、そのまま消息を絶っている。

◆荒廃の一途をたどる聖なる都

第一次バビロン捕囚の際は、エルサレムの

町を破壊しなかったネブカドネザルだが、今回はすべての家屋と宮殿、そして神殿にも火をかけて破壊し、城壁も取り壊してしまった。こうして四百年続いたユダ王国は滅亡したのである。

そして、第二次バビロン捕囚が行なわれた。民衆は、都に籠城していた者、投降した者を問わず、バビロンへと連れ去られた。その数は一万人とも二万人ともいわれている。貧しい者だけが、ぶどう畑と耕地にそのまま残された。

またバビロニア軍は、神殿の金製品や銀製品はもちろん、青銅の柱から台車、壺や柄《ひ》杓《しゃく》まで、青銅の器物をすべて奪い取った。神殿は「青銅の海」と称されるほど青銅に満ちていたが、このとき計りしれないほどの青銅が持ち去られた。

ユダ王国は独立を失い、新バビロニアの属州となった。しかもバビロン捕囚は、まだ終わりではなかったのである。

新バビロニアはユダに、知事としてゲダルヤを派遣してきた。その役目は、捕囚の対象とならなかった人々や子どもたちをまとめ、治めることであった。ゲダルヤは、ユダに残留している人々に、「バビロニア人に仕えることを恐れてはならない。この地で幸せになれる」と話し、ぶどう酒や果物、油などを集めて貯蔵し、堅実に暮らすよう勧めた。エレミヤもこのゲダルヤの方針を支持していた。

だが新バビロニアへの臣従を拒む、ダビデ家出身のイシュマエルという人物が、十人の部下を率いてゲダルヤを殺害。しかもイシュマエルはほかにも多くの殺戮《さつりく》を行なったあげく、民を人質とした。

この事件が発端となって、七百四十五人が捕らえられ、バビロンに連行された。これが紀元前五八三年の第三次バビロン捕囚である。

計三回にわたるバビロン捕囚により、イスラエルの民はエルサレムから引き離され、連れ去られてしまったのである。

✝聖書ミニエピソード✝

哀歌とエレミヤのその後

エルサレム陥落とバビロン捕囚を嘆く「哀歌」。哀しみの詠嘆で始まり、エルサレムの滅亡を嘆く5章の詩から成っている。

古くは預言者エレミヤの作とされてきたが、現代では実際にバビロン捕囚を経験した3人の詩人によるものという説が有力となった。

そのエレミヤは、第2次バビロン捕囚の際に鎖につながれて連行されたが、バビロニアの親衛隊長はエレミヤを丁重に扱い、食糧を与えて釈放した。エレミヤはエルサレムに戻ってゲダルヤのもとに身を寄せたが、ゲダルヤが死ぬと、バビロニアから逃れようとする人々がエレミヤを連行してエジプトに渡った。そして、エレミヤはエジプトの地において没したと伝えられている。

捕囚下の人々

存亡の危機から生まれた民族意識

◆ユダヤ人の誕生

バビロンに連れ去られた人々は、その後どうなったのであろうか。奴隷同然の苦しい生活を送ることになったと思われがちであるが、じつは農業や建築事業に従事させられたものの、家族単位で住み、共同体を保って、比較的自由な暮らしが認められていた。

この恵まれた条件下、かつてのユダ王国の人々は、信仰とアイデンティティーを維持し、かえって「ユダヤ人」としての自覚を深めてゆく。

安息日にはシナゴーグで祈禱《きとう》が行なわれて、聖書の物語が生み出され、律法の学習も進められた。

また、エゼキエルや第二イザヤといった預言者たちが人々を励ました。第二イザヤとは不思議な名だが、これは聖書の「イザヤ書」にちなむ名である。イザヤ書は三つの部分から成り、そのうち第四十章から第五十五章までが、バビロン捕囚の後半頃に活動した預言者の言葉なのだが、預言者の名前が伝わっていないのである。そのため「第二イザヤ」と呼ばれている。第二イザヤは、ユダヤ人は苦難に遭うが、これも神の考えであり、罪を償っていつかエルサレムに帰ることが約束されていると語った。

またエゼキエルは、「イスラエルの民が、なぜ苦しまなくてはならないのか。これは民族の危機ではないのか」という疑問に対し、この困難を契機に新しいイスラエルが生まれることを預言した。

このように、バビロン捕囚の苦難が、現代に至るユダヤ人の信仰や文化を形づくったといえよう。

✝聖書ミステリー✝

ユダヤの会堂シナゴーグとは？

バビロン捕囚期に発展したとされるシナゴーグは、ユダヤ教の礼拝の場で、日本では会堂と訳されることが多い。エルサレム神殿の犠牲を捧げる礼拝に対し、シナゴーグでは犠牲のない祈りが捧げられた。また、聖書が朗読され、その講義も行なわれた。律法を重んじるユダヤ教の一派ファリサイ派はシナゴーグを律法教育の場としたし、ユダヤの少年たちはここで学問を授けられた。ほかにも裁判や、貧しい人へのほどこしが行なわれ、宿泊施設にもなった。

いつ頃から建てられるようになったかは不明だが、バビロン捕囚の際に生まれ、各地に普及していったと考えられている。のちの教会やモスクも、シナゴーグを規範として生まれたと考えられている。

ダニエル書

ふたつの世界帝国で重用されたユダヤ人宰相の物語

◆新バビロニアの滅亡を預言したユダヤ人

捕囚の民でありながら、新バビロニア王国、ついでアケメネス朝ペルシアというふたつの大帝国に仕え、高い地位まで上りつめたと伝わる人物がダニエルである。

新バビロニア王国の王となったネブカドネザル二世は、ユダ王国を滅ぼしたあと、バビロンに連れてきたイスラエル人のなかから優秀な若者を四人選び出した。いずれは官僚として登用するためである。

このとき選ばれたのが、ダニエルとその仲間三人だった。彼らは宮廷で暮らしながらも律法に従った質素な生活を続けており、しかも他国から来た若者や、バビロニアのどの学者に比べても優秀だった。

なかでもダニエルは、王の夢を解いて学者の長官に抜擢《ばってき》されるとともに、ユダヤの神の信仰を王に認めさせることに成功した。同時にダニエルの仲間も、知事に登用されている。

そんなある日、ネブカドネザル二世は不思議な夢を見た。大きな木が切り倒され、その根株が人間に変わってやがて獣のようになり、七つの時が流れるというのだ。ダニエルはこれを王自身の姿であるとし、傲慢《ごうまん》の罪を改めるように警告した。

王はいったん行ないを改めたものの、すぐにまた警告を忘れてしまった。すると神の審判が下って自分が誰なのかもわからなくなり、野で獣のように暮らした。だが七年が過ぎると理性を取り戻し、自分が誰かを思い出して神を讃えるようになったのである。

ネブカドネザル二世が世を去ると、バビロニアは安定せず、王が次々に代わった。最後の王となったベルシャツァルは、酒色に溺れて偶像崇拝にふけった。ある日、その宴会の最中に、壁に人間の手が現われて不思議な文字を書いた。これを読める人間として呼ばれたダニエルは、王が死ぬ運命にあること、新バビロニアはほかの国に二分されると解いた。

すると間もなく、新興国であるアケメネス朝ペルシアの攻撃を受けて、ベルシャツァルは殺され、新バビロニア王国は滅びたのである。

◆アケメネス朝に仕えたダニエル

新バビロニアの領土は、アケメネス朝ペルシアの手に落ちた。ペルシアのダレイオス一世も、ダニエルの学識や能力を重んじて大臣に取り立て、さらにはペルシア全土を統率する宰相に任命しようとした。

ところが、これを妬む者たちが陰謀を巡らせる。彼らはダニエルの信仰を利用して、「王以外のものを礼拝する者は、獅子の穴に投げ込まれる」という法律をつくり、王に認めさせたのである。それでもダニエルは、イスラエルの神への礼拝をやめなかった。

ダレイオス一世はこれを知って驚き、なんとかしてダニエルを救う手だてはないかと考えたが、法律は絶対である。ダニエルは獅子の穴に投げ込まれてしまった。ダレイオスはその夜一睡もできず、物を食べることもできず、夜明けとともに獅子の穴に駆けつけた。するとダニエルは生きていて、無傷で穴から生還した。神が遣わした天使が、獅子の口を封じていたのである。

ここまでが全十二章から成る「ダニエル書」の前半部である。後半の七〜十二章は、ダニエルが見た幻、つまり黙示《もくし》についての記述である。黙示とは終末論に近い一連の文章で、神が示した秘密を奇怪な動物の姿などを通じて表現したものである。

アケメネス朝ペルシア
マケドニア
黒海
アルメニア
カスピ海
ソグディアナ
サカ
アテネ
スパルタ
サルデス
バクトラ
地中海
ダマスコ
アケメネス朝ペルシア
ティルス
エクバタナ（夏の王宮）
エルサレム
バビロン
（冬の王宮）
スサ（行政府）
メンフィス
パサルガダイ（戴冠式の都）
アラビア
インダス川
ペルセポリス（新年の儀式の都）
エジプト
ナイル川
紅海
シンド
テーベ
ペルシア湾
ペルシアの王宮で、
預言者ダニエルと、
妃エステルが王に
仕えたとされる。
王の道
成立期のペルシアの領土
キュロス2世の征服地
カンビュセス2世、ダレイオス1世の征服地

紀元前525年、アケメネス朝ペルシアはエジプトを征服して世界国家となる。王宮では、聖書に登場するダニエルとエステルが活躍したとされる。

「ダニエル書」の後半においては四つの獣が次々に現われては滅び、やがて天上の神の審判の場に、人の子のような者が現われ、地上の支配権を与えられる。四つの獣はセレウコス朝シリアなど、ユダヤを支配した国々を示し、これらが滅んだのちにメシアが統治する永遠の国が到来するというわけだ。そして最後の章では、迫害されて死んだ人々が復活し、星のように光り輝くのである。

ダニエルは、終末のときが来るまでこれらの幻を記録した書を封じておくよう、神に命じられたという。捕囚によってユダヤの民が受ける迫害は、いつか終わり、神の救いを受けるという「ダニエル書」は、他民族の支配下にある人々に希望を与えたといえよう。

エステル記

ユダヤ民族を大虐殺から救ったヒロインの物語

◆民を救ったエステルの勇気

ペルシアの宮廷にあって同胞のユダヤ人を助けた人物が、エステルである。

ユダヤ人の美女エステルは、アケメネス朝ペルシアのアハシュエロス王（クセルクセス一世）の王妃となったが、その出自を隠していた。

ところがある日、重臣のハマンがユダヤ人を皆殺しにする計画を立てる。エステルの後見人でユダヤ人のモルデカイが、権勢をほしいままにする自分に対し、ひざまずいて敬意を示さなかったことに腹を立てたことが発端であった。

この計画を知ったエステルは、王に頼んで阻止しようと考える。だが、王のお召しなくして王に会おうとした者は誰であろうと殺される決まりで、王妃といえども例外ではなかった。そこでエステルは念入りに化粧をし、豪華な衣装をまとって王の前に現われた。王がその美しさゆえにエステルを許したため、エステルは王を宴会に招待。満悦の王はこれを承諾した。

ちょうどその夜、王は国の記録を調べるなかで、モルデカイが命の恩人であったことを知り、モルデカイの功績を讃えることとなる。

やがて訪れた宴の席において、エステルは自身がユダヤ人であることと、ハマンの計画を暴露。ユダヤ人虐殺はハマンのたくらみだと訴える。驚いた王は、ハマンを処刑し、ユダヤ人虐殺計画は取り止めとなった。

ここまでなら、エステルによるユダヤ人救済の話である。

古代オリエント史年表

8000年頃	メソポタミアで農耕・牧畜が始まる。
7000年頃	パレスティナのエリコに最古の都市が築かれる。
3500年頃	メソポタミア南部に都市国家が成立し、楔形文字が使用される。
3300年頃	メネス王により上下エジプトが統一される。
2370年頃	サルゴン一世によりメソポタミアにアッカド帝国が成立する。
1792年頃	バビロン第一王朝でハンムラビ王が即位。ハンムラビ法典を作る。
1768年頃	エジプトにヒクソスが侵入する。
1315年頃	ヒッタイトとエジプトの間で、カデシュの戦いが勃発する。
1200年頃	ヒッタイトが「海の民」により滅亡する。
1200年頃	ペリシテ人がパレスティナ南部に定着し、ヘブライ人がカナンに侵入する。
1000年頃	ダビデ、イスラエル王に即位する。
931年頃	**イスラエル統一王国、北のイスラエルと南のユダに分裂する。**
722年頃	アッシリア、イスラエル王国を征服する。
612年頃	アッシリア、メディア・新バビロニア連合軍により滅亡する。
586年頃	新バビロニア王国がエルサレムを攻略する。
539年頃	新バビロニア王国がアケメネス朝ペルシアにより滅亡する。
330年頃	アレクサンドロス大王によりアケメネス朝ペルシアが滅亡する。

※年代はすべて紀元前(B.C.)

だが、まだ続きがある。エステルは、これまでユダヤ人を迫害した者を殺す許可を、王に求めたのである。王がこれに応じたため、ハマンの息子十人をはじめ、多くの反ユダヤ勢力が殺された。さらにエステルは、翌日も同じことをする許可を求め、またもや王はこれを許したのである。

エステルは、謙虚で誰からも好かれたことになっているが、これでは執念深い復讐者である。もっとも、エステルの復讐の激しさは、当時のユダヤ人が苛酷な迫害を受けていたゆえの反動だと考えられる。

✝聖書ミステリー✝

ユダヤの祭り「プリム祭」とは？

イスラエルにおいて、ユダヤ暦の２月または３月の14日から15日にかけて、「プリム祭」が行なわれる。プリムとはくじ（プル）からきた名で、この日は「エステル記」のなかでハマンがくじによって定めたユダヤ人絶滅の日とされ、プリム祭はエステルによってユダヤ人が虐殺から救われたことを祝う祭りなのである。

この日はシナゴーグにおいて「エステル記」が朗読される。人々はご馳走を食べて互いに贈り物をしたり、奇抜な格好でどんちゃん騒ぎをして、酔っ払うこともよしとされる。また、子どもたちはエステルの物語の芝居をし、「ハマンの耳」あるいは「ハマンのポケット」と呼ばれるケシの実入りの三角形のケーキを食べて楽しむ。

エルサレムの再建

半世紀以上にわたる捕囚からの解放と聖都の復興

◆捕囚時代の終焉

ネブカドネザル二世の死後、急速に衰退した新バビロニア王国は、紀元前五三八年、アケメネス朝ペルシアによって滅ぼされ、ユダヤ人のバビロン捕囚が終わりを告げた。支配下民族の自治を尊重する政策を取る初代の王キュロス二世が、捕囚民を解放し、エルサレムへの帰還を許したのである。すでに第一次捕囚から六十年。ここに、故国への帰還が始まった。このときエルサレムに戻ったのは四万二千三百六十人であった。

エルサレムに戻った人々は、廃墟と化していたかつての神殿の丘に祭壇を築き、犠牲を捧げて祭祀を行なうと、早速神殿の再建に着手する。

ところが、そこにサマリア人からの妨害が入った。

旧ユダの地は北のイスラエル王国がアッシリアに滅ぼされて以来、他国からやってきた異民族が住み着き、サマリア総督の支配下にあった。ここに大勢の民がバビロン捕囚から戻って来たのだから、混乱が生じる。また、サマリアの人々は自分たちがイスラエルの神の信仰を守ってきたと自任してもいたため、妨害は激しく、神殿の再建は約二十年も中断してしまった。

ペルシア側は、何かと衝突するユダとサマリアの間に距離を置くべく、ユダ地方をサマリア総督の支配下から外して、事態を沈静化させる。工事がやっと再開したのが紀元前五二〇年のこと。ダビデ家の血を引く、総督ゼルバベルが指揮を執り、預言者ハガイとゼカリヤが人々を励ました。

神殿が竣工したのは紀元前五一五年のことだった。帰還民は歓喜のなかでそれを祝い、過越祭《すぎこしのまつり》を行なった。この神殿は、かつてソロモンが建立した最初の神殿である第一神殿に対し、「第二神殿」と呼ばれる。

◆エズラとネヘミヤの改革

その後、エルサレムの再建に活躍し、ユダヤ教を発展させたのがエズラとネヘミヤである。エズラもネヘミヤも、捕囚が終わっても自由意志でバビロニアに留まっていたユダヤ人の家に生まれた人物と思われ、いずれもペルシアの宮廷で高い地位に就いていた。

エルサレムの変貌と拡大

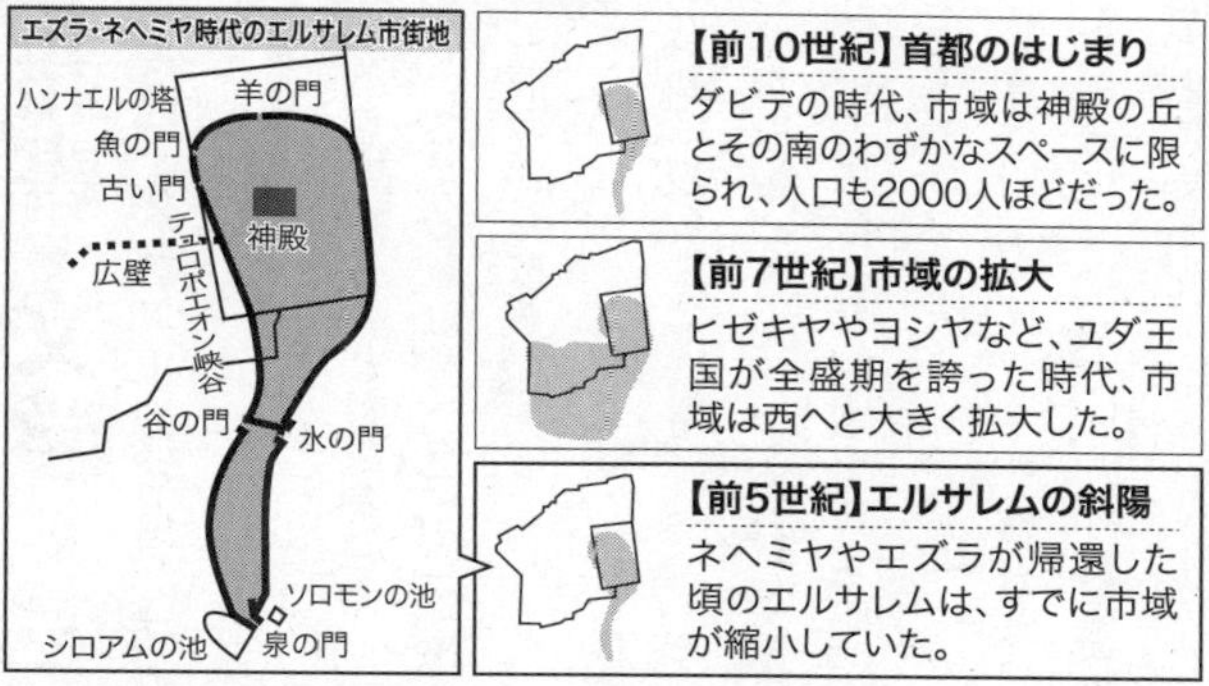
エズラ・ネヘミヤ時代のエルサレム市街地
ハンナエルの塔
羊の門
魚の門
古い門
神殿
テュロポエオン峡谷
広壁
谷の門
水の門
ソロモンの池
シロアムの池
泉の門
【前10世紀】首都のはじまり
ダビデの時代、市域は神殿の丘とその南のわずかなスペースに限られ、人口も2000人ほどだった。
【前7世紀】市域の拡大
ヒゼキヤやヨシヤなど、ユダ王国が全盛期を誇った時代、市域は西へと大きく拡大した。
【前5世紀】エルサレムの斜陽
ネヘミヤやエズラが帰還した頃のエルサレムは、すでに市域が縮小していた。

エルサレムはユダ王国の全盛時代には大きく広がったものの、ネヘミヤの時代は戦禍により縮小を余儀なくされていた。

帰還の民を率いてエルサレムに入ったエズラは、人々の乱れた生活に愕然《がくぜん》とする。人々は戒めを忘れて他民族との結婚を平然と行なっていたため、エズラはこれを禁止するとともに、神から授かった律法と王の法律を住民に教え、ユダヤ教へと発展する教義を整えていった。

一方ネヘミヤは、王の酒を酌む側近として仕えていたが、あるとき、同胞がユダの地でまたもや苦難に遭っていることを聞き、自ら望んでユダヤにやって来た。ネヘミヤは主に城壁の工事に尽力した。人々を効率的に動員し、わずか五十二日でエルサレムの城壁を完成させたのである。

諸書・文学

古代イスラエルの知恵が詰め込まれた書物群

『旧約聖書』のなかには、律法や歴史書、預言書とは異なる分野の書物がいくつか収録されている。それは、「ヨブ記」「箴言《しんげん》」「コヘレトの言葉」の知恵文学と、「詩編」「雅《が》歌《か》」の詩歌から成る。

これらのなかには民を正しい方向へと導き、神の加護を保証する古代イスラエルの教訓がちりばめられている。

これら五書のなかに含まれた古代イスラエルの知恵は、現代にも通じる真理が含まれ、読む者に様々な解釈を行なわせる。

こうしたイスラエルの知恵は、かつて存在した「知恵の学校」において教えられてきたという。古代イスラエルの人々はこうした学校において読み書きのみならず、人生訓を学ぶことにもなっていた。「諸書・文学」は、この知恵の学校において編纂されたとも言われている。

ヨブ記

なぜ神は苦しみと試練を与えるのか？

「ヨブ記」はヨブという信心深い人物を通じて、「善人がなぜ苦しめられるのか？」というテーマについて考察している章である。

◆ヨブを賭けの対象にした神とサタン

ある日、神の前にサタンが現われた。神が「ヨブほど無垢《むく》で正しく、神を畏《おそ》れ、悪を避けて生きている者はいない」と言うと、サタンは「神がヨブの財産を奪えば、あなたを呪うに違いない」と反論し、神はサタンにヨブを試す許可を与えた。

サタンはさっそくヨブに試練を与え始める。ヨブは裕福な人だったが、その全財産が壊滅し、愛する子どもたちまで嵐で死んでしまう。しかし、それでもヨブは自分の信仰を変えようとしなかった。神はそんなヨブをサタンに自慢した。するとサタンは「ヨブ自身が無事だから耐えられるのだ」と、今度はヨブをひどい皮膚病にした。ヨブは素焼きのかけらで前身を掻きむしりながら、灰のなかを転げ回って苦しんだ。

見かねたヨブの妻は「神を呪って死にましょう」と言ったが、ヨブは「神から幸をいただいているのだから、不幸もいただくべきではないのか」と主張する。

次に、ヨブのもとに三人の友がやってきて、何かヨブが悪いことをしたから、神が罰を与えたのではないかと言いだした。しかし、ヨブは、自分は何も悪いことをしていないと主張し、やがて神が自分に不当な処罰を下していると神を批判し始めるのである。

そこにエリフという若者がやってきて、神を責めるヨブを批判し、神の正義について語り、苦しみは教育的意味があるとして、神にひたすら祈ることを促した。この言葉を聞いて反省したヨブが祈ると、そこに神が現われる。創造主を仰ぎ見たヨブは、神が人間の理解を超えたものであることを理解し、自らの考えを改める。

すると神は、ヨブの財産を戻し、幸福を二倍にした。こうして「ヨブ記」は、主なる神を信じ無条件に従うことが、一切の信仰の基盤であるということを語っているのである。

「ヨブ記」の主題は神義論であり、神が支配する世界なのに、なぜ善き人が苦しみ、悪人が富み栄えることが許されるのか、といった問題を追求している物語でもある。これは宗教の枠を超え、人類の普遍的な問題に取り組んだ話であるといえる。

詩編

古代イスラエル王国で歌われた宗教詩の集大成

古代イスラエル史の前王国期（前十一世紀以前）のものから、王国期、捕囚期、捕囚後（前六〜前三世紀？）までの千年以上にわたる宗教詩の集大成が「詩編」。エルサレム神殿の礼拝で奉仕していた聖歌隊の歌集が集められたものである。

礼拝の様々な局面で歌われたであろう、これらの歌の主題は多岐にわたっており、苦難のなかからの神への訴えや嘆願、懺悔《ざんげ》、感謝、賛美、瞑想など、信仰生活のあらゆる場面を歌い上げている。

百五十編を超える歌のうち七十三編がダビデのものといわれているが、そのすべてをダビデが書いたわけではなく、実際には宮廷詩人や預言者、祭司や書記官などが、ダビデのためや、ダビデの名のもとに書いたものだろうといわれている。

聖書の全文書のなかで最も親しまれている書物のひとつであり、今日も「詩編」が収録された『新約聖書』が多く売られている。

雅歌

ソロモンの作とされる、男女の間に交わされる恋の歌

「雅歌」は愛の歌が集められたもので、男女の掛け合いの形で、男女の肉体賛美が歌い上げられている。ソロモンが若い情熱にあふれていた頃に書いたと伝えられているが、物語の主人公は若い田舎の娘とその恋人に設定されている。

イスラエルの民は性道徳に関しては世界に類を見ない厳しさを持っており、このような赤裸々な愛の歌が聖典に入っていることは異例中の異例。しかも、この書には神や宗教的なことに触れた部分が全くないため、聖典に入れるには多くの反発があったといわれている。だが、詩のなかに登場する男は神を表わし、女はイスラエルの民を表わすとして、選ばれた民に対する神の愛を賛美するものだという解釈をつけたことで聖典に入れられたという。

しかし、聖典に入ったものの、長く若い人々には読むことが許されない禁書となっていた。現代では、神は健全な男女の愛をよしとした、という見解で理解されている。

箴言

生きるための知恵が詰まった金言集

「箴言」は一般的に「ソロモンの箴言」と呼ばれ、知恵文学の基本的な形を伝える書物である。全般を通じて短い章句で、宗教的、道徳的、人生的な教訓を与える格言や金言が集められており、支配者階級の子弟が学ぶべき教訓がぎっしりと詰まっている。

知恵の根本は信仰であるというのが箴言全体のコンセプトで、勤勉の薦めや女性問題への注意点など、内容は幅広い。最も多いのは父や母の教えに従えという勧告だが、なかには「賄賂は贈り主にとって美しい宝石。贈ればどこであろうと成功する」（十七章八節）といったような、決して健全でまっとうな宗教書とはいえないような部分もあり、厳しい人生をいかにしてしぶとく生き延びるかという戦術指南書の趣もある。

この教えは現代にも通じているようで、様々な年代に書かれた「箴言」の七つの表題のうちの第三部は、古代エジプトの学校の教科書『アメンエムオペトの教訓』に類似した部分が見られる。

コヘレトの言葉

知恵の王ソロモンによる人生論

人間の命は夜明けとともに消える露のようにはかないもので、死は正しい者にも正しくない者にも平等に訪れる。人生はむなしく、人間社会は矛盾と不条理に満ちている。この世には生きる積極的な意義も意欲も一切見出せない……。そんな徹底した虚無主義を主張しているのが「コヘレトの言葉」だ。

コヘレトとは作者の名前ではなく、会衆に語るもの、会衆を集めるものといった意味らしいが、定かではない。別名「伝道の書」とも呼ばれており、『旧約聖書』に「エルサレムの王、ダビデの子、コヘレトの言葉」と記されていることから、ソロモンの作だといわれている。

この書が最終的に訴えているのは、人生が不確かなものだからこそ、神と神の創造した秩序だけが永遠だということであり、今ここに与えられた束の間の幸せを楽しんで生きることのみが、真実の生き方だと述べている。

断章

『旧約聖書続編』

トビト書

敬虔なトビトの苦難とそれに対する神からの祝福

◆「旧約聖書続編」とは何か？

『旧約聖書』に収められているのは、古代イスラエル、ユダヤで書かれた数多くの文書のなかから、ユダヤ教の指導者たちが選んだヘブライ語もしくはアラム語で記された三十九巻である。

しかし、そのほかにも以前から書かれたギリシア語やラテン語のユダヤ教文書が存在する。ユダヤ教はこれらを認めなかったが、キリスト教の一部の教会（カトリック、東方聖教会、聖公会）は、それらを部分的に聖書に取り入れており、現在の聖書では「旧約聖書続編」として収録している。

「トビト書」は、その「旧約聖書続編」のなかのひとつだ。

一方、『新約聖書』も「外典」と呼ばれる諸文書があり、こちらは『新約聖書』が成立する過程で排除されたもの。「ペトロ行伝」や「パウロの黙示録」などがある。

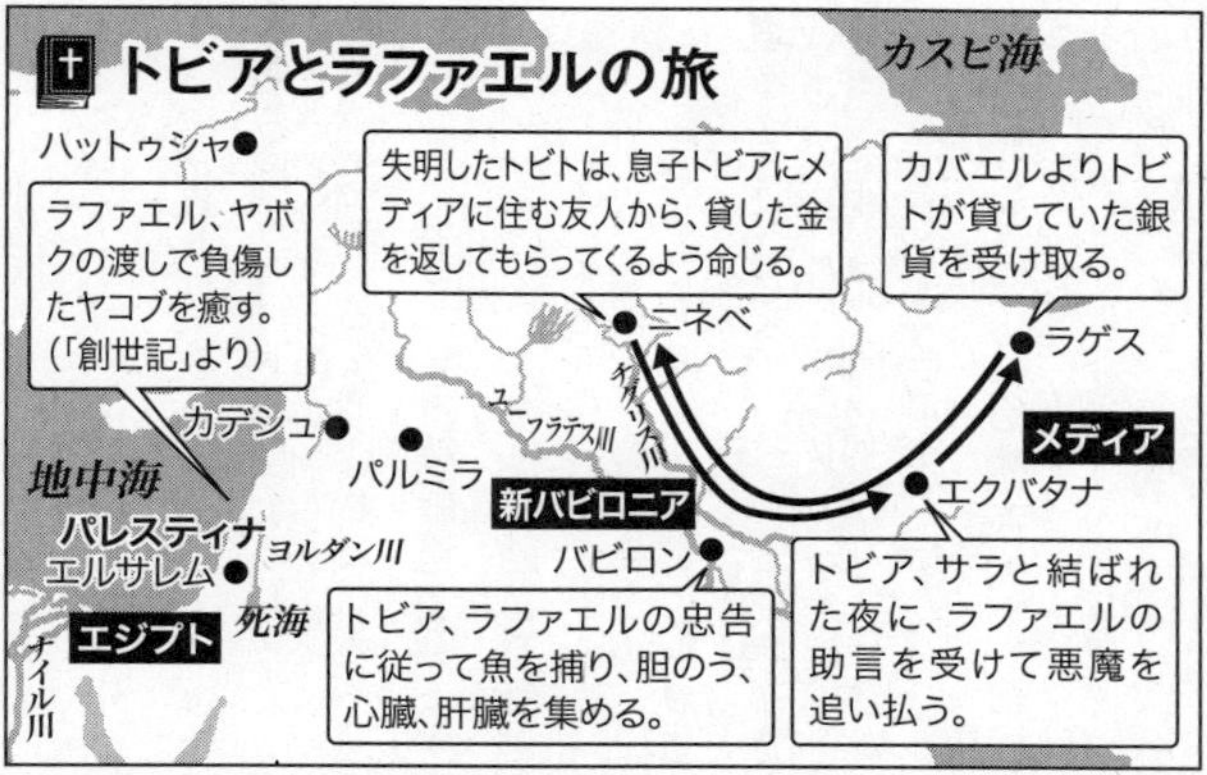
トビアとラファエルの旅
カスピ海
ハットゥシャ
失明したトビトは、息子トビアにメディアに住む友人から、貸した金を返してもらってくるよう命じる。
カバエルよりトビトが貸していた銀貨を受け取る。
ラファエル、ヤボクの渡しで負傷したヤコブを癒す。（「創世記」より）
ニネベ
ラゲス
チグリス川
ユーフラテス川
メディア
カデシュ
パルミラ
地中海
新バビロニア
エクバタナ
パレスティナ
ヨルダン川
エルサレム
バビロン
死海
エジプト
ナイル川
トビア、ラファエルの忠告に従って魚を捕り、胆のう、心臓、肝臓を集める。
トビア、サラと結ばれた夜に、ラファエルの助言を受けて悪魔を追い払う。

ラファエルは、ヤコブを癒した逸話を持つ一方、トビトの子トビアに助言を行ないながら、トビトとサラを救うという神の意志を実現させた。

◆天使ラファエルがもたらした救い

トビトは、アッシリアのニネベに捕らわれたナフタリ族のイスラエル人である。非常に敬虔《けいけん》な人で、貧困にあえぐ同胞を助け、王に殺された者が手厚く葬られるように取り計らった。

しかし、死人を埋葬したことで汚れたトビトは、屋外で眠っているときに目のなかに雀の糞が落ちて失明してしまうのだ。さらに妻を盗みの疑いで批判し、ふたりは口論になってしまう。

相次ぐ不幸にトビトは死を願うようになった。

同じ頃、メディアの町エクバタナに住むサ

ラという女性も、悪魔アスモダイによって、結婚するたびに、初夜、夫が七回も殺され続けるという悲劇に見舞われ、死を願うようになっていた。

ここで物語の主人公となるトビトの息子トビアが登場する。

ある日、トビトは息子のトビアに、メディアの町ラゲスに住む知り合いに貸した金を取り立ててくるよう命じる。すると、大天使ラファエルが正体を明かさぬまま、トビアのもとに現われ、自分を道連れにするように申し出る。

トビアはラファエルの助言を受けながらラゲスへと旅立ち、途中でエクバタナに立ち寄る。

ここでトビアは、ラファエルの助言に従ってサラに取りついていた悪魔アスモダイを退散させたうえで、サラと結婚。さらに無事金を取り戻して父のもとに戻る。そこでようやく自分の正体を明かしたラファエルが、トビトとサラを救う神の計画を明かし、トビトの視力と富を回復させるのである。

正しい者は、最初は苦しめられても、やがて神に助けられ、報われるという真理を示したのが「トビト書」なのである。

ユディト書

知恵と美貌を兼ね備えた女性の勇気ある物語

◆小さな町を襲ったアッシリアの大軍

「ユディト書」はアッシリアの攻撃からユダヤ人が暮らすベトリアを守ったひとりの婦人、ユディトの物語である。

　都ニネベでアッシリア人を支配していた、新バビロニア王国のネブカドネザル二世は、メディア人を支配していた東の敵アルファクサド王を打ち破る。その一年後、軍の総司令官ホロフェルネスにユダヤ遠征を命じた。アルファクサド王との戦いの際、自分を支援しない住民や民族がユダヤ各地にいたため、復讐しようとしたのだ。

　ホロフェルネス軍は西へと向かい、次々に各都市を制圧しながら、ベトリアの町へと迫った。ユダヤ人たちは降伏せずに抗戦することに決め、断食して神に祈り助けを求めたが、町はホロフェルネスによって水と食糧を断たれ、危機的状況に陥ってしまう。

　ここで立ちあがったのが、賢く美しく、敬虔な女性ユディトだ。彼女は神に祈ったあ

『ユディト』（ボッティチェリ／ウフィツィ美術館）。ホロフェルネスを討ち取りベトリアへと帰還するユディトと侍女。手に持つオリーブの枝は、平和の到来を示す。

と、自らの美貌を武器にホロフェルネスに近づいたのである。そして、宴会のあとでユディトを連れて天幕に戻り、やがて酔いつぶれて眠ってしまったホロフェルネスの首に剣を突き立てた。ユディトはその首を持ってベトリアへ帰還。ユダヤ人は総司令官の予期せぬ死に混乱するアッシリア軍に総攻撃を掛けて敗走させ、勝利を手に入れたのである。

この書は神に感謝するユディトの歌で結ばれている。勝利をもたらしたのは、ひとりの女性と国民の決断であるとし、神が女性の手を使って勝利を与えてくれたことを描いている。つまり、神が無敵であると教えているのである。このように、聖書の物語の多くは神の意志によるハッピーエンドに終わり、楽天的な人生観が示されるのが特徴である。

スザンナ――ダニエル書補遺――

神を信じる美女を救ったダニエルの知恵

◆ダニエルを主役とするミステリー文学

「旧約聖書続編」として収録されたダニエル書補遺は、「アザルヤの祈りと三人の若者の賛歌」「スザンナ」「ベルと竜」の三書。いずれも主人公がダニエルであるという共通点から、「ダニエル書」の前後に付け加えられたと考えられる文書群である。

ギリシア語の「ダニエル書」には、ある部分だけが「ダニエル書補遺」として「旧約聖書続編」のなかに収録された。

そのなかのひとつが「スザンナ」である。

バビロンに住むユダヤ人スザンナは、非常に美しく、敬虔な女性であった。大変裕福なヨアキムという夫とともにバビロンで幸福な日々を送っていたが、彼女の美しさに欲情したふたりの長老が、密かにしめし合わせて彼女に手を出そうとしたことから、悲劇が始まる。

ふたりの長老はスザンナの水浴を覗き、茂みのなかから声をかけた。そして、もし自分たちを拒絶すれば、スザンナが若い男と姦通《かんつう》していたと裁判に訴える、と脅したのである。

スザンナがふたりを拒絶すると、激怒した長老たちはスザンナを裁判に訴え、脅迫の通り嘘の証言をした。民は長老たちが裁判官であったことも手伝って嘘の証言を信用し、スザンナに対して死刑が下ってしまう。

スザンナは嘆き、神に祈る。その声を聞きつけた神は、ダニエルという若者を彼女のもとに送った。

裁判に待ったをかけたダニエルが長老たちを別々に尋問し、スザンナの姦通現場がどこであったか尋ねると、ふたりの長老は「乳香樹の下」「かしわの木の下」と、異なる木の名を挙げた。

この食い違いからダニエルは長老たちの嘘と罪を暴き、逆に長老たちに死刑を宣告するのである。

ふたりは律法に従って偽証の罪で死刑に処され、スザンナは救われたのだった。

ベルと竜―ダニエル書補遺―

正しい信仰を守るために用いられたダニエルの機転

新バビロニア王国の宮廷で王の側近を務めていたダニエルは、イスラエルの民が信仰する神を崇拝し、バビロニアのベル神を礼拝しなかったことで王に咎《とが》められた。しかしダニエルは、ベルは神ではないと主張する。怒った王が、ベルの供物が毎日消えていることから、ベル神は存在すると言うと、ダニエルは祭司と家族が隠れ扉から入って供物を食べていたことを証明するのである。

さらに王は、竜が実際に生きて存在していると言ったが、ダニエルはこれも認めず、竜を武器を用いずに殺してしまう。怒ったバビロニア人によってダニエルは獅子のいる洞窟に閉じ込められるが、ダニエルは無傷のまま助かって自らの信仰の正しさを証明したのである。途中、洞窟に閉じ込められているダニエルに、神は使いをよこし、彼を励ます。ベルと竜はバビロニア人たちの偶像支配の象徴であり、ダニエルが異教の神々に対して圧倒的な力を示したことを描いている。

マカバイ記

ヘレニズム文明への抵抗から登場したユダヤ人最後の王朝

◆セレウコス朝の弾圧に立ちあがる祭司一族

「マカバイ記」は、ヘレニズム時代のユダヤの歴史を描いた歴史書である。アレクサンドロス大王の征服から始まり、プトレマイオス朝による支配からセレウコス朝による支配へと続き、やがてハスモン朝の支配、そしてローマの属州になるまでの歴史を描く。

では、その物語はどういうものなのか？

本筋は、アレクサンドロス大王が病に倒れ死亡したあと、配下の武将たちによる激しい権力闘争が約四十年に及んで起こるところから始まる。その結果、エジプトにはプトレマイオス朝が、シリアにはセレウコス朝が生まれた。ユダヤ地方はこの間、何度も戦場となり、やがてプトレマイオス朝に支配されることになる。

ところが、紀元前二〇〇年頃、セレウコス朝シリアの王アンティオコス三世が、エジプトのプトレマイオス五世を破り、ユダヤとフェニキアの支配権を奪った。アンティオコス三世は、エルサレムの神殿共同体に自治権を与えて、各種の税金を免除するなど、ユダヤ人に様々な配慮を行なった。

しかし、続くアンティオコス四世の時代になると、状況は一変する。ヘレニズム的生活様式が強制されてユダヤ教は禁止され、エルサレムの神殿は荒らされてしまったのである。

そして、安息日の大虐殺という決定的な事件が起こる。セレウコス朝の軍勢が、荒野に逃れた無抵抗のユダヤ人に襲いかかったのだ。これを知り、真っ先に立ちあがったのがモデインという小さな町の祭司マタティアと彼の息子たち（ユダ、ヨナタン、シモン）だった。大虐殺の事実を知ったマタティアは、たとえ安息日であろうと戦いを挑まれた場合は戦うと決意し、同志とともに蜂起した。こうして紀元前一六七年以降、ユダヤ全土は、独立を求めるユダヤ人と、それを阻止せんとするセレウコス朝との間で戦争状態に陥るのである。

◆親子二代にわたるユダヤ解放戦争

紀元前一六六年にマタティアが死ぬと、三男のユダ・マカバイがゲリラ軍を率いて、セレウコス朝の将軍たちを次々に破り、ついに紀元前一六三年、エルサレムの奪回に成功。神殿を清めて新たに祭壇を築き、祭祀を復活させた。この日は現在もハヌカー祭として祝われている。ここに至り、セレウコス朝はユダヤ教禁止を撤回する。

ユダ・マカバイは続く解放戦争のなかで戦死したが、その後をヨナタンが継ぐと、セレウコス朝の内紛を利用して大祭司、ついでユダヤの支配者として認められ、ついにハスモン朝が成立する。

そしてヨナタンの跡を継いだシモンは、セレウコス朝から税の免除を勝ち取り、独立を達成した。その後シモンはローマと同盟を結ぶ一方、領土を徐々に拡大し、やがて地中海沿岸全域にまで広げていくのである。

しかし、前六七年に当時の女王サロメが死に、息子ヒルカノス二世とアリストブロス二世の間に後継者争いが起こると、内部のゴタゴタに乗じてローマの将軍ポンペイウスが接近してきた。

ポンペイウスはヒルカノスの味方について勝利をもたらしたが、結局、ヒルカノス二世もアリストブロス二世もポンペイウスによって王位を剝奪されてしまうのだ。これによりユダヤ王国はローマの支配下に入り、属州シリアの一部となってしまう。

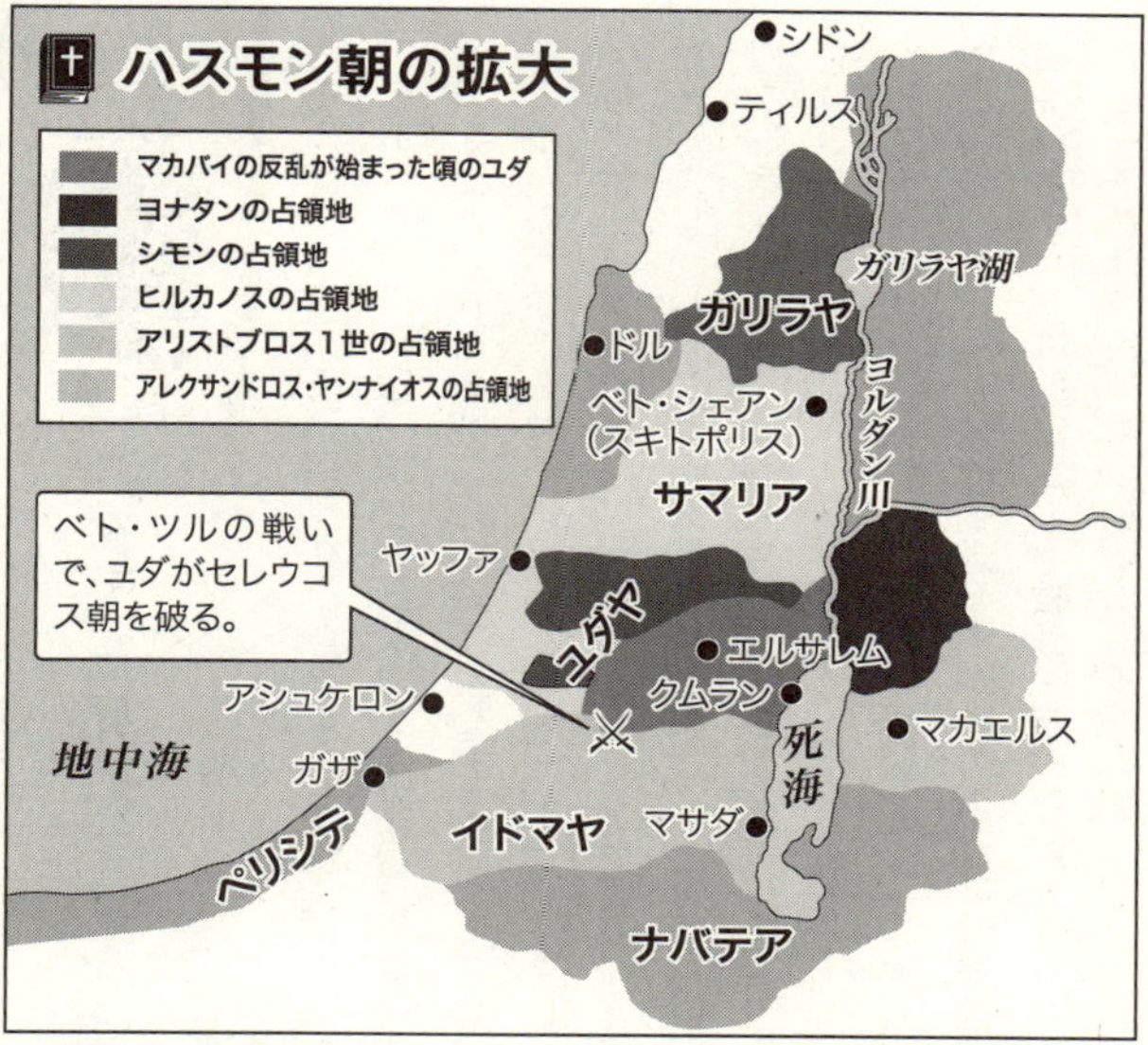
ハスモン朝の拡大
マカバイの反乱が始まった頃のユダ
ヨナタンの占領地
シモンの占領地
ヒルカノスの占領地
アリストブロス１世の占領地
アレクサンドロス・ヤンナイオスの占領地
ベト・ツルの戦いで、ユダがセレウコス朝を破る。
シドン
ティルス
ガリラヤ湖
ガリラヤ
ドル
ベト・シェアン（スキトポリス）
ヨルダン川
サマリア
ヤッファ
ユダヤ
エルサレム
クムラン
アシュケロン
死海
マカエルス
地中海
ガザ
イドマヤ
マサダ
ペリシテ
ナバテア

ハスモン朝は決起以降、何代にもわたって勢力拡大を続け、ユダヤ全域を支配するに至った。

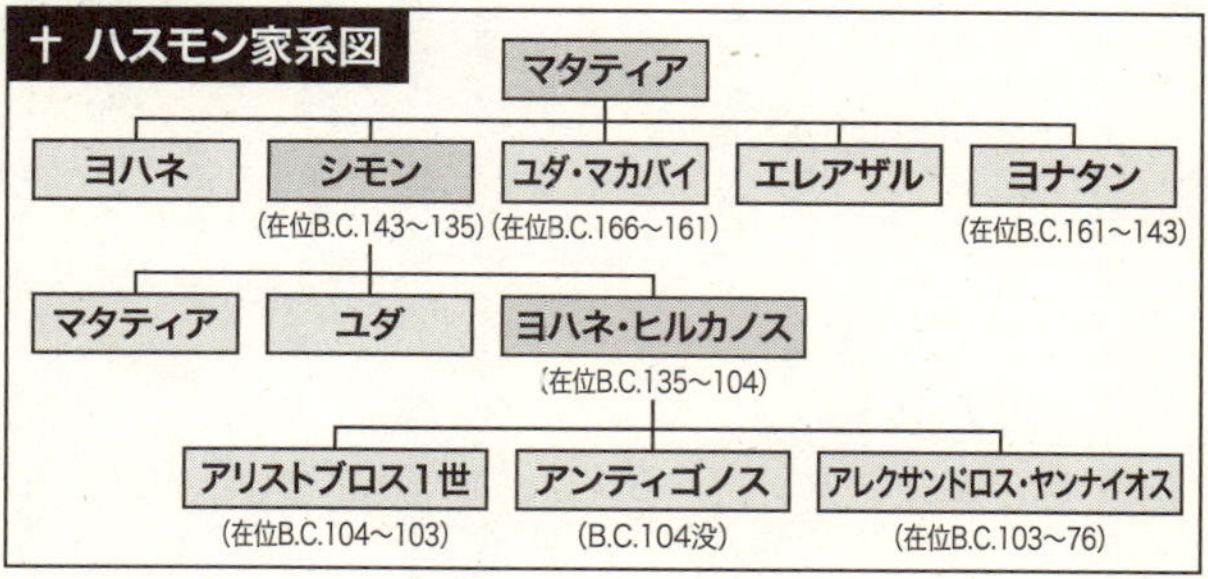
ハスモン家系図
マタティア
ヨハネ
シモン
（在位B.C.143～135）
ユダ・マカバイ
（在位B.C.166～161）
エレアザル
ヨナタン
（在位B.C.161～143）
マタティア
ユダ
ヨハネ・ヒルカノス
（在位B.C.135～104）
アリストブロス１世
（在位B.C.104～103）
アンティゴノス
（B.C.104没）
アレクサンドロス・ヤンナイオス
（在位B.C.103～76）

Column
コラム

「ユダヤ三兄弟」はなぜ仲が悪い？

先のコラムで「椅子取りゲーム」のたとえで紹介したように、ユダヤ教・キリスト教・イスラーム教の三教は、唯一の正統性を巡り争っています。彼らは、唯一の神から、それぞれ啓示を受け、神との契約書にあたる聖典を保持していると主張しています。しかし、問題はその聖典の有効性をどのように認識しているかです。

最も古いユダヤ教では、当然ながらキリスト教やイスラーム教のことは一切触れられていません。しかし、ユダヤ民族を救う救世主の到来は暗示されていますので、その限りではキリスト教・イスラーム教の存在を完全否定は出来ません。ただし最初の救いのための契約書を持つという意味で、ユダヤ教は優位性を持ちます。

ところがユダヤ教における救いの契約は、ユダヤ人という特定の民族に限られているものですから、キリスト教やイスラーム教のような普遍性が説かれていないという点で、立場は弱まります。歴史的にユダヤ教は一定の尊敬を受けつつも、ほかの宗教から弾圧の対象にされてきたのは、このような理由によります。

一方、キリスト教は、『旧約聖書』の預言する救世主による、新しい契約という発想であり、ユダヤ教の限界を超えて、その教えは全ての人類に開かれています。しかもキリストは、神のひとり子であるという意味で、ユダヤ教やイスラーム教におけるような、単なる人間としての預言者という立場とは一線を画し、その超越的な正統性を強調します。しかし、その一方でキリスト教は、神が人間に授肉しイエス・キリストとなった、というような多神教的な発想のために、イスラーム教徒から非難されています。

一方、イスラーム教は、神によって新しい啓示を受けたとする立場であり、また預言者ムハンマドを「最後の預言者」、いわば「預言者の打ち止め」と認識しています。そして、今後新たな預言者が出現することによる混乱を封じるという手段を取ります。その上で、先行するふたつの信徒（つまりユダヤ教徒とキリスト教徒）の、神との契約不履行を非難し、最後の契約の必要性とその正統性を主張します。

このようにイスラーム教は、セム的宗教の論理構成という視点からみると利があるようにも思えますが、しかし、慈悲深いはずの神が、自らイスラーム教を最後として救いの道を閉ざしてしまうというような齟齬《そご》もあり、決定的な優位性を得るには至っていません。それゆえに、正統性に決着が付いていない三つの宗教は、唯一の椅子獲得のために、争い続けねばならないのです。

第２部　『新約聖書』

第6章

メシアの誕生

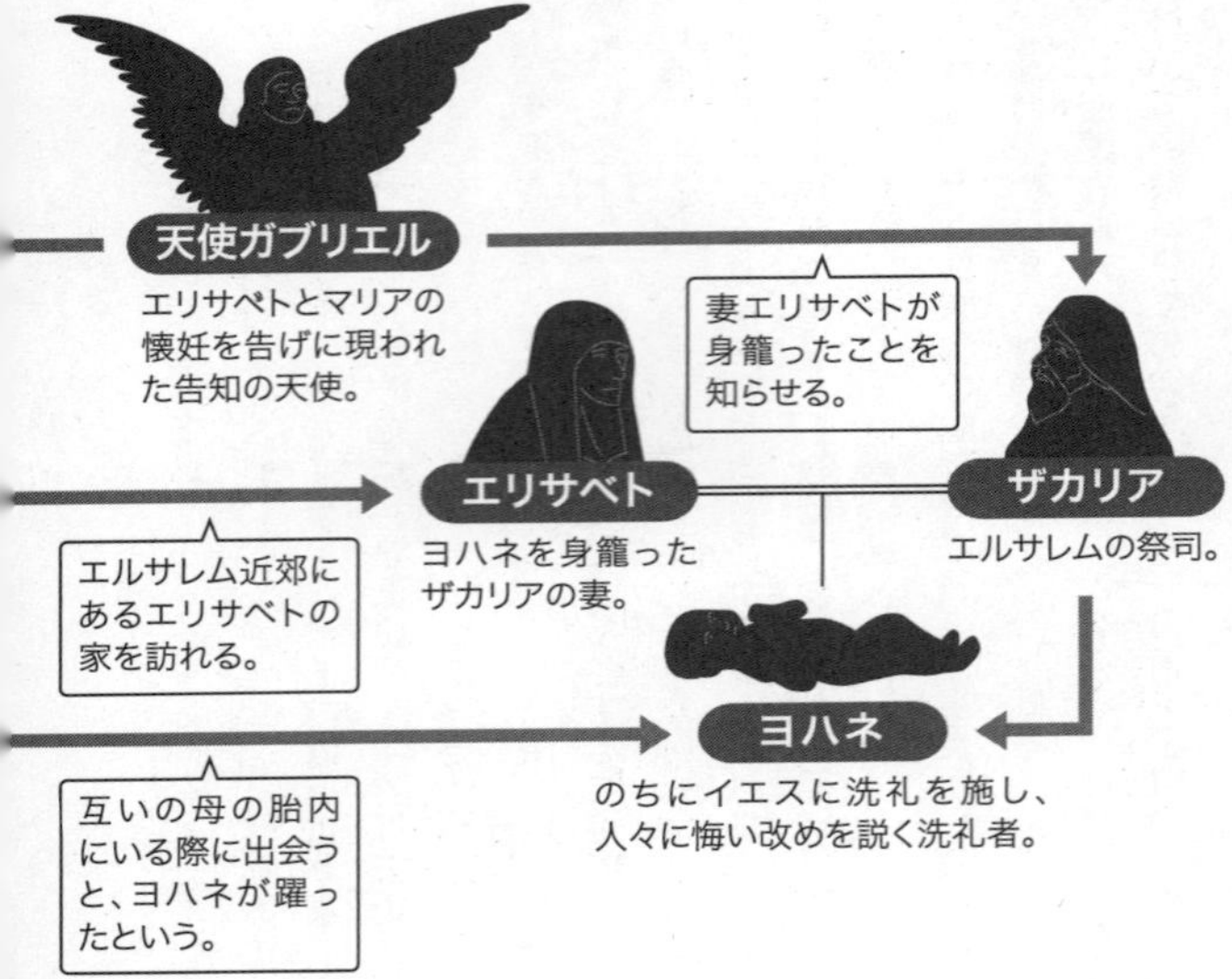

天使ガブリエル
エリサベトとマリアの懐妊を告げに現われた告知の天使。
妻エリサベトが身籠ったことを知らせる。
エリサベト
ヨハネを身籠ったザカリアの妻。
ザカリア
エルサレムの祭司。
エルサレム近郊にあるエリサベトの家を訪れる。
ヨハネ
のちにイエスに洗礼を施し、人々に悔い改めを説く洗礼者。
互いの母の胎内にいる際に出会うと、ヨハネが躍ったという。

第6章の相関図

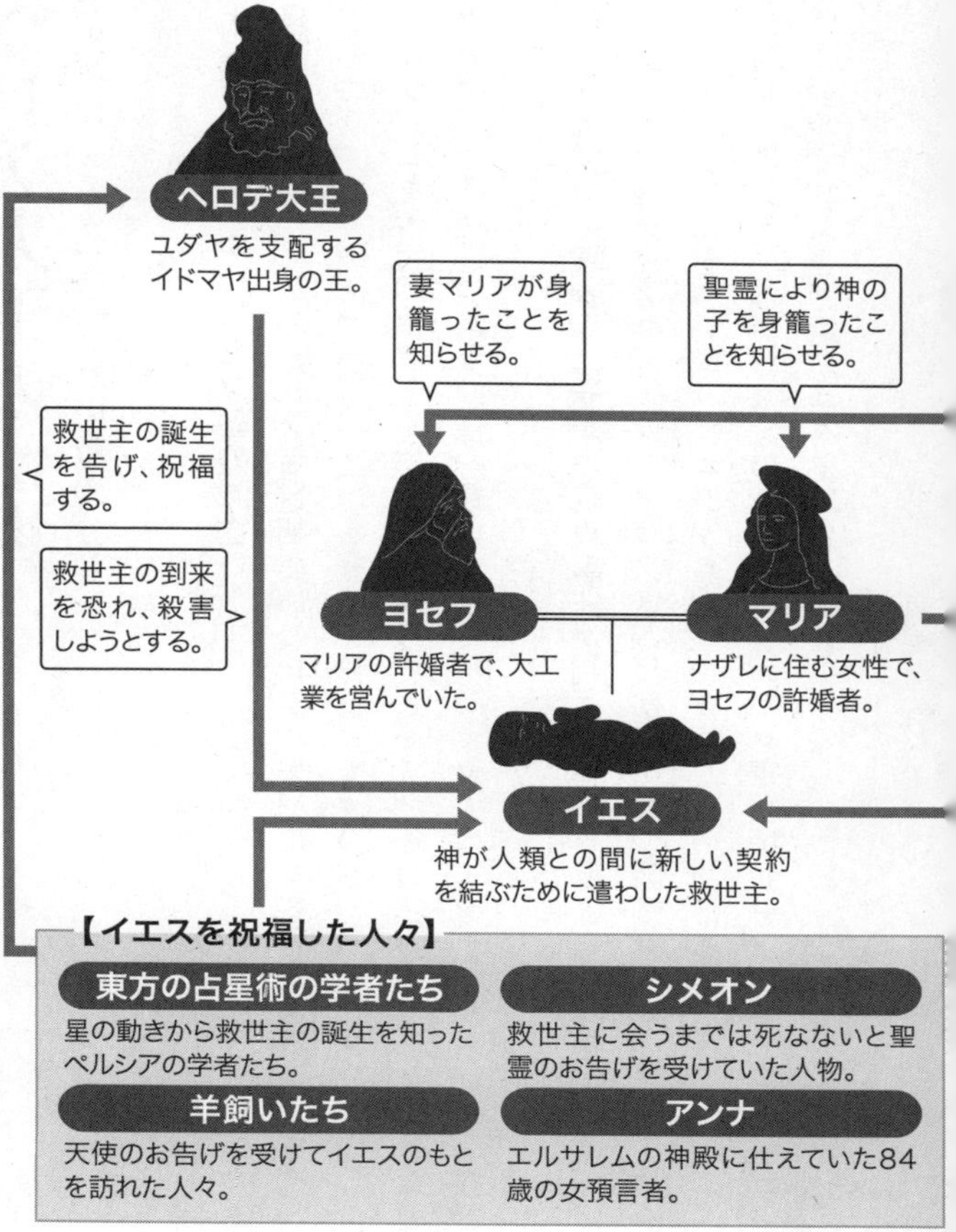

ヘロデ大王
ユダヤを支配するイドマヤ出身の王。
妻マリアが身籠ったことを知らせる。
聖霊により神の子を身籠ったことを知らせる。
救世主の誕生を告げ、祝福する。
救世主の到来を恐れ、殺害しようとする。
ヨセフ
マリアの許婚者で、大工業を営んでいた。
マリア
ナザレに住む女性で、ヨセフの許婚者。
イエス
神が人類との間に新しい契約を結ぶために遣わした救世主。
【イエスを祝福した人々】
東方の占星術の学者たち
星の動きから救世主の誕生を知ったペルシアの学者たち。
シメオン
救世主に会うまでは死なないと聖霊のお告げを受けていた人物。
羊飼いたち
天使のお告げを受けてイエスのもとを訪れた人々。
アンナ
エルサレムの神殿に仕えていた84歳の女預言者。

ヘロデ大王の治世

異民族による支配とユダヤ教の分裂

◆異邦人ヘロデによるハスモン朝の滅亡

建国以来拡大を続けていったハスモン朝であったが、末期になると王位継承権を巡って内紛が起こり、力を弱めていく。これを好機と見たローマのポンペイウスは、混乱に乗じてエルサレムを占領、ユダヤを支配下に収めてしまう。その庇護《ひご》のもと台頭したのが、代々のローマ政権と親密な関係を紡いできたイドマヤ人のアンティパトロス一族だった。

しかし、ローマで指導者カエサルの暗殺事件が起こると、今度はその隙を突いてハスモン朝の生存者マタティアス・アンティゴノスが反撃に出る。隣国パルティアの支持を取りつけてエルサレムを奪い取り、ユダヤの独立を宣言したのである。

これに対し、アンティパトロス家のヘロデは、ローマ軍に援助を求めてアンティゴノスと戦い、エルサレムを奪還。ユダヤ王となった。

分裂したユダヤ教の諸派

サドカイ派　エルサレムの貴族祭司層とユダヤの地方貴族・地主を主要な構成員とする。ローマによる70年のエルサレム占領まで、ユダヤ教最高議会の多数派を占めていた。

ファリサイ派　エルサレム神殿の祭祀に課せられる諸規定を日常においても適応し、律法に忠実であろうとする一派。律法学者が指導的位置を占め、70年のエルサレム陥落後、ユダヤ教の指導的地位を占めるにいたった。

エッセネ派　エルサレム神殿の祭祀を否定し、都市部を離れて共同生活を行なった人々。共同体内で様々な規律の遵守を義務づけた。固有の暦を持ち、日々の生活では、祭祀や律法の研究、農作業などを行なった。

熱心党　神のみがイスラエルの主であるとの思想のもと、ローマ帝国に対してユダヤの独立を目指して抵抗を続けた過激派。

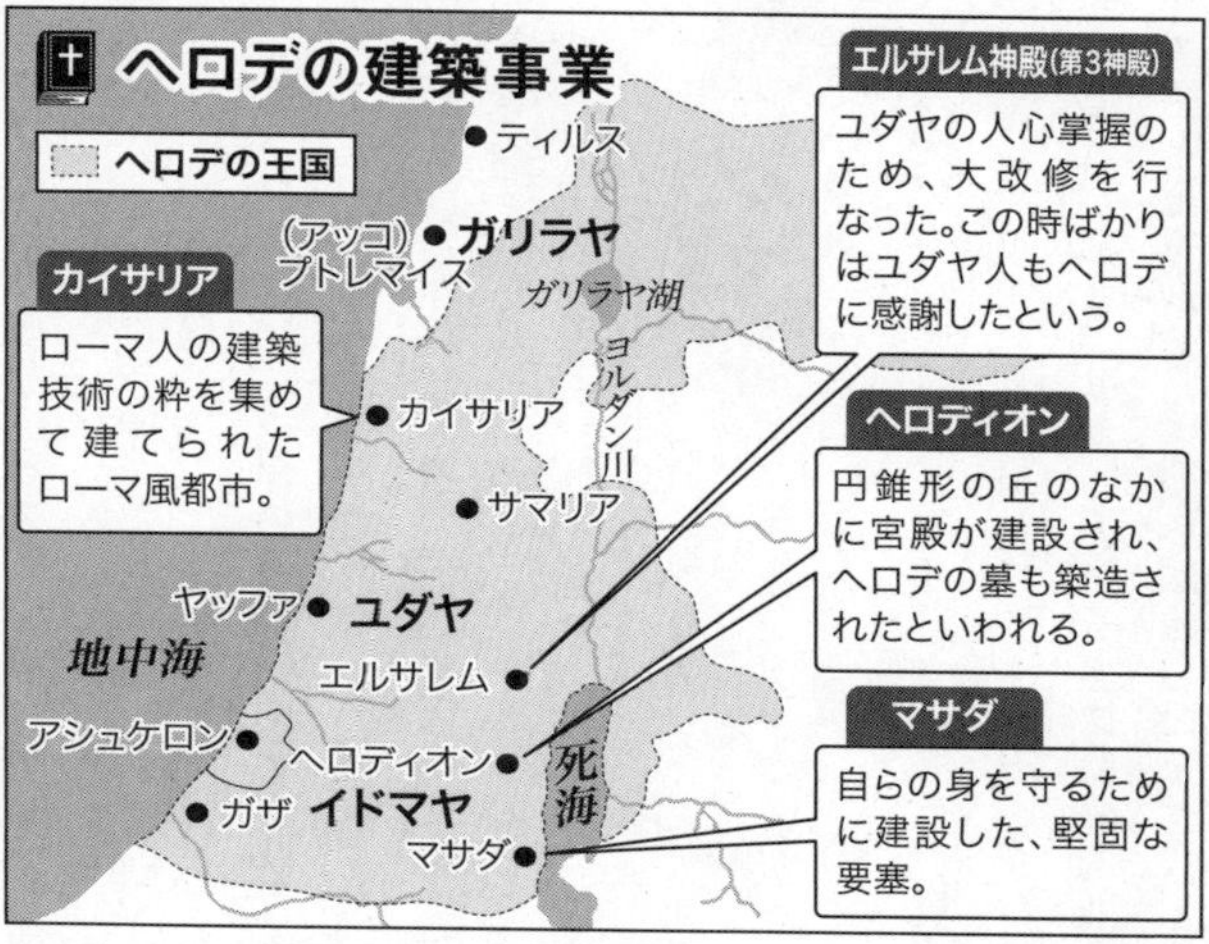

ヘロデの建築事業
ヘロデの王国
ティルス
(アッコ)
プトレマイス
ガリラヤ
ガリラヤ湖
ヨルダン川
カイサリア
ローマ人の建築技術の粋を集めて建てられたローマ風都市。
カイサリア
サマリア
ヤッファ
ユダヤ
地中海
エルサレム
アシュケロン
ヘロディオン
死海
ガザ
イドマヤ
マサダ
エルサレム神殿(第3神殿)
ユダヤの人心掌握のため、大改修を行なった。この時ばかりはユダヤ人もヘロデに感謝したという。
ヘロディオン
円錐形の丘のなかに宮殿が建設され、ヘロデの墓も築造されたといわれる。
マサダ
自らの身を守るために建設した、堅固な要塞。

ヘロデはユダヤ各地に壮大なローマ風の建築物を残した。このうちマサダでは第２次ユダヤ戦争の折、熱心党が籠り、玉砕している。

だが、ヘロデはユダヤの人々にとって異民族であり、ハスモン家を滅ぼした彼は、ユダヤの人々から支持を集められなかった。そのためヘロデは紀元前三〇年にハスモン家のマリアンメと結婚した。

その一方で、ローマ志向を持っていたヘロデは、ローマの建築技術を取り入れて、要塞宮殿ヘロディオンや要塞都市マサダ、エルサレム神殿の改修などを行なった。

ユダヤの人々はエルサレム神殿の改修には感謝したものの、ヘロデの支配に対する民衆の不満は解消されることはなく、強い反発がくすぶり続けた。

◆頼るべきユダヤ教の分裂

だが当時、結束の象徴となるべきユダヤ教は、サドカイ派、ファリサイ派、エッセネ派などに分裂していた。

成文律法、いわば「モーセ五書」のみ拘束力があるというサドカイ派は、貴族や地主などに支持され、支配者層とも密接に関わった。それに対してモーセ五書だけでなく、有名な律法学者の口伝もまた権威があるとしたファリサイ派は、主に庶民を取り込み、生活のあらゆる場面で律法を遵守することを主張した。彼らはのちにイエスと対立し、激しい論争を繰り広げることとなる。

そして、エッセネ派はファリサイ派よりもさらに律法に対して厳格に生活し、閉鎖的な社会をつくり上げていた。エルサレムの神殿祭祀に反対して都市部を離れ、財産の共有性に基づく共同生活を送ったとされる。死海文書を残したクムラン教団もこのエッセネ派に属するといわれる。

このように異民族によるユダヤ支配と、人々が頼るべきユダヤ教の分裂が、紀元前後のユダヤの状況であった。

人々は、まさに救世主の到来を待ち望んでいたのである。

✝聖書ミステリー✝

聖母マリアとヨセフの結婚

イエスの両親ヨセフとマリアの結婚が『黄金伝説』に伝えられている。

母アンナの子として、原罪を背負わずして生をうけたマリアは、2歳のときに神殿に捧げられ、12歳のときに許婚者を選ぶこととなった。

天使に告げられた許婚者選びの方法は、民のなかの男やもめに杖を持たせて呼び集め、神がしるしを示された男を婿として選ぶこと。間もなく、マリアと結婚を望む男性たちが杖を持って神殿に集まったが、誰の杖にも何も起こらなかった。

だが、最後に現われたヨセフという男の杖からはハトが飛び出し、ヨセフの頭にとまった。これによりマリアの結婚相手は大工のヨセフと決まった。

洗礼者ヨハネの誕生

エルサレムの祭司に下されたもうひとつの受胎告知

◆年老いたエリサベトが身籠る

ヘロデ大王の支配が続くエルサレム近郊の町――。ある日、アビヤ組の祭司ザカリアが、神の聖所で香を焚《た》いていると、天使ガブリエルが現われ、こう告げた。「あなたの妻エリサベトは男の子を産む。ヨハネと名づけなさい。その子は主の御前で偉大な人となる」。ザカリアは神の掟や定めを守る正しい人であったが、すでに自分も妻も年老いており、子を得られるとは思えなかった。そこでザカリアは、「私の妻は年をとっています。それに不妊です」と答えてしまう。するとガブリエルは、「あなたはその子が産まれるまで口が利けなくなる。私の言葉を疑ったからだ」と宣告。ザカリアは、それから話すことができなくなった。

しかし天使ガブリエルの言葉通り、やがてエリサベトは身籠った。

それから半年後、エリサベトのもとに同じく神の子を身籠るという告知を受けた、親

4つの「福音書」

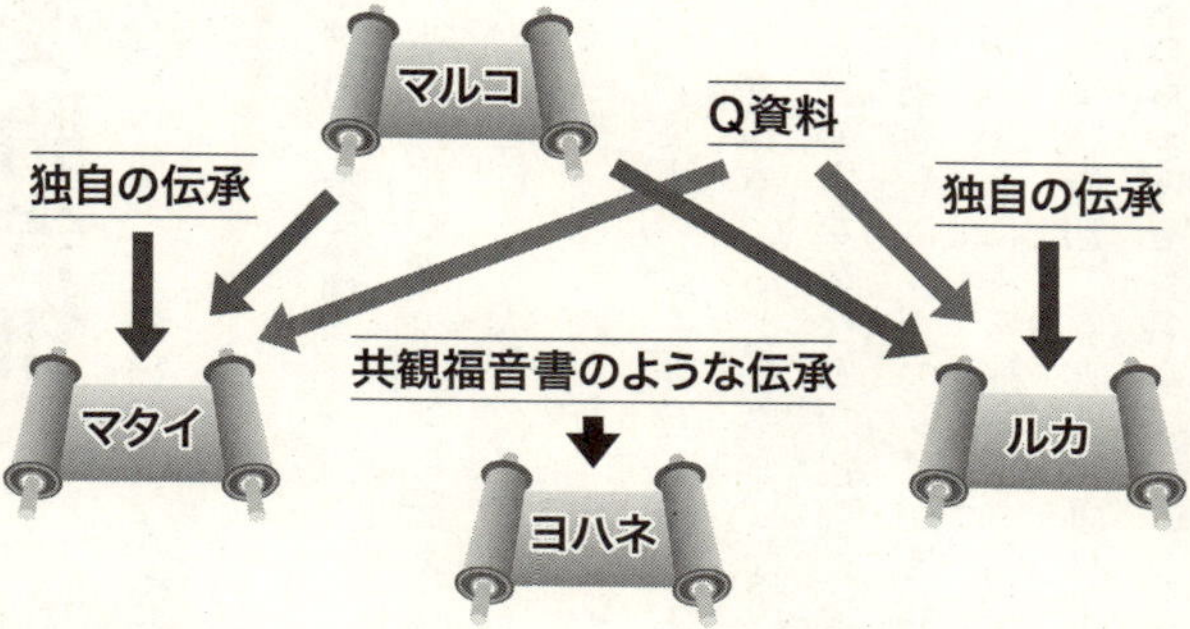
マルコ
Q資料
独自の伝承
独自の伝承
共観福音書のような伝承
マタイ
ルカ
ヨハネ

『新約聖書』にはマタイ、マルコ、ルカ、ヨハネによる4つの福音書があり、洗礼者ヨハネの受胎告知が記されるのは、「ルカ伝」のみ。福音書はそれぞれの視点からイエスの生涯を描いているが、なかでもマタイ、マルコ、ルカの3つの福音書は互いに共通する箇所が多く「共観福音書」と呼ばれる。

戚のマリアが訪ねてきた。すると、エリサベトのお腹の子が躍ったという。

やがて月が満ちると、エリサベトは男の子を出産した。集まった親類や近所の人々は、当時の習慣に従って父と同じザカリアと名づけられると思っていた。しかしエリサベトは、「いいえ、ヨハネとしなければなりません」と言った。周囲が驚いてザカリアに意見を求めると、彼もまた板に「この子の名はヨハネ」と書いた。するとこの瞬間ザカリアの口は開き、言葉が話せるようになったのだ。

これが洗礼者ヨハネの誕生の物語である。やがて、成長したヨハネは家を離れ、荒野での修行に身を置いた。

受胎告知

天使によって告げられた救世主の誕生

◆マリアの奇跡体験

ヨハネの誕生がザカリアに伝えられてから六か月後、ユダヤ北部の町ナザレに暮らすマリアのもとにも、天使ガブリエルが現われ、こう告げた。

「おめでとう、恵まれた方。主があなたとともにおられます。恐れることはない。あなたは身籠って男の子を産む。その子をイエスと名づけなさい」

マリアが驚き、「私は男の人を知りませんのに」と答えると、天使は、「聖霊があなたに降り、神の力があなたを包む。主である神にできないことはない」と言った。

この言葉を受けて、マリアが告知を受け入れると、天使は去っていった。

これが「ルカによる福音書」（以下「ルカ伝」）に記された受胎告知である。ダ・ヴィンチの『受胎告知』など、絵画にも頻繁に登場しており、聖書の数多くのエピソードのなかでももっとも有名な場面のひとつである。

『受胎告知』（レオナルド・ダ・ヴィンチ）。この場面は多くの画家に描かれた。マリアは多くの場合、聖書の「ゼカリヤ書」の一節を読んでいるといわれる。

しかし、じつは受胎告知はもうひとつあって、「マタイによる福音書」（以下「マタイ伝」）に記されている。こちらでは天使ガブリエルがマリアの許婚者《いいなずけ》であるヨセフのもとに現われる。そのとき、ヨセフはすでにマリアの懐胎を知り、悩んでいた。当時のユダヤでは婚前交渉は否定されており、発覚すれば重い罰が下されることになっていた。そこで、ヨセフは事が表ざたになる前にマリアと縁を切ってしまおうと考えていたのだ。

そこへ現われたガブリエルは、聖霊によって身籠ったマリアを恐れずに妻に迎えるよう告げたのである。この告知によりヨセフはマリアを妻として迎えることを決意。ふたりは結ばれたのであった。

イエスの誕生

先祖の地ベツレヘムに降誕した運命の赤子

◆イエスはなぜベツレヘムで生まれたのか?

受胎告知という神秘的な出来事を経て、マリアは臨月を迎える。

ちょうどその頃、ローマ皇帝アウグストゥスは、ローマ全領土の人々に住民登録をせよとの勅令を下した。それは先祖の土地で行なう必要があるので、ヨセフは身重のマリアとともに、ベツレヘムへと向かった。彼の家系はイスラエル王国のダビデ王家に連なるため、ダビデの故地へ向かわねばならなかったのだ。

当時、ユダヤの救世主はダビデ王家から生まれると考えられていた。ヨセフがベツレヘムへと向かう記述は、ダビデ王家の血脈に属することを強調するもので、これから生まれ出る男子こそ救世主であることを裏づける意図が働いているのだ。

ヨセフとマリアがベツレヘムにたどり着くと、故郷へ帰る人々で宿屋は満杯で、ふたりは仕方なく馬小屋に泊まった。

『羊飼いの礼拝』（フーホー・ファン・デル・フース）。画面右に羊飼いたちが見える。イエスは「良き羊飼い」に、信徒たちは羊の群れにたとえられる。

すると、ここでマリアは月が満ちて、子を産み落としたため、ヨセフはその子どもを馬槽《うまぶね》（餌を入れる桶）に寝かせた。

その頃、郊外にいた羊飼いたちが羊の世話をしていると、彼らのもとに主の使いが現われ、羊飼いたちに「今日、あなたがたの救い主が生まれた。主なるメシアである。布に包まれて馬槽に臥《ふ》す幼子を見よ」と伝えた。

羊飼いたちは、天使たちに導かれてベツレヘムに至り、ヨセフとマリア、そして生まれたばかりの子を探しあてて礼拝すると、神を賛美して去っていった。

それから八日が過ぎて割礼の日を迎えたとき、赤子は天使ガブリエルのお告げ通り、「イエス」と名づけられた。

なお、西暦はキリスト誕生を紀元とする暦で、紀元前を「Before Christ」つまり、「B.C.」とし、紀元後をラテン語の「Ann Domini（主の年）」つまり、「A.C.」とするが、実際の紀元一年には若干のズレがあるといわれる。

◆神殿で讃えられるイエス

やがてモーセの律法に定められた清めの期間が過ぎると、ヨセフとマリアはイエスを連れてエルサレムの地を訪れ、神殿にイエスを捧げた。

その最中、神が定めた救世主に会うまでは死なないと聖霊のお告げを受けていた、シメオンという人物が神殿に入ってきた。シメオンは、イエスを見るなり腕に抱き、「主よ、今こそあなたのみ言葉どおりに、この僕《しもべ》を安らかに去らせてくださいますように」と語り、イエスを祝福した。

同じく、神殿に仕えていた八十四歳の老女であり預言者のアンナも、やはりイエスを見るなり神を賛美し、救世主が現われたことを人々に伝えたという。

こうしてイエスは、伝説に彩られてこの世に誕生したのである。

エジプト逃避

天使の勧めによりヘロデ大王の虐殺を免れたヨセフ一家

◆東方三博士の礼拝

「ルカ伝」では、イエスのもとを訪れ誕生を祝福したのは、お告げを受けた羊飼いたちだったが、「マタイ伝」では〝東方の占星術の学者たち〟だったとしている。

星の動きから救世主の誕生を知った彼らは、まずエルサレムを訪れて、「ユダヤ人の王としてお生まれになった方はどこにおられますか。私たちは東方でその星を見たので拝みに来たのです」と礼拝を申し出た。

これを聞いたヘロデ大王は、占星術の学者たちを呼び寄せると、「その子のことを調べて、見つかったら教えてほしい。私も拝みに行こう」と言った。

晩年は特に猜疑心《さいぎしん》の塊となり、地位を安泰にするために自分の子どもや妻も殺したヘロデは、王の座を揺るがしかねない存在を恐れていた。そのため、本心ではその子を見つけたら殺したいと思っていたのである。

学者たちは東方に輝く星を追って進んだ。すると、ベツレヘムのある家の前で星は止まった。学者たちが喜んでその家に入ると、幼子と母マリアがそこにいた。

三人の学者たちはひれ伏してその幼子を拝み、宝の箱を開けて、立派な贈り物を捧げた。黄金、乳香《にゅうこう》と呼ばれる香料、高価な没薬《もつやく》などである。

この逸話は中世では三王の礼拝、あるいはマギの礼拝といわれた。以前はこの三人がどこかの国の王だともいわれたが、今はこの三人はペルシア宮廷に仕える占星術師マギと考えられている。

また三人の学者は、全世界、全人類を代表する人物で、ヨーロッパ、アフリカ、アジアの三大陸を表わすとも、青年、壮年、老年の三世代を表わすともいわれている。

その後、三人には「ヘロデのもとに帰るな」というお告げが下り、彼らはエルサレムへは戻らず自分の国へと帰って行った。

◆ヘロデの魔手を逃れたヨセフ一家

それからまもなく、主の天使が今度はヨセフの夢に現われた。そして「その子と母親を連れてエジプトに逃げ、私が告げるまでそこにとどまりなさい。ヘロデがこの子を探

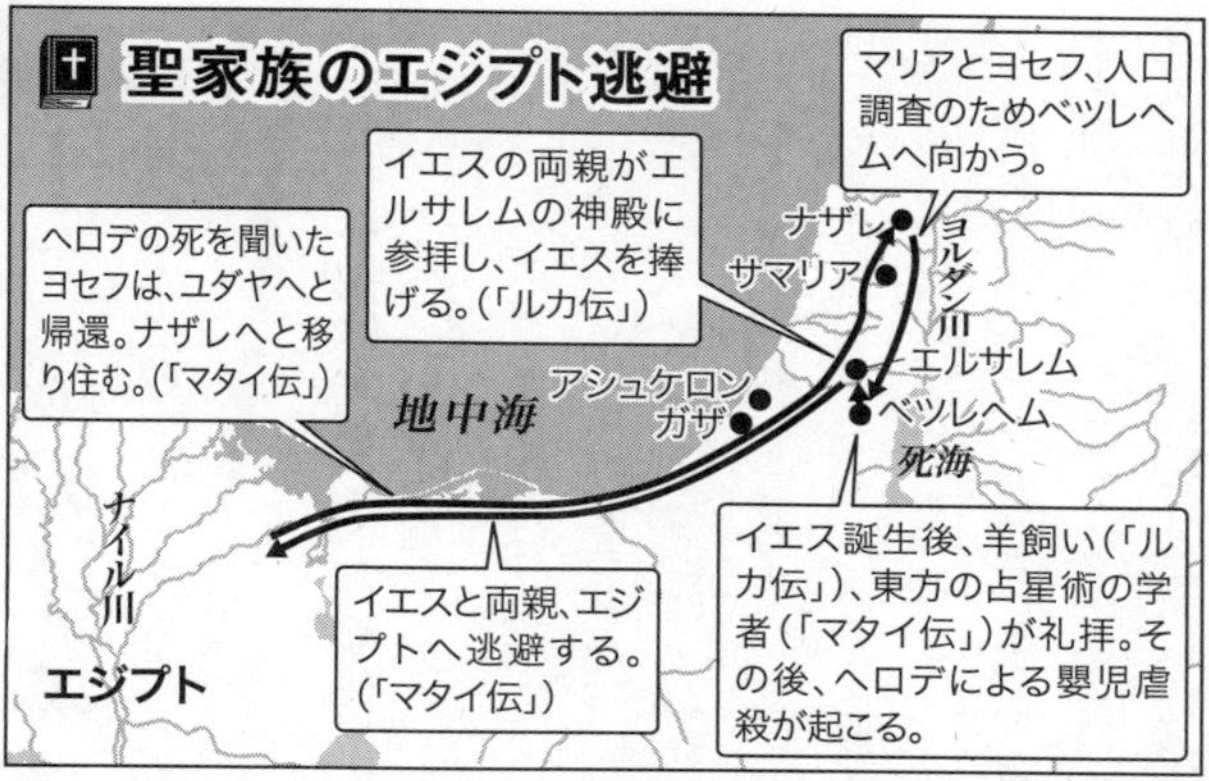
聖家族のエジプト逃避
マリアとヨセフ、人口調査のためベツレヘムへ向かう。
イエスの両親がエルサレムの神殿に参拝し、イエスを捧げる。（「ルカ伝」）
ヘロデの死を聞いたヨセフは、ユダヤへと帰還。ナザレへと移り住む。（「マタイ伝」）
ナザレ
ヨルダン川
サマリア
エルサレム
アシュケロン
ガザ
ベツレヘム
地中海
死海
ナイル川
エジプト
イエスと両親、エジプトへ逃避する。（「マタイ伝」）
イエス誕生後、羊飼い（「ルカ伝」）、東方の占星術の学者（「マタイ伝」）が礼拝。その後、ヘロデによる嬰児虐殺が起こる。
ヨセフ一家はイエス誕生後、ヘロデ大王の魔の手を逃れて慌ただしくエジプトへと向かい、ヘロデの死まで当地に留まったという。

し、殺そうとしている」と言った。

ヨセフは起きて、その夜のうちにイエスと妻マリアを連れてベツレヘムを発ち、エジプトへ向かった。

カイロ市内にある聖セルギウス教会は、イエスとその両親がエジプト滞在中に住んだという伝承を持つ。

かくしてベツレヘムを発ったヨセフ一家であったが、そのベツレヘムを悲劇が襲う。学者たちが帰らないことに怒ったヘロデが、一帯に住む二歳以下の男子を皆殺しにするよう命じ、新しいユダヤ王の出現を封じようとしたのである。

こうしてベツレヘムでは虐殺が行なわれ、多くの赤子が殺されたという。

十二歳のイエス

神の子であることを大人たちの前に示した少年時代のイエス

◆ヨセフ一家はナザレへと移住する

　ユダヤ王として君臨したヘロデの死は紀元四年のことであった。晩年は猜疑心の虜《とりこ》となってハスモン家出身の妻マリアンメを殺害するなどしたが、エルサレムの神殿を改修し壮麗な姿に生まれ変わらせ、ユダヤの人々から感謝されることもあった。反発は根強かったものの、その治世はおおむね安定していたと言える。

　このヘロデの死はエジプトにあったヨセフのもとにも伝えられた。再び主の天使がヨセフの夢に登場して、「イスラエルの地に行きなさい。子どもの命を狙っている者たちは死んだ」と告げたのだ。

　これを受けてヨセフはユダヤへの帰国を決意する。

　そのユダヤはヘロデ大王の死後、ヘロデの妹と三人の息子により分割されていた。ヨセフはベツレヘムに戻りたかったが、そこは残忍なヘロデの息子アルケラオの領土であった。アルケラオは、即位後まもなく三千人もの反対勢力を粛清した人物で、のちにユダヤ人、ローマ人の両方から激しい反発を受けて、六年に追放されている。

そこで、ヨセフ一家はベツレヘムを避け、ガリラヤの町ナザレへと向かったのだ。

◆十二歳の過越祭での出来事

ヨセフ一家が移り住んだナザレは、豊かな自然に囲まれた僻村で、イエスはここで少年時代を過ごすこととなる。

当時のイエスについて、聖書にはほとんど記されていない。ただ毎年、過越祭《すぎこしのまつり》に赴いたことは書かれている。

過越祭は四月ごろに行なわれるユダヤ教の三大祭りのひとつで、出エジプトに先立ってエジプト中に降りかかった

イエスが少年時代を過ごしたナザレの街並み。中央に見えるのは、マリアが受胎告知を受けたといわれる場所に建つ受胎告知教会。

あらゆる初子《うい ご》が死ぬ禍が、イスラエルの民を過ぎ越していったことを祝う祭りである。一家は、エルサレムにある神殿へと出かけていった。

イエス十二歳のときの過越祭の日も、神殿の周囲は大変な人で溢れていた。その混雑ぶりに、イエスがそばにいないことに両親は気づかず、家路をたどり始めていた。

イエスの姿が消えてから三日後、彼を探しながら神殿へと戻ると、イエスはなんとユダヤ教の学者たちの中央に座り、議論を交わしていたのである。しかも、イエスの優秀さに学者たちは舌を巻いていたという。

ユダヤの男子は十三歳になると、パール・ミツバという成人式を行なう。祈禱衣と経札を身につけ、ラビのもと『旧約聖書』の書かれた巻物を広げて、質疑応答をするのだ。この儀式がイエスの伝承のもとになったのかもしれない。

そんなイエスの姿を見つけたマリアが「心配したのよ」と叱ると、「私が父の家にいることが当たり前だと知らなかったのですか」とイエスは答えた。彼は自分が神の子であるという認識を持っていたのである。

やがてイエスは知恵を蓄え背丈も伸びて、神と人々に愛される人に成長していった。

洗礼者ヨハネ

荒野において教えを述べ、人々に洗礼を施したイエスの先導役

◆荒野から現われた洗礼の聖者

荒野に入って修行生活を送っていた、エリサベトとザカリアの子ヨハネに神の声が下った。「ルカ伝」には、ローマ皇帝ティベリウスの十五年とあることから、西暦三〇年頃のことと考えられる。「マルコによる福音書」（以下「マルコ伝」）には、ヨハネはラクダの毛でできた衣服をまとい、腰には革の帯を締めて、野蜜やイナゴを食物とした、とある。まさに隠者のような姿で人々の前に現われたヨハネは、ヨルダン川の畔に立ち、声高に悔い改めを説いた。

「悔い改めよ。神の国は近づいた。私はあなたより先に使者を遣わし、あなたの道の準備をさせよう」

ユダヤ全土やエルサレムからヨハネのもとに人々は集まり、罪を告白したのちヨルダン川で洗礼を受けた。

この洗礼は、清めの役割を持つ水により、その罪を洗い流す儀式で、現在はキリスト教の入信などにおいて行なわれる。古今東西、宗教において水は大切な役割を果たしたが、洗礼は古代ユダヤ教の時代から行なわれていた。

このヨハネ特有の儀式から、彼は「洗礼者ヨハネ」と呼ばれる。

◆庶民にもわかりやすかったヨハネの教え

さらにヨハネは、律法を頑なに守るファリサイ人やサドカイ人を非難する。「蝮《まむし》の子らよ、差し迫った神の怒りを免れると思っているのか。(中略) 悔い改めるにふさわしい実を結べ。斧はすでに木の根元に置かれている。良い実を結ばない木はみな切り倒されて、火のなかに投げ入れられるのだ」と。

群衆のなかに、「では私たちはどうすればいいのですか」と尋ねる者がいた。するとヨハネは「下着を二枚持っている者は、一枚もない者に分けなさい。食べ物を持っている者も同じようにしなさい」と答えた。

さらに人々から蔑まれている徴税人が、「私はどうすればいいのですか」と聞くと、ヨハネは「決められている以上の金を取ってはいけない」と答えた。兵士がまた、「私はどうすればいいのですか」と尋ねれば、ヨハネは「人から金をゆすり取ったり、騙し取ってはいけない。自分の給金だけで満足しなさい」と答えた。

こうしたわかりやすい教えに胸を打たれた人々は、ヨハネこそが救世主なのではないかと考え、期待を寄せた。だがヨハネは首を振ってこう言った。

「わたしよりも優れた方がいらっしゃる。わたしは、その方の履物のひもを解く値打ちもない。その方は聖霊と火により、あなたたちに洗礼を授けるのだ」

洗礼者ヨハネはメシア到来に向けて、人々が自らの行動を悔い改めて精神的な準備をする必要があると、信仰の復活を説いたのだ。

✝聖書ミステリー✝

死海文書とクムラン教団

1947年、死海の畔で羊を追い、断崖の洞穴に入ったベドウィンの少年が、壺に入っている古代文書を偶然、見つけた。もともと『旧約聖書』は39の書があり、紀元100年頃、それをユダヤ教の学者たちがまとめたものである。発見されたのは、『旧約聖書』が編集される前、紀元前2～紀元前1世紀頃の写本だったのだ。現存する最古の写本は1000年頃のものとされるが、これと比べてみたところ、ほとんど内容が一致。『旧約聖書』は約1000年にわたり正確に伝えられてきたことが判明した。この死海文書を残したのは、荒野にて律法に添った暮らしを送ったエッセネ派の一派クムラン教団とされ、ヨハネとつながりがあると考えられている。

Column
コラム

ユダヤ教徒はなぜ弾圧されてきたのか？

セム的一神教の元祖とも言えるユダヤ教徒には、虐殺という過酷な歴史がつきまとっています。ナチス・ドイツによるホロコーストの悲劇はあまりにも有名ですが、それ以外にも、ユダヤ教徒への弾圧が歴史上、大規模かつ継続的に行なわれてきました。

その理由は、ユダヤ教からキリスト教が独立した時点で、双方が互いに二律背反的な関係となったことがあげられます。といっても、当然それは、キリスト教徒側からの言い分であり、ユダヤ教徒からすれば全く言いがかりにも等しい解釈です。ユダヤ教の聖典にあたる『旧約聖書』には、キリストは出てこないのであり、そもそもキリスト教を宗教として、自らと競合する存在とは認められないからです。

ただし『旧約』では、預言者の存在は確約されているわけで、それを考えれば、新しい預言者と新しい契約の存在そのものは否定できないということになります。キリスト教徒は、この点を根拠として、キリストが神との新しい契約を伝えた者なのだから、ユダヤ教徒もキリスト教を受け入れるべきだと主張します。このように、ユダヤ教徒はキリスト教を、キリスト教徒はユダヤ教を、それぞれ現実には認めていないのです。これが、お互いを弾圧の対象とする宗教的理由です。さらに、教祖であるイエスを裏切ったユダを憎むあまり、キリスト教徒にとってユダヤ教徒は、憎悪の対象となったのです。これが歴史的な理由です。

また、社会的な理由としては、中世以降、ユダヤ教徒は金融業などに力を持ち、これを嫌うキリスト教徒の嫌悪の対象になったのです。これはシェークスピアの『ベニスの商人』に登場する冷血非道なシャイロックに、その典型を見ることができます。

一方、イスラーム教は、ユダヤ教・キリスト教はともに「啓典の民」つまり、唯一の神により福音の契約を結び、その契約書（聖書）を与えられた尊敬すべき先輩であるというのが基本的な認識です。しかし、ユダヤ教徒もキリスト教徒も神との契約を正しく実行しなかったために神の怒りを買い、ついに最後の預言者としてムハンマドが選ばれ、『コーラン』を授けられた、というのがイスラーム教の解釈です。ですからイスラーム教でも、ユダヤ教・キリスト教を一応認めつつ、これを否定します。特に、ユダヤ教徒とムハンマドは、しばしばムハンマドが避難していたメディナにおいて戦ったため、イスラーム教徒のユダヤ教認識は、敵対的な面があります。

しかし、イスラーム教徒のユダヤ教徒への弾圧は、キリスト教徒のそれと比べると規模も頻度も概して小さく、比較的、寛容であったと言えるでしょう。

第２部　『新約聖書』

第７章

イエスの教えと足跡

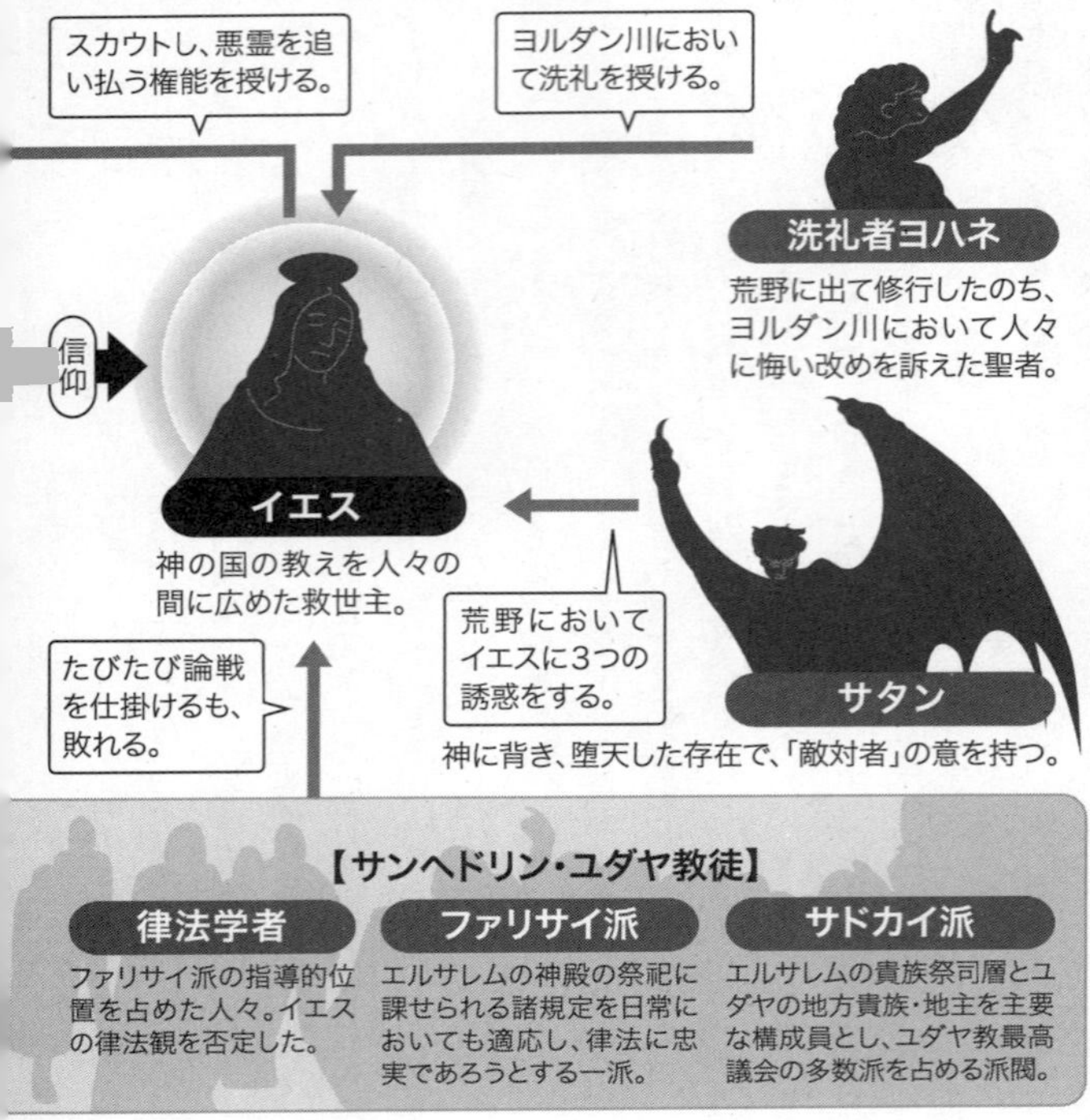

スカウトし、悪霊を追い払う権能を授ける。
ヨルダン川において洗礼を授ける。
洗礼者ヨハネ
荒野に出て修行したのち、ヨルダン川において人々に悔い改めを訴えた聖者。
信仰
イエス
神の国の教えを人々の間に広めた救世主。
荒野においてイエスに3つの誘惑をする。
サタン
神に背き、堕天した存在で、「敵対者」の意を持つ。
たびたび論戦を仕掛けるも、敗れる。
【サンヘドリン・ユダヤ教徒】
律法学者
ファリサイ派の指導的位置を占めた人々。イエスの律法観を否定した。
ファリサイ派
エルサレムの神殿の祭祀に課せられる諸規定を日常においても適応し、律法に忠実であろうとする一派。
サドカイ派
エルサレムの貴族祭司層とユダヤの地方貴族・地主を主要な構成員とし、ユダヤ教最高議会の多数派を占める派閥。

第7章の相関図

【十二弟子】
ナタナエル
フィリポの勧めによりイエスの弟子となった人物。
アンデレ
ペトロの兄で、ガリラヤ湖の漁師。
ヨハネ
ヤコブの弟で、ガリラヤ湖の漁師。
ペトロ
イエスの一番弟子となったガリラヤ湖の漁師。
トマス
ガリラヤの出身といわれるイエスの弟子。
タダイ
ガリラヤの出身といわれるイエスの弟子。
マタイ
イエスの召命に応じて弟子となったカファルナウムの徴税人。
フィリポ
ベトサイダでイエスの弟子となった人物。
ユダ
ケリヨテ出身の弟子で、教団の会計係を担当したといわれる。
ヤコブ
ヨハネの兄で、ガリラヤ湖の漁師。
小ヤコブ
ガリラヤの出身といわれるイエスの弟子。
シモン
ガリラヤの出身といわれるイエスの弟子で、熱心党に所属。
【女性信者たち】
母マリア
カナの婚礼以降、イエスと行動をともにした母。
マグダラのマリア
7つの悪霊をイエスに払ってもらったといわれる女性。
ベタニアのマルタ
ベタニアに暮らすイエスの信徒。マリアの姉妹。
ベタニアのマリア
ベタニアに暮らすイエスの信徒。マルタの姉妹。
ニコデモ
ユダヤ教の最高議会の議員。イエスに質問を投げかけ、傾倒した。
アリマタヤのヨセフ
ユダヤ教の最高議会の議員でありながら、イエスの思想に傾倒した人物。

イエスの洗礼

ヨハネのもとに現われたイエスが、聖霊をその身に宿らせる

◆イエスに聖霊が降る

洗礼者ヨハネは、自身が救世主であることを否定し、自分のあとに来る者が救世主であるとしていたが、そのヨハネの前にガリラヤからやってきたイエスが現われた。そして、洗礼を待つ人々の列に並んだのである。

ところが、イエスの姿を見たヨハネは、「私こそあなたから洗礼を受けるべきです」と恐縮してしまう。

するとイエスは、「今は止めないでほしい。それが我々にとって正しく、ふさわしいことなのです」とヨハネを促したため、ヨハネは恐る恐るイエスに従った。

ヨハネは水をイエスの頭に降りかけ、ほかの信者と同じように洗礼を施した。

こうして儀式を終えたイエスが水から上がると、不意に天がイエスに向かって開かれ、白いハトがイエスのもとに舞い降り、彼の頭の周囲を飛び回ったのである。このハ

『キリストの洗礼』（ペルジーノ／システィーナ礼拝堂）。ヨルダン川で洗礼を授けるヨハネの前にイエスが現われ、洗礼を受ける。

トはただの鳥ではなく、神の霊すなわち「聖霊」であった。そして天から、「これは私の愛する子、私の心に適《かな》う者」という声が響いた。神は、イエスが自らの子であることを告げたのだ。

このハトはイエスの洗礼場面を描く絵画には必ずといってよいほど描かれている。

白いハトは古代ギリシアにおいてはいつしか神聖な鳥、至高の愛のシンボルとされていた。やがてキリスト教においては、聖霊を意味するものとなっていく。

この出来事が起きたのは西暦二八年一月とされる。聖書の解説書ではこれ以降、イエスの伝道人生（公生涯《こうしょうがい》）が始まったとしている。

荒野の誘惑

三度にわたるサタンの誘惑を聖書の言葉で退けたイエス

◆極限状態のイエスを悪魔が襲う

ヨハネによる洗礼を受けたイエスは聖霊に満ちて、ヨルダン川から離れた。そして霊に導かれるようにして、荒野のなかで祈り続け、四十日間の断食生活に入る。この「四十」という数字は、モーセに率いられたイスラエルの民が荒野をさまよった四十年に由来している。また、この荒野は「ユダの荒野」と呼ばれ、死海の西側に広がる岩と土ばかりの不毛の地である。

イエスは飢えと渇きと孤独に耐えながら、瞑想の日々を過ごした。そしていよいよ最後の四十日目、イエスの前に悪魔が現われる。

悪魔は、四十日の断食により空腹の極限にあるイエスに、まず囁《ささや》いた。

「神の子なら、この石をパンに変えるよう命じたらどうだ」

しかしイエスは、「『人はパンのみに生きるものではない。神の口から出る言葉によっ

『荒野の誘惑』（ボッティチェリ／システィーナ礼拝堂）。イエスは40日の断食後、3度にわたって悪魔の誘惑を受ける。画面の左上、真ん中上、右上部分にその様子が描かれている。

て生きる』と書いてある」と、「申命記《しんめいき》」の言葉を引用して第一の誘惑を退けた。

次に悪魔は、イエスをエルサレムに連れて行って、神殿の屋根の端に立たせると、こう言った。

「神の子ならここから飛び降りてみてはどうか。こう書いてあるではないか。『神はあなたのために天使に命じて、あなたをしっかり守らせる』また、『あなたの足が石に打ちあたることのないように、天使たちは手であなたを支える』と」

悪魔は狡猾《こうかつ》にも、神を絶対的なものと信じているイエスに対して、『旧約聖書』の「詩編」にある言葉を引用して誘惑したのだ。

だが、イエスは屈しない。悪魔の問いに対して、「『あなたの神である主を試してはいけない』と言われる」と答えた。

キリスト教において神は契約を結ぶ存在である。人間は神を信じるのみであり、神はそれゆえ存在する。神を疑い、試そうとすれば、神は存在しないことになってしまうのである。

◆誘惑に屈しなかったイエス

次に悪魔は、イエスを高く引き上げて、一瞬のうちに世界の国々を見せた。「この国の一切の権力と繁栄を与えよう。私は自分の決めた人にそれを与えることができる。私を拝めば、すべてはあなたのものになる」

するとイエスは、「退け、サタン」と一喝。「『あなたの神である主を拝み、ただ主に仕えよ』と書いてある」と、また「申命記」の言葉を引いて退けたのである。

こうして経済、宗教、政治すべての範囲にわたる、あらゆる誘惑に失敗した悪魔は、イエスのもとを離れていった。

ペトロの召命

ガリラヤ湖の畔で始められたイエスの伝道活動

◆なぜガリラヤ湖にやってきたのか?

悪魔の誘惑を退けたイエスは、いよいよ伝道の生涯に入る。まず、イエスは荒野からユダヤの北に位置するガリラヤへと移動。故郷ナザレではなく、ガリラヤ湖畔の町に入った。

イエスが伝道の拠点として選んだ地は、緑に満ち、小鳥のさえずる美しい土地であった。

ではなぜここに移動したのか。聖書は詳しくその理由を述べてはいない。「マタイ伝」では、イエスはヨハネがガリラヤ領主ヘロデ・アグリッパに捕らえられたあと、ガリラヤへ退いたと書いている。イエスはヨハネと一線を引こうとしたとも、ヨハネ逮捕の余波から逃れようとしたともいわれている。

一方、ガリラヤの人々が重い税金に苦しんでいたことも挙げられる。農民は負債を抱えると土地を奪われ、野をさまよわねばならなかった。そうした社会状況にあって、救いを求める人がガリラヤに多かったのも、イエスがこの地にやってきた理由のひとつとも考えられる。

◆イエスと一番弟子の出会い

イエスはこのガリラヤ湖周辺において、弟子たちとの出会いを果たしている。まずはペトロ。のちに初代教皇となる人物である。「マタイ伝」では、ガリラヤ湖の畔を歩いていたイエスが、ペトロ（シモン）とアンデレという漁師の兄弟に対し、「私について来なさい。あなたたちを、人間をとる漁師にしよう」と声をかけると、ふたりはすぐに網を捨てて従った、とあるのみだが、「ルカ伝」では、その出会いを劇的に記す。「ルカ伝」によれば、イエスがペトロと出会ったのは、ゲネサレトの町としている。イエスはペトロの舟を借りて舟の上で説教を始める。

そしてそのあとで、ペトロに漁をしてみるよう促した。その前の晩は全くの不漁であったため、ペトロは半信半疑で網を下ろした。すると、昨晩の不漁が嘘であったかのように大漁となったのである。

この奇跡を目の当たりにしたペトロは、ひれ伏してイエスに従い、これを見ていたゼベダイの子ヤコブとヨハネの兄弟も、直ちにイエスに従ったという。

しかし、なぜイエスは第一の弟子を漁師のなかから選んだのだろうか。

これについては、より地位が低く、救いを求めている者を選んだという説が有力視されてきた。イエスはとくに社会的に蔑まれている者に対し教えを伝えたり、癒しを施したりしている。

その一方で、むしろペトロやヤコブたちガリラヤの漁師たちは一定の地位にあったという見方もある。彼らは舟を持っているなど豊かであったため、経済的支援も期待できたのではないかとも考えられるのだ。

『新約聖書』時代の
ガリラヤ湖畔の港と町
ゲネサレト
イエスがペトロ、アンデレ、ヤコブ、ヨハネの4人の漁師を弟子にする。
カファルナウム
イエスが宣教活動の拠点とする。
ガリラヤ湖
(ティベリアス湖)
ティベリアス
マグダラ
イエスに従ったマグダラのマリアの出身地。
クルシ(ゲルゲサ)
イエスが男に取りついた悪霊を払う。
ヨルダン川
イエスは活動の初期、ガリラヤ湖畔を拠点にして人々を癒し、悪霊を祓った。

十二弟子

漁師、徴税人、過激派……様々な人々を取り込んだイエス

◆ナタナエルの生き方を見抜いたイエス

イエスはペトロ、アンデレ、ヤコブ、ヨハネの四人を弟子とした。イエスの弟子といえば、やはり「十二使徒」とか、「十二弟子」と呼ばれる直弟子たちが有名である。彼らはいかにしてイエスと行動をともにするようになったのか。「福音書」にはその経緯が記されている。

「ヨハネによる福音書」（以下、「ヨハネ伝」）には、ペトロらがイエスの弟子となった翌日の出来事が記されている。

ガリラヤへ向かおうとしたイエスは、ベトサイダ出身のフィリポと出会ってまず弟子にした。このフィリポはさらにナタナエルにイエスのことを話したが、ナタナエルは「ナザレからよいものが出るだろうか」と懐疑的。しかし、そこへ現われたイエスに、「あなたがイチジクの木の下にいるのを見た」と言われるや、すぐに弟子になったとい

う。一説によれば、「イチジク」は律法に忠実な生き方の隠喩とされ、イエスはナタナエルが正しく生きてきたことを評価したのだという。

◆徴税人マタイの召命

マタイの弟子入りの場面はさらに劇的である。

イエスがガリラヤ湖畔のカファルナウムに滞在していた時のこと。イエスが人々に教えを説いていると、徴税人マタイの姿が目に入った。徴税人とは、小麦やぶどう酒などといった荷物が流通する際に関税をかける役人で、その税金の一部を手間賃として収入にしていた。カファルナウムは物資輸送の拠点であったため、税収も多く、マタイは裕福であったが、彼が集めた税は、ユダヤを支配するローマに納められていたから、ユダヤの人々にとって、徴税人は同胞から税をむしり取り、憎きローマを潤す裏切り者と映っていたのだ。

イエスはそんなマタイに対して「私に従いなさい」と告げた。すると収税所で座っていたマタイは、立ちあがって言われる通りにした。この劇的な瞬間を描いたのがカラヴァッジョの『マタイの召命』である。

マタイは、自らの家でイエスのために宴を催した。これを見た律法学者やファリサイ派の人々はイエスの弟子に対して、「どうしてあなたたちは徴税人や罪人と一緒に食事をするのか」と尋ねた。イエスはこう答えた。

「医者を必要とするのは丈夫な人ではなく病人だ。私は正しい人ではなく罪人を悔い改めさせるためにここに来た」

この言葉にイエスの教えの一端が垣間見える。罪人を裁いたり、正しいと思っている人を諭したりするのではなく、罪の意識を持ち、救いを求める人を救いたいというのがイエスの想いだった。徴税人のマタイは、罪人の代表ともいえる存在だったのだ。

その後、イエスは山に登ると、自分がこれぞと思った人々を呼び寄せた。そのなかからペトロ、アンデレ、ヤコブ、ヨハネ、マタイら十二人を任命し、使徒と名づけた。そして、穢《けが》れた霊を祓う権能が授けられたという。イエスは彼らを、あるときは自分の傍に置き、あるときはふたりひと組にして地方へ派遣して、宣教にあたらせた。

では、なぜ弟子である使徒の数を十二としたのか。その数は『旧約聖書』に登場するイスラエル十二部族に由来する。ユダヤにおいて「十二」という数字は、完全を象徴する数字となっていた。この伝統的な数を、イエスは尊重したといわれている。

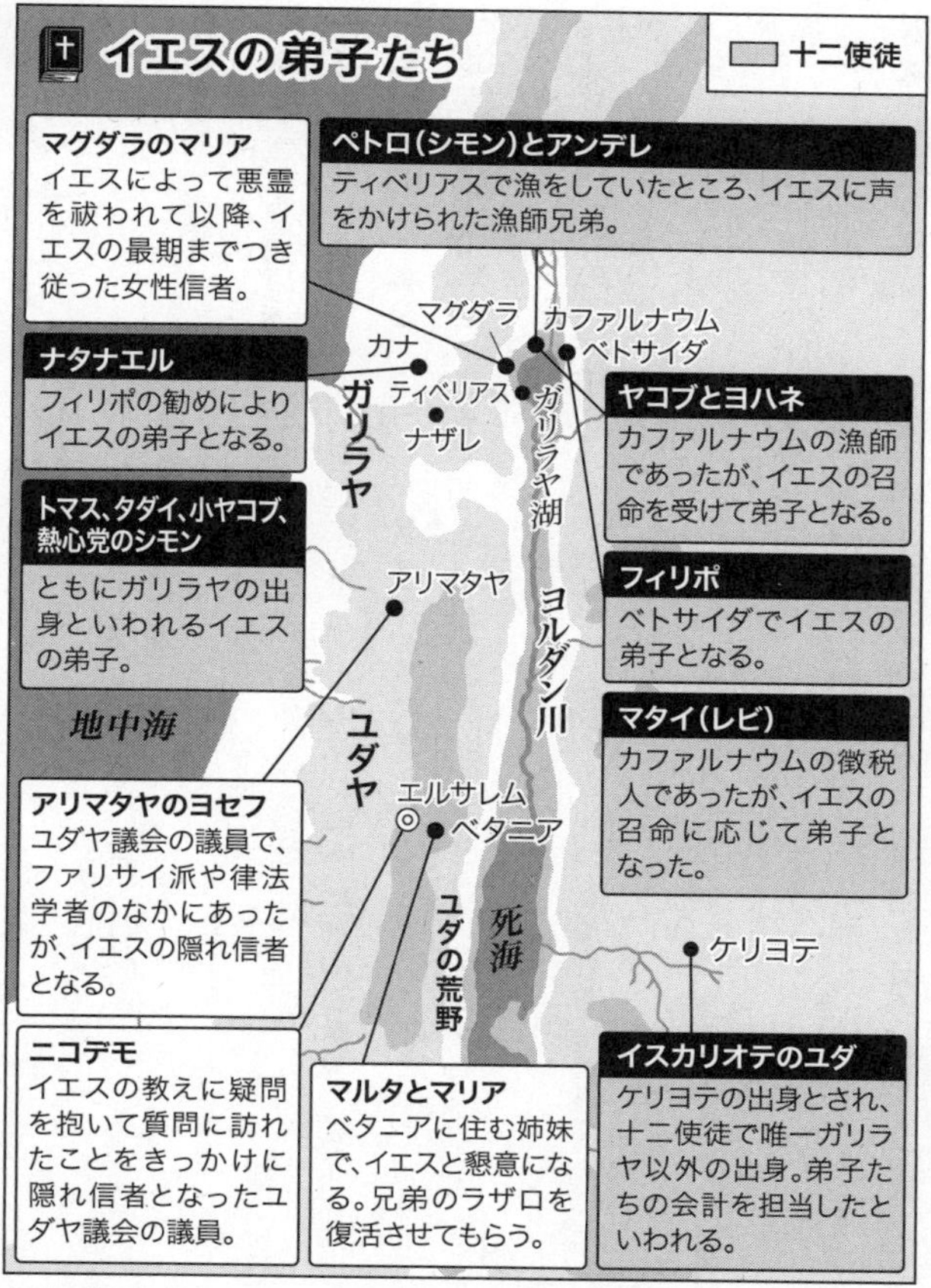
イエスの弟子たち
十二使徒
マグダラのマリア
イエスによって悪霊を祓われて以降、イエスの最期までつき従った女性信者。
ペトロ(シモン)とアンデレ
ティベリアスで漁をしていたところ、イエスに声をかけられた漁師兄弟。
マグダラ
カファルナウム
カナ
ベトサイダ
ナタナエル
フィリポの勧めによりイエスの弟子となる。
ティベリアス
ガリラヤ
ナザレ
ガリラヤ湖
ヤコブとヨハネ
カファルナウムの漁師であったが、イエスの召命を受けて弟子となる。
トマス、タダイ、小ヤコブ、熱心党のシモン
ともにガリラヤの出身といわれるイエスの弟子。
アリマタヤ
ヨルダン川
フィリポ
ベトサイダでイエスの弟子となる。
地中海
ユダヤ
マタイ(レビ)
カファルナウムの徴税人であったが、イエスの召命に応じて弟子となった。
アリマタヤのヨセフ
ユダヤ議会の議員で、ファリサイ派や律法学者のなかにあったが、イエスの隠れ信者となる。
エルサレム
ベタニア
ユダの荒野
死海
ケリヨテ
ニコデモ
イエスの教えに疑問を抱いて質問に訪れたことをきっかけに隠れ信者となったユダヤ議会の議員。
マルタとマリア
ベタニアに住む姉妹で、イエスと懇意になる。兄弟のラザロを復活させてもらう。
イスカリオテのユダ
ケリヨテの出身とされ、十二使徒で唯一ガリラヤ以外の出身。弟子たちの会計を担当したといわれる。

多くの弟子を得たイエスは、ペトロら12人を使徒として選抜した。また、当時地位の低かった女性たちや、イエスと敵対したエルサレムのユダヤ教指導者層のなかにも隠れイエス信者がいたとみられる。

カナの婚礼

婚礼の宴会においてイエスが起こした最初の奇跡

◆水をぶどう酒に変えた奇跡

イエスは、あらゆる奇跡を起こした。そのなかでも最初の奇跡が、カナで催された結婚祝いの場で、水をぶどう酒に変えたものである。

ガリラヤ地方の町、カナで開かれた婚礼に、イエスは母マリアや弟子とともに招かれていた。

宴もたけなわの頃、用意されていたぶどう酒が足りなくなってしまう。これに気づいた母マリアは、「ぶどう酒が足りなくなりそうです」とイエスに伝えた。

するとイエスは、「婦人よ、私にどんな関わりがあるというのでしょう。まだその時は来ていません」と冷ややかに答えた。

イエスは聖書のなかでたびたび、自分は神と結ばれた関係であり、その関係は肉親を超えることを強調している。弟子たちに対しても、自分に従う条件として故郷を捨てること、財産を捨てることなどを挙げるとともに、「私よりも父母を愛するなら、あなたは私にふさわしくない」と説いてもいる。

また、のちに布教活動を行なうイエスを連れ戻そうと家族が訪れた際には、「私の母、兄弟とは誰のことか」と答えている。俗世での宿縁を断ち、神に従うことを求めたのである。カナの婚礼におけるまるで他人行儀な答えも、イエスのこうした考え方に基づくのだろう。

一度は突き放したものの、清めに使う石の水瓶が六つ置かれているのを見たイエスは、「その水瓶に水をいっぱい満たしなさい」と告げ、それを町の有力者で宴会の世話役を務めていた人物のところへ持っていくように言った。世話役が口にすると、それは最良のぶどう酒だった。

世話役は驚いて、「誰でも初めに良いぶどう酒を出し、酔いがまわった頃に、より衰えたぶどう酒を出すものです。しかし、あなたは最後まで一番素晴らしいぶどう酒を取っておいたのですね」と花婿を讃えたのだった。

この奇跡は、形骸化して神との関係を紡げなくなったユダヤ教（水）を、より力に満ちた神の国（ぶどう酒）に変える、というイエスの意志を意味するともいわれる。

洗礼者ヨハネの最期

ヘロディアの策略の前に命を落とした洗礼者

◆死を呼ぶ少女の要求

イエスに洗礼を授けたヨハネだが、その身はヘロデ大王の子でガリラヤを領するヘロデ・アンティパスに捕らえられていた。弟の妻ヘロディアに懸想《けそう》し、強引に結婚したヘロデ・アンティパスをヨハネが糾弾したことが、逮捕の理由といわれる。

しかし、ヘロデはヨハネを監獄に繋ぎながら、殺すことはできないでいた。ヨハネの名は人々の間に「奇跡を起こす力がある」「預言者のなかの預言者だ」と知れ渡って、絶大な人気を誇っており、なによりヘロデ自身が、ヨハネが聖なる人であると知っていたからである。

一方、ヘロデ以上にヨハネを憎んでいたのがヘロディアであった。

ヘロデの誕生日を祝う宴が開かれたとき、そこには高官や将校、ガリラヤの有力者などが訪れていた。そこに、ヘロディアの娘が現われて踊ると、人々は大喝采で褒め讃えた。そこでヘロデは、「欲しいものを何でも言いなさい」と言った。娘が母親に、「何を願ったらいいかしら」と尋ねたところ、ヘロディアは「洗礼者ヨハネの首を（願いなさい）」と教えたのである。

少女は急いでヘロデのもとへ行き、「今すぐに洗礼者ヨハネの首をいただきとうございます」と告げた。さすがにヘロデはためらったが、客の手前、自分の言葉を撤回することができなかった。ヘロデは衛兵を遣わして、ヨハネの首を持ってくるよう命じた。衛兵は牢のなかでその首をはねて娘に渡し、娘はそれを母へと渡したのである。

こうして洗礼者ヨハネはその生涯を終えた。そのヨハネについて、イエスはこう語っている。

「預言者以上の者である。『見よ、私はあなたより先に使者を遣わし、あなたの前に道を準備させよう』と書いてあるのは、この人のことだ。女から生まれた者のうち、ヨハネほど偉大な者は現われなかった。彼は現われるはずのエリヤである」

エリヤは『旧約聖書』に登場するイスラエル王国の預言者であるが、イエスが活動した時代、メシアに先立って再来すると考えられていた。イエスはヨハネを讃えるとともに、自身が救世主であることをも暗示したのである。

山上の説教

ガリラヤ湖畔の丘の上から信者に示された教えの骨子

◆キリスト教の核をなす言葉

　弟子を選抜し終えたイエスは、カファルナウムを拠点に宣教活動を本格化させる。「福音書」に記されたイエスの活動の主な内容は、人々を癒し、自然を操った奇跡と、多くのたとえ話を用いてわかりやすく解説した教えである。その教えの骨子が示されたのが、ガリラヤの丘の上から語られた「山上の説教」である。

　イエスの評判を聞きつけ、彼のもとには次第に多くの民衆が訪れるようになった。イエスはある日、ガリラヤ湖を一望する小高い丘の上へと人々を導き、語りかけた。

　まずイエスが説いたのは、神の国へ入るための心構えである。

「心の貧しい人は幸いである。天国はその人たちのためにある」

という言葉に始まり、悲しむ人、柔和な人、義に飢え渇く人、憐れみ深い人、心の清い人、平和をもたらす人、義のために迫害される人……。これらの資質を持つ人々こ

八福の教え(「マタイ伝より」)

現世(地上)	天の国
一、心の貧しい人々は幸いである	天の国はその人たちのものである
二、悲しむ人々は幸いである	その人たちは慰められる
三、柔和な人々は幸いである	その人たちは地を受け継ぐ
四、義に飢え渇く人々は幸いである	その人たちは満たされる
五、憐れみ深い人々は幸いである	その人たちは憐れみを受ける
六、心の清い人々は幸いである	その人たちは神を見る
七、平和を実現する人々は幸いである	その人たちは神の子と呼ばれる
八、義のために迫害される人々は幸いである	天の国はその人たちのものである

イエスによれば、現世の境遇は天の国において逆転するとされ、現世において不幸でありながら、正しい生活を送る者が天の国へと迎えられるという。

そ、神の国に入る資格のある人々であり、幸いであるとイエスは言う。

この八つの資質を「八福《はちふく》」と呼ぶ。この教えからはイエスが、現世における不幸が天国では逆転することを訴えていたことがうかがえる。

ユダヤ教の戒律となったモーセの十戒は、日常における禁止事項を記したものだ。そして、その他の律法を遵守することによって神の国へ入るとした。人々は自らの行動を律法に照らし合わせようとした結果、律法に縛られて生きることとなった。

それに対しイエスの八福は、心のあり方や生きる指針を示していることがわかる。両者とも神を求める者のあり方を描いていながら、その立場は対照的だった。

◆イエスが説いた愛の教え

続いてイエスは信徒たちに、「地の塩、世の光となるように」と述べ、世の腐敗を防ぎ、人々の導き手となることを期待したあと、これまでユダヤの人々が抱いてきた律法観を覆す教えを述べる。

十戒の「殺してはならない」という戒めに対して、「腹を立ててはならない。怒りを抱くことは心のなかで殺人を犯すことである」とし、また、「姦淫してはならない」という戒めに対しては、「淫《みだ》らな思いで他人の妻を見る者は、心のなかで姦淫したのと同じである」とした。そして、「『目には目を、歯には歯を』と教えられている。しかし、悪人に手向かってはならない。誰かがあなたの右の頰を打つなら、左の頰をも向けなさい」と、当時の常識であった復讐や償いを否定し、たとえ暴力を振るわれても非暴力を貫かなければならないと説いたのである。

その根底に流れるのは隣人愛であり、イエスは、人間を深く受け入れ、愛し、尊重し、新しい関係を築くことが神の望む生き方であると説いたのだ。

また、「施しをするときは、右手のすることを左手に知らせてはいけない」という。これは、善行をなすときは他人に自慢せずひとりで行なうように、との意味だ。当時、

イエスによる律法の完成

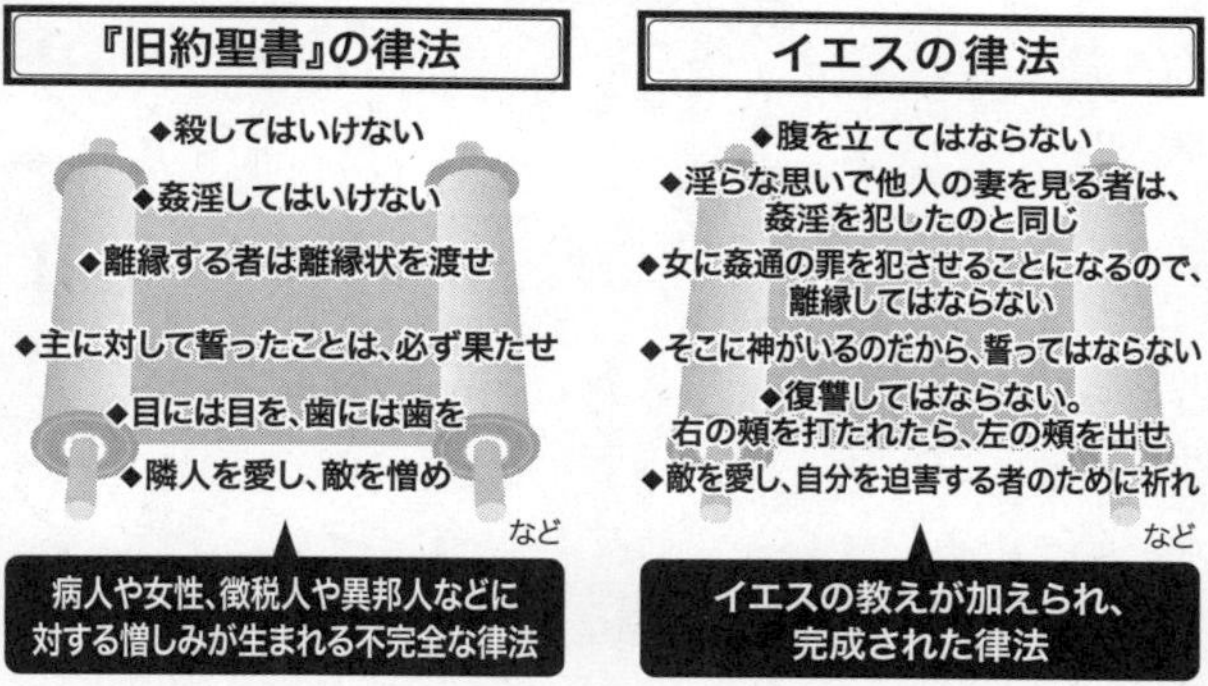

『旧約聖書』の律法
◆殺してはいけない
◆姦淫してはいけない
◆離縁する者は離縁状を渡せ
◆主に対して誓ったことは、必ず果たせ
◆目には目を、歯には歯を
◆隣人を愛し、敵を憎め
など
病人や女性、徴税人や異邦人などに対する憎しみが生まれる不完全な律法
イエスの律法
◆腹を立ててはならない
◆淫らな思いで他人の妻を見る者は、姦淫を犯したのと同じ
◆女に姦通の罪を犯させることになるので、離縁してはならない
◆そこに神がいるのだから、誓ってはならない
◆復讐してはならない。右の頬を打たれたら、左の頬を出せ
◆敵を愛し、自分を迫害する者のために祈れ
など
イエスの教えが加えられ、完成された律法

イエスは『旧約聖書』における律法に博愛の精神を加えることで、新たな律法を完成させた。

ファリサイ派や律法学者は献金や祈りを盛んに行なったが、その行為を他人に見せつける者もいた。それへの批判でもあった。

そしてイエスは「人を裁くな。あなたがたも裁かれないようにするためである」と、自分の罪にも気づかず、人を裁くことを強く嫌悪した。人間を真に裁くことができるのは神だけなのである。

ただし、イエスはこれまでの律法を否定しているわけではない。「私が来たのは、律法や預言者を廃止するためではなく、完成するためである」と語っている。イエスは独自の愛の教えを厳格な従来の律法にブレンドすることで、律法を生きた教えとして結実させようとしたのである。

サマリアの女と百人隊長

メシアの来訪を望む異邦人に差別なく広められたイエスの福音

◆ユダヤ人に憎まれた人々

ある日、イエスはサマリア人が暮らすシカルという町に立ち寄り、近くにあった井戸の傍らに腰かけた。そこにサマリア人の女性が水を汲みにやってきたので、イエスは「水を飲ませてくれませんか」と声をかけた。するとその女性は「あなたはユダヤ人なのに、どうしてサマリアの女の私に頼むのですか」と驚きの表情を浮かべる。

じつは当時、ユダヤ人とサマリア人は敵対関係にあった。サマリア人はアッシリアに滅ぼされたイスラエル王国の末裔《まつえい》とされるが、アッシリアの政策によって入植してきた異邦人と混血して生まれた人々で、純潔をよしとするユダヤ人は、彼らを徹底して軽蔑していた。しかも、サマリア人はゲリジム山を聖所と崇めて祭祀を行ない、エルサレム神殿を否定していた。紀元前五一五年の頃、ユダヤ人がエルサレム神殿を再建しようとした際には、サマリア人がそれを妨害したという因縁もあった。

そんなサマリアの女性に対し、イエスは彼女にかつては夫が五人いたこと、今一緒に暮らすのはその夫たちではないことなどを言い当ててみせた。感嘆した女性は「私はいつか来るメシアを待っているのです」と言った。するとイエスは「メシアはもう来ている。それがあなたと話している私だ」と告げた。その後、この女性がイエスのもとにほかのサマリア人を連れてくると、みなイエスが神の子であることを信じた。

また、イエスがガリラヤ湖畔のカファルナウムにあったときのことである。当時、ユダヤはローマの支配下にあり、ガリラヤにもローマ兵が駐留していた。その部隊の最小単位の長である百人隊長も、支配の象徴としてユダヤ人から憎しみを抱かれていた。

その百人隊長がある日、イエスのもとにやって来た。そして部下のひとりが中風で苦しんでいる、治してくれないかと願い出たのである。イエスはすぐに承諾し、百人隊長の家へ向かおうとしたが、異邦人の家を穢《けが》れていると見るユダヤ人の思想を理解していた百人隊長は、これを遠慮した。するとイエスはこの隊長に感心し、「あなたの信じたとおりになる」と宣告。部下を癒したのである。

このふたつのエピソードは、イエスが救いの手をユダヤ人だけでなく、ユダヤ人が忌み嫌う異邦人にまで差し伸べていたことを示している。

癒しの奇跡

罪人とみなされた病人たちを救ったイエスの癒し

◆成就される古の預言者の言葉

イエスの奇跡として、四つの福音書が数多く伝えているのが、病の癒しと悪霊祓いのエピソードである。

イエスがカファルナウムにあって人々に教えを説いていたときのこと。そこへ中風を患う男性が担架《たんか》に担がれてやってきたのだが、あまりの群衆の多さに家のなかへ入ることができなかった。そこで仲間たちは担架ごと屋根に上げて、瓦をはずし、そこからイエスの前に担架を下ろしたのである。イエスはひと目見るなりすべてを悟り、「あなたの罪は赦された」と伝えると、「起き上がり、床を担いで家に帰りなさい」と告げたのだ。すると男は立ち上がり、担架を持って家に帰っていったという。

また、障害を持つ人々に対してもイエスは救いの手を差し伸べた。

「ヨハネによる福音書」によれば、あるとき、イエスが道を歩いていると、生来の盲人が物乞いをしていた。弟子たちはその姿を見て「先生、盲目で生まれたのは誰の罪によるものでしょうか。この人か、それともその両親でしょうか」と聞いた。イエスは、「この人が罪を犯したのでも、両親でもない。神の御業がこの人のうえに現われるためである」と答える。やがて奇跡がその人に起こり、そのとき神の栄光が示されるというのだ。

イエスは地面につばを吐いて、泥を練った。そしてそれを盲人の目に塗ると、「シロアムの池で洗いなさい」と告げた。盲人が言われた通りにエルサレムにあるシロアムの池で洗い流すと、なんと目が見えるようになったのである。

さらにイエスは、病や障害のほかに悪霊に憑《つ》かれた多くの人を助けた。ガダラに至ったとき、数多《あまた》の悪霊にとり憑かれ、墓場に住んでいる男に出会った。悪霊たちはイエスにすぐに気づいて「神の子よ」と呼びかけた。自分たちを祓うなら、豚の群のなかに入れるよう依頼してきたのである。イエスがその悪霊たちを取り除くと、それらは近くにいた二千匹の豚のなかに入った。すると豚は一斉に湖へと向かい、溺れ死んだ。

そのほかにもイエスは数々の悪霊祓いを行なったが、その方法についてファリサイ派との間で論争が起こっている。彼らはイエスが悪魔の頭ベルゼブルの力を借りていると言いがかりを付けたのである。これに対し、イエスは、それは悪魔同士の内輪もめであり、成立しないと一蹴している。

なぜ病人が救われたのか？

当時のユダヤ社会は律法を遵守しない者を罪人扱いしていた。とはいえ、貧困や無学により律法を守れない人は決して少なくなかったし、なにより途方もない数の律法が生活をがんじがらめにしていた。

人々は自分が罪人となることへの恐怖から、律法を固く守った。そのため心因性の病気に罹《かか》る人も少なくなかった。悪霊憑きについては、こうした心的ストレスに基づくものと考える人も少なくない。加えて、盲人に出会ったときの弟子たちのように、ユダヤ人は、病さえも罪の穢れの表われだと考えていた。そこでイエスは、彼らを癒すことで、罪人であるというトラウマを抹殺し、社会復帰を成し遂げさせたのである。

イエスの活動は、差別を生み出すユダヤ社会の矛盾や欺瞞《ぎまん》を露呈させた。イエスの奇跡が内包するその意味に気づいたユダヤ教の有力者たちは、自分たちの特権が奪われる危機感を覚え、イエスの存在を異端と位置づけ、排除しようとしたのである。

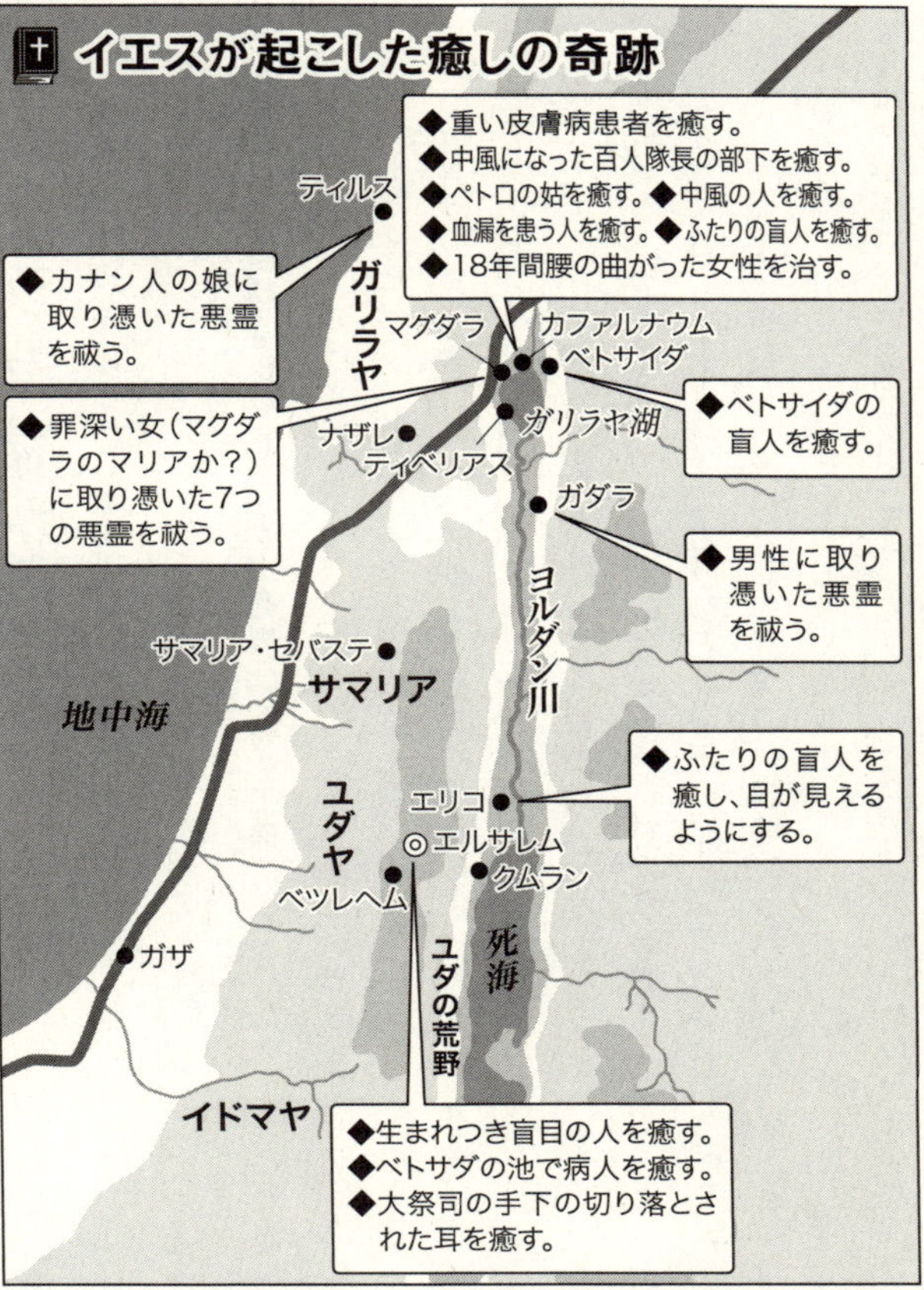
イエスが起こした癒しの奇跡
◆重い皮膚病患者を癒す。
◆中風になった百人隊長の部下を癒す。
◆ペトロの姑を癒す。◆中風の人を癒す。
◆血漏を患う人を癒す。◆ふたりの盲人を癒す。
◆18年間腰の曲がった女性を治す。
ティルス
◆カナン人の娘に取り憑いた悪霊を祓う。
ガリラヤ
マグダラ
カファルナウム
ベトサイダ
◆罪深い女（マグダラのマリアか？）に取り憑いた7つの悪霊を祓う。
ナザレ
ガリラヤ湖
ティベリアス
◆ベトサイダの盲人を癒す。
ガダラ
◆男性に取り憑いた悪霊を祓う。
ヨルダン川
サマリア・セバステ
サマリア
地中海
◆ふたりの盲人を癒し、目が見えるようにする。
ユダヤ
エリコ
エルサレム
クムラン
ベツレヘム
死海
ユダの荒野
ガザ
イドマヤ
◆生まれつき盲目の人を癒す。
◆ベトサダの池で病人を癒す。
◆大祭司の手下の切り落とされた耳を癒す。

イエスがもっとも多く見せたのが癒しの奇跡である。ガリラヤ各地において人々の障害を治し、また悪霊を祓った。その名声は高まる一方であったが、律法の権威の上に立つユダヤ教の指導者層は危機感を募らせていった。

ガリラヤ湖を歩く

自然の摂理を覆すことで示された神の力とメシアとしての証

◆嵐を収め、食糧を増やし、湖上を歩いたイエス

イエスが起こした奇跡は、大きくふたつに分けられる。まずは前述の癒しの奇跡。そしてもうひとつがカナの婚礼で見せたような、自然の摂理を操る奇跡である。

カファルナウムにあったイエスが、弟子たちと舟に乗ってガリラヤ湖を渡ろうとした時のことである。突然、激しい暴風雨が舟を襲った。しかしイエスは、静かに眠っている。弟子たちがイエスに「主よ、助けてください。溺れるかもしれません」と言った。目覚めたイエスが立ち上がり、嵐を叱ると、風はぴたりと収まった。

またイエスはガリラヤ湖上でもうひとつ奇跡を起こしている。群衆への説教を終えたイエスは、先に弟子たちを舟に乗せて、次の目的地であるベトサイダ方面へ向かわせると、自分は神に祈りを捧げるため山へと入った。

イエスが戻らないまま夜中になってしまったので、舟は岸からかなり離れていた。ふ

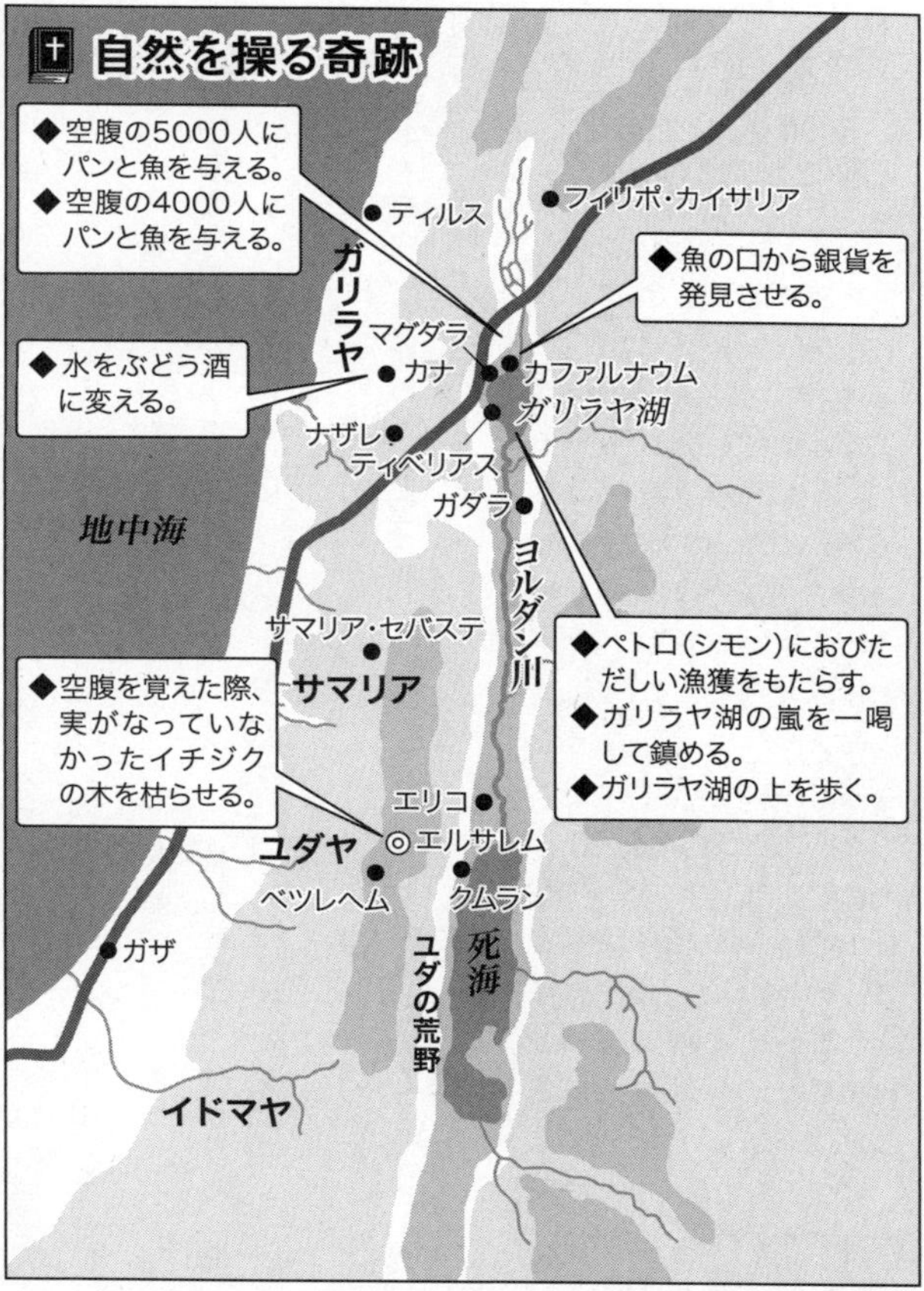

自然を操る奇跡
◆空腹の5000人にパンと魚を与える。
◆空腹の4000人にパンと魚を与える。
ティルス
フィリポ・カイサリア
◆魚の口から銀貨を発見させる。
ガリラヤ
マグダラ
◆水をぶどう酒に変える。
カナ
カファルナウム
ガリラヤ湖
ナザレ
ティベリアス
ガダラ
地中海
ヨルダン川
サマリア・セバステ
サマリア
◆ペトロ（シモン）におびただしい漁獲をもたらす。
◆ガリラヤ湖の嵐を一喝して鎮める。
◆ガリラヤ湖の上を歩く。
◆空腹を覚えた際、実がなっていなかったイチジクの木を枯らせる。
エリコ
ユダヤ
エルサレム
ベツレヘム
クムラン
ガザ
ユダの荒野
死海
イドマヤ

イエスは湖の上を歩いたり嵐を鎮めるなど、自然の摂理を覆す数々の奇跡を起こした。それを目の当たりにした人々に、神とともにあることを示すためであった。

と夜明け前、弟子たちが湖の上を移動する影を発見する。弟子たちは「幽霊だ……」と慌てたが、その影は「恐れるな、私だ」と言った。なんとイエスは湖の上を歩いていたのである。するとペトロが、「私も水の上を歩いて主のもとに行かせてください」と、舟から降りて湖の上を歩き始めた。だが、すぐに恐怖に満たされ体が沈み、溺れてしまう。イエスは「なぜ疑ったのか」とペトロを叱責しながら、手を差し伸べ、ともに舟へと乗り込んだのだった。

こうした数々の奇跡は、神の子イエスとともにある証であったが、弟子たちはそれに気付かず、動揺するばかりであった。

✝聖書ミニエピソード✝

5000人の空腹を満たしたパンと魚

イエスが人里離れた場所で群衆に教えを説いていたときのこと。

やがて夕暮れになり、人々は空腹を覚えたが、そこにはパンを買う場所もなかった。イエスが弟子になにを持っているかと尋ねると、弟子は「5つのパンと魚2匹」と答えた。するとイエスは天を仰いで祈りを唱え、パンを裂いて弟子たちに渡した。

弟子たちがこれを人々にわけ与えていくと、配っても配っても、パンと魚は尽きることがなく、なんと全員に行きわたったのである。その数は男性だけで5000人に上ったという。

イエスを頂点とした群衆が皆でパンを食べることは、命の分かち合いを意味するという。のちにこれはキリスト教の儀式となっていった。

ナザレの人々

奇跡のみを期待し、イエスの教えを聞き入れなかった故郷の人々

ガリラヤの町々を歩きながら、革命的な教えを伝えるイエスは、多くの町で歓迎されたが、故郷ナザレでは違った。

その日、ナザレの会堂には、イエスをひと目見ようと人々が大勢集まっていた。イエスは「イザヤ書」のメシアの到来を告げる部分を読み上げると、「たった今、聖書の言葉が実現した」と語った。これは自らがメシアであるとの宣言だった。しかし人々は、期待していた奇跡を起こさなかったことに憤り、「この人は大工ヨセフと母マリアの子だ。それなのになぜこんな大それたことを言うのか」と、口々に罵《ののし》った。そしてイエスを崖まで連れて行き、突き落とそうとしたのである。イエスは彼らの間をすり抜け、「預言者は故郷では歓迎されない」という言葉を残し、故郷を去ったのだった。

イエスが故郷で奇跡を起こさなかったのは人々の信仰心のため。イエスの奇跡は魔術の類ではなく、信仰ある者のみが直面できるのである。

善きサマリア人

隣人愛の本質を説いた最も有名なたとえ

◆隣人とは誰か？

イエスはその教えを人々に伝えるとき、よくたとえ話を用いた。なかでも有名なのが「善《よ》きサマリア人」のたとえである。

あるとき、イエスとひとりの律法学者が永遠の命を得る方法について議論していた。イエスが、神を愛し、隣人を自分のごとく愛するよう促したところ、律法学者は、「では、隣人とは誰でしょうか」と尋ねた。そこで、イエスはこんなたとえ話をはじめた。

エルサレムからエリコへ下る道で、ユダヤ人の旅人が追いはぎに襲われ、道端に倒れていた。そこを通ったユダヤ教の祭司は、旅人に関わることを避けて道の反対側へ移り、去って行った。次に通りかかったレビ人も、同じ行動を取った。

三番目に通りかかったのが、ユダヤ人と確執を持つサマリア人である。だがこのサマリア人は、倒れているユダヤ人の旅人を憐れみ、傷の手当てをし、ロバに乗せて宿屋で介抱した。そのうえ、翌日出立する前に宿屋の主人にお金を渡して、旅人の世話をしてくれるよう頼み、もしお金が足りなければ後日、払いに来るとも告げたのである。

語り終えたイエスは問う。「このなかで、旅人の隣人となったのは誰か」。律法学者は、「サマリア人です」と答えた。

この答えは、困った人を助けるという隣人愛と、そのさいの「隣人」とは人生の重荷をともに背負うことのできる人であることを説いている。隣人とは社会的に定められたものではない。宗教や人種の垣根を越えた枠組みのなかで得られるものだと説いたのである。

✝聖書ミステリー✝

なぜイエスはたとえ話を用いたのか？

「善きサマリア人」のたとえのように、イエスは人々が親しみやすいたとえ話を用いてその教えを伝えた。その数は「福音書」のなかだけで約50に及ぶ。

それはなぜだったのだろう。イエスはその理由を、人々が「見ても見ず、聞いても聞かず、理解できないからだ」と述べている。イエスの説話を聞く人は弟子だけでなく老若男女、裕福な者から貧困者までと非常に幅広かった。なかには当然、十分な教育を受けていない人もいる。抽象的で難解な教義をいくら伝えても、人々の心に届かない。イエスは日常の日々の経験や逸話を豊富に取り入れることで、より多くの人々に理解してもらおうとした。そのわかりやすい説話がイエスの人気を高めたのである。

放蕩息子のたとえ

罪人の悔い改めを受け入れる神の無限の愛

◆不肖の息子はなぜ許されたのか？

「放蕩《ほうとう》息子」という有名なたとえ話がある。

ある裕福な農民にふたりの息子がいた。ある日、弟が「私がいずれもらえる財産を、今いただけませんか」と申し出ると、父はそれを許した。財産を手にすると、弟は家を出て行った。だが弟は、遠い異国の地で放蕩の限りを尽くしたあげく、お金を使い果たして父のもとへ戻ってきた。

息子が家の近くまでたどり着くと、父は息子を見つけて駆け寄り接吻した。

「私は間違っていました。息子と呼ばれる資格はありません。どうか私を雇ってください」

放蕩の限りを尽くした息子が父に泣きつくと、父は責めることもなく、新しい衣服を与えて「一番肥えた子牛を食べなさい。宴会をしよう」と言った。

畑仕事から帰ってきた兄はその様子を見て「毎日、傍で一生懸命働く私には何もくれないのに」と訴えた。彼は弟が出て行ってからも毎日畑の仕事に従事してきたのだ。すると父は「お前はいつも私と一緒にいる。私のものはすべてお前のものだ。だが、今日、死んだと思っていた弟が生き返ったのだから喜ぶのは当たり前だ」と答えた。

ここでは弟は罪人を、兄は神の傍にいながらその慈愛を理解できない偽善者を表わす。そして父は神を表わし、悔い改めた罪人を温かく迎えている。

イエスは、たとえ悪に手を染めても心から悔い改めれば赦されると、神の愛と寛容を説くのである。

✝聖書ミニエピソード✝

失われた羊と銀貨のたとえ

「放蕩息子」のたとえのように、「失われたものが再び見出される」物語のなかで、神の愛の大きさを示すたとえは、ほかに「失われた羊のたとえ話」と「失われた銀貨のたとえ話」がある。

前者は、100匹の羊のうち1匹が迷子になった際、羊飼いは一生懸命その羊を探し、発見したときには大喜びするというもの。また後者は、貧しい女性が10枚の銀貨を持っていたが、そのうちの1枚をなくしてしまった。それを探し、ついに見つけるとやはりとても喜んだという内容だ。

これらのたとえは99人の正しい人よりも、ひとりの罪人が悔い改めることが、神にとっては大きな喜びであることを示している。

十人の乙女のたとえ

信仰を見失わないよう、日頃の心構えが大事だと説くたとえ

◆形式的な信仰の無意味さ

イエスは日々の生活を送る心構えについて、花婿が花嫁とその家族を招き、一週間にわたり宴会をして結婚を祝うという当時の習慣を引用して、以下のようなたとえ話を語った。

ある日、結婚式をまもなく迎える十人の乙女が、灯を持って花婿が来るのを待っていた。乙女たちのうち五人は賢く、五人は愚かだった。

賢い乙女たちは、火を灯すのに使う予備の油を十分に持っていたが、愚かな五人は持っていなかった。

その後、花婿の到着が遅れたために娘たちは眠り込んでしまう。そして「花婿が来る」と告げられたとき、灯の油は尽きていた。賢い五人の乙女たちはすぐに予備の油を使った。

一方、愚かな五人の乙女たちは慌てて油を買いに走ったが、戻ってきたときには宴会の戸は閉められてしまっていた。

イエスはこの説話のあと「だから目を覚ましていなさい」と言った。これは心の目を覚ましていなさい、との意味である。

愚かな乙女たちは形式的に物事をそろえただけで、本当に必要なものを準備しなかった。

信仰に対する心構えも同じである。神の国に入るために重要な自分の信仰心をよく吟味し、いつ神の国が到来してもいいように日々を過ごさなければならないのである。

✝聖書ミニエピソード✝

種をまく人のたとえ

「種をまく人」のたとえも、日々の暮らしの心構えを説く。

秋になると、農民により畑に種がまかれる。その種のいくつかは硬い道端に落ちて、鳥に食べられてしまった。またある種は、柔らかい土の上に落ち、芽が出たものの根が貧弱で、すぐ枯れてしまった。ある種は茨の間に落ち、茨に空を塞がれて伸びることができなかった。そして肥えた土に落ちた種だけが豊かな実を結んだ。

道にまかれた種は悟らない人、柔らかい土に落ちた種は神の言葉を表面だけ解釈する人、茨の間の種は神の言葉は聞いても富という欲求に心を捉われた人、そして最後は悟りを得た人を指す。これは、神の言葉が実を結ぶか否かはその人の心次第であることを説いているのだ。

マグダラのマリアと女性信者たち

イエスの処刑と復活に立ち会い、聖人に列せられた女性信者

◆マグダラのマリア

イエスに従った信徒のなかには多くの女性たちの姿もあった。そんな女性信者のひとりにマグダラのマリアと呼ばれる女性がいる。

この女性の故郷とされるマグダラの町は、ガリラヤ湖畔の町のひとつで、ローマ軍には生活必需品や娯楽を提供し、ユダヤの上流階級にとっては豪勢な別荘地となっていた。

マグダラのマリアはそんな町の娼婦であったともいわれるが、定かではない。イエスがガリラヤのとある町で会食しているときに、「罪深い女」として現われ、イエスの脚に泣きながら接吻して香油を塗った女性といわれる。

また、「ルカ伝」では七つの悪霊をイエスに祓ってもらったとされ、以後、イエスに従うようになった人物とする。

こうした聖書の記述から、マグダラのマリアは娼婦であり、のちにカトリックにおいて改悛した娼婦の守護聖人とされている。ただし、近年よく言われる「イエスと結婚していた」「イエスの子を身籠った」などとする説については、根拠となるものは存在しない。

とはいえ、イエスに大変近い信徒であったことは間違いない。やがて、イエスが十字架に磔《はりつけ》にされたときも、マグダラのマリアはイエスの最期の瞬間まで見届け、埋葬を見守った。そしてイエスの復活という奇跡に、最初に立ち会うのである。

マグダラのマリアが十字架に架けられるイエスを見ていたとき、そのそばにあったのは、「十二使徒」と呼ばれたペトロら直弟子たちではなく、彼女のような女性信徒たちであった。

『改悛するマグダラのマリア』（ティッツィアーノ／ウフィツィ美術館）。イエスに従った女性信者の中心的存在といわれるマグダラのマリア。

◆蔑視されていたユダヤの女性

イエスが宣教を行なっていた当時のユダヤの女性たちは、男性より一段低い存在とされ、社会的地位も低かった。女性というだけで罪深い存在とされ、神殿の奥の院に入ることもできなかったし、月経の血は穢《けが》れたものとされて、その間は神殿に足を運ぶことまでも禁じられた。

さらには夫の意思による一筆により、簡単に離婚された。

だがイエスは、こうした女性差別を意に介さなかった。当時にあっては大変珍しく、男女平等の考えを持ち、女性にも積極的に救いの手を差し伸べ、癒していった。

サマリアの女にも抵抗なく教えを述べ、また、ベタニアのマルタとマリアの家にもよく立ち寄っていたのはその証拠ともいえよう。

こうしたイエスの周囲には、その教えに惹かれ救われた女性たちが数多くつき従い奉仕していたようである。

彼女たちは、マグダラのマリアやイエスの母マリアを中心に、それぞれの財産や持ち物を出し合ってイエスに仕えていたという。

イエスに従った女性信者

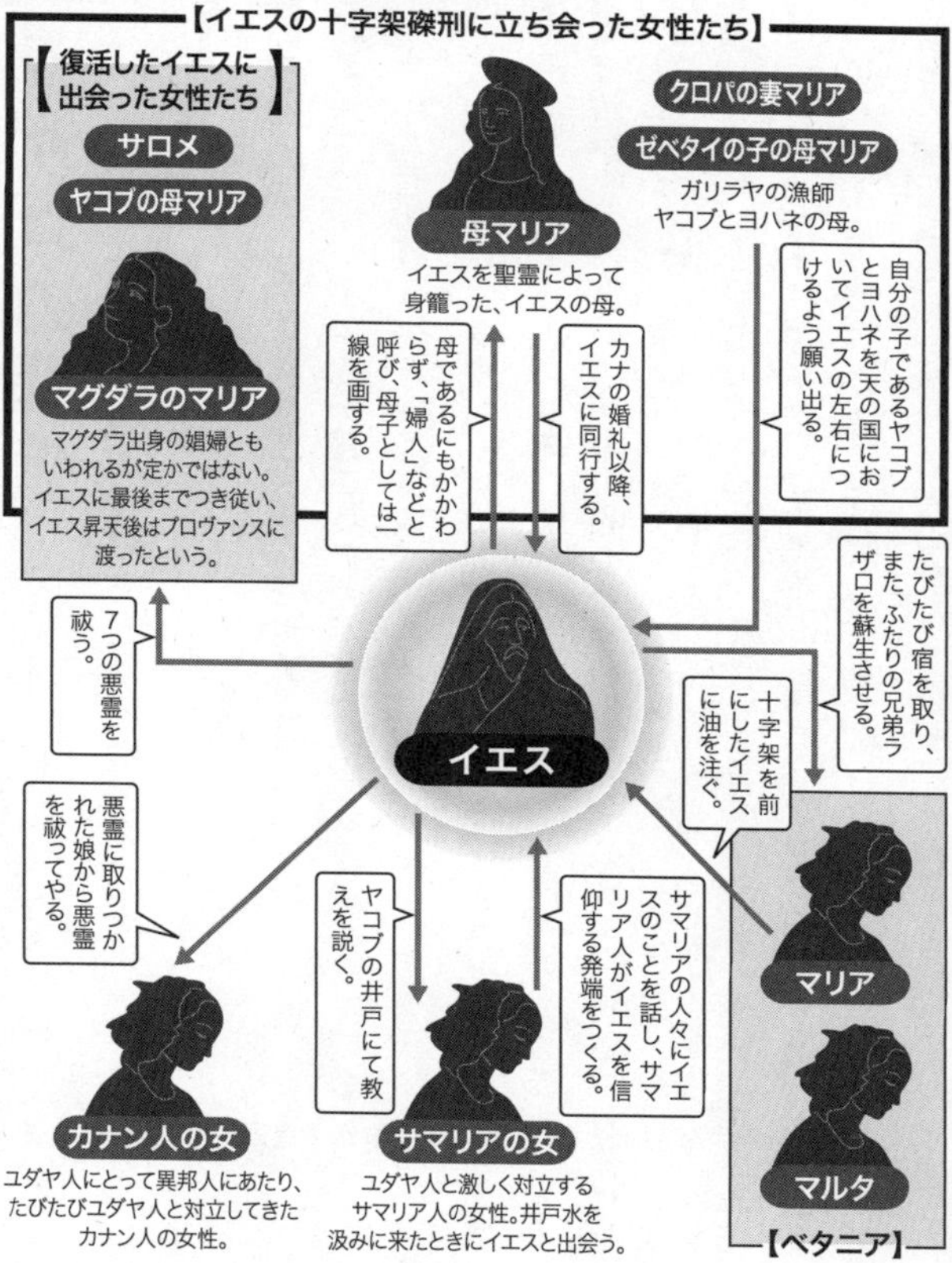
【イエスの十字架磔刑に立ち会った女性たち】
【復活したイエスに出会った女性たち】
サロメ
ヤコブの母マリア
マグダラのマリア
マグダラ出身の娼婦ともいわれるが定かではない。イエスに最後までつき従い、イエス昇天後はプロヴァンスに渡ったという。
母マリア
イエスを聖霊によって身籠った、イエスの母。
クロパの妻マリア
ゼベダイの子の母マリア
ガリラヤの漁師ヤコブとヨハネの母。
自分の子であるヤコブとヨハネを天の国においてイエスの左右につけるよう願い出る。
カナの婚礼以降、イエスに同行する。
母であるにもかかわらず、「婦人」などと呼び、母子としては一線を画する。
イエス
7つの悪霊を祓う。
たびたび宿を取り、また、ふたりの兄弟ラザロを蘇生させる。
十字架を前にしたイエスに油を注ぐ。
悪霊に取りつかれた娘から悪霊を祓ってやる。
ヤコブの井戸にて教えを説く。
サマリアの人々にイエスのことを話し、サマリア人がイエスを信仰する発端をつくる。
マリア
マルタ
【ベタニア】
カナン人の女
ユダヤ人にとって異邦人にあたり、たびたびユダヤ人と対立してきたカナン人の女性。
サマリアの女
ユダヤ人と激しく対立するサマリア人の女性。井戸水を汲みに来たときにイエスと出会う。

イエスは当時の女性蔑視の価値観にとらわれず、女性たちにも分け隔てなく接した。そんなイエスの宣教活動は女性たちによって支えられていたともいえる。

ラザロの蘇生

ベタニアの姉妹の信仰が実現させた死者蘇生の奇跡

◆厚い信仰心が、死んだ兄弟を復活させた

「ヨハネ伝」には、イエスが起こした死者蘇生の奇跡が記されている。

エルサレム近郊の町ベタニアには、イエスと親しいマルタとマリアの姉妹が暮らしていた。このふたりにはラザロという兄弟がいたが、あるとき、病に侵され危篤に陥ってしまう。姉妹はエルサレムにあったイエスに使いを出して急を告げたが、イエスは「この病気は致命的ではない。神の栄光のためのものである」と述べて二日後に出発。ベタニアに到着したのは、その四日後のことであった。

しかし、イエスが到着したときには、すでにラザロは死に、墓に埋葬されてから四日が経っていた。人々は悲しみ、「イエスでも救えなかったのか」と嘆いていた。

するとイエスは、「あなたの兄弟は蘇《よみがえ》る。私を信じる者は、たとえ肉体が死んでも生きるのだ。生きて私を信じる者の魂は、決して死ぬことはない。このことを信じる

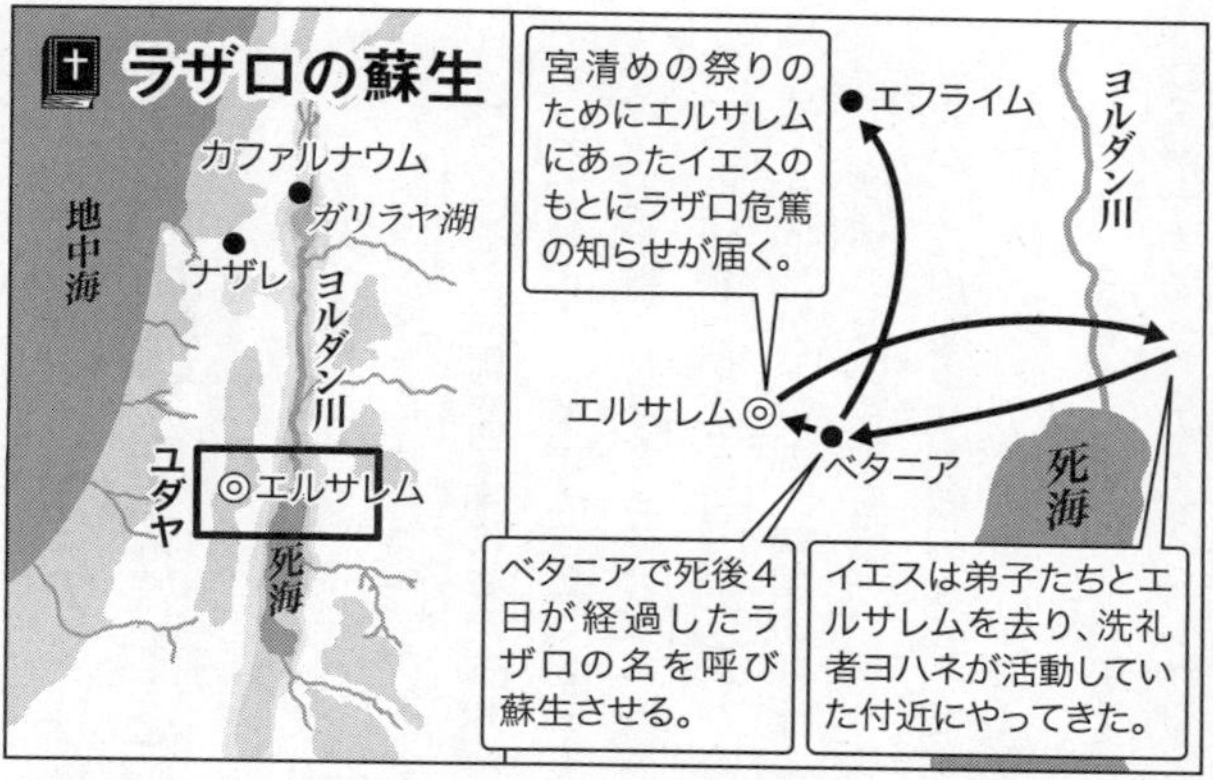
ラザロの蘇生
カファルナウム
ガリラヤ湖
地中海
ナザレ
ヨルダン川
ユダヤ
◎エルサレム
死海
宮清めの祭りのためにエルサレムにあったイエスのもとにラザロ危篤の知らせが届く。
エフライム
ヨルダン川
エルサレム
ベタニア
死海
ベタニアで死後４日が経過したラザロの名を呼び蘇生させる。
イエスは弟子たちとエルサレムを去り、洗礼者ヨハネが活動していた付近にやってきた。

イエスはラザロの急を聞くと、ベタニアに駆け付け蘇生の奇跡を起こす。ただし、この一件によりユダヤ教指導者層からの危険視が決定的となる。

か」とマルタに言った。マルタは「はい。主よ、あなたが世に現われるはずの神の子、メシアだと私は信じています」と淀みない信仰心をもって答えた。

イエスはラザロが葬られた墓の前にやってくると、「ラザロ、出て来なさい」と声をかけた。

すると、手と足を包帯で巻かれたままのラザロが墓から出てきたのだった。

この出来事を見たユダヤ教の指導者層やファリサイ派の人々は、危機感を抱いた。このままにしておけば、人々が彼を信じ、イエスを立てて反ローマに立ち上がるだろうと考えたのだ。こうして、彼らはイエスの殺害を考えるようになったという。

Column
コラム

なぜアメリカ大統領は聖書に手を置いて宣誓するのか？

日本では一般に、政教分離は「政治や政府」と「宗教」との関係を断ち切るためのもので、両者は関係を持ってはならないかのように考えられています。

一方、この原則を日本にもたらした、あるいは強制させた当のアメリカでは、日本では考えられないような政治と宗教の密接な関係が見られます。というより、アメリカ社会は日本的な政教分離の考えからすれば「政教一致」とさえも言えるような、宗教、とくにキリスト教との関係が、いたるところで見られます。

たとえば、アメリカ大統領の就任式ですが、新大統領はキリスト教の聖典、聖書に手を置いて、関係の深い牧師を選び、その牧師に向かって宣誓します。政教分離の先生であるアメリカが、このような宗教的な儀礼を、大統領就任式という、いわば最も大事な政治の場面で行なうというのは、いったいどういうことなのでしょうか？

じつは、日本とアメリカの政教分離はかなり異なるのです。日本では、第二次大戦後、「政教分離」をアメリカから「押しつけられた」とき、多くの人は困惑しながらも、受け入れたのです。それは、戦前の日本社会の政治と宗教の関係への反省からです。

戦前の日本は、狂信的とも言える神道国家（この場合は「国家神道」と呼ばれる近代神道）でした。日本は「神の国」と考えられており、この価値観で統一されていました。しかし敗戦で、日本人は神道主義の暴走にとことん懲りたために、宗教と一切関わりのない政治・政府のあり方として、「政教分離」を解釈し、受け入れたのです。少なくとも、民間レヴェルでは、そのように考えられます。

しかし、アメリカは異なります。アメリカは、ヨーロッパという旧大陸において、国家によって信仰を抑圧された人々が、その信仰の自由を求めて開いた国です。彼らは、国から特定の信仰を強制されたり、あるいは弾圧されることを嫌い、故郷を捨て、自由を求めてアメリカを建設しました（実際は、奪い取ったとも言えますが）。ゆえに、アメリカ建国の精神は、それぞれのキリスト教信仰を保障するという「信仰の自由」が根本にあります。その精神は今も殆ど変わりません。ですから、アメリカは世界でも稀な、宗教国家といえるのです。

また、アメリカの政教分離は、「政府」と「特定の教会」との分離、という意味での「政教分離」なのです。政治と宗教が分離される、関わりを持たないという日本的な意味での「政教分離」ではないのです。アメリカは、信仰する宗教・宗派の自由のために建国されたのですから、これは当然のことと言えるでしょう。

第2部 『新約聖書』

——第8章——

イエスの受難物語

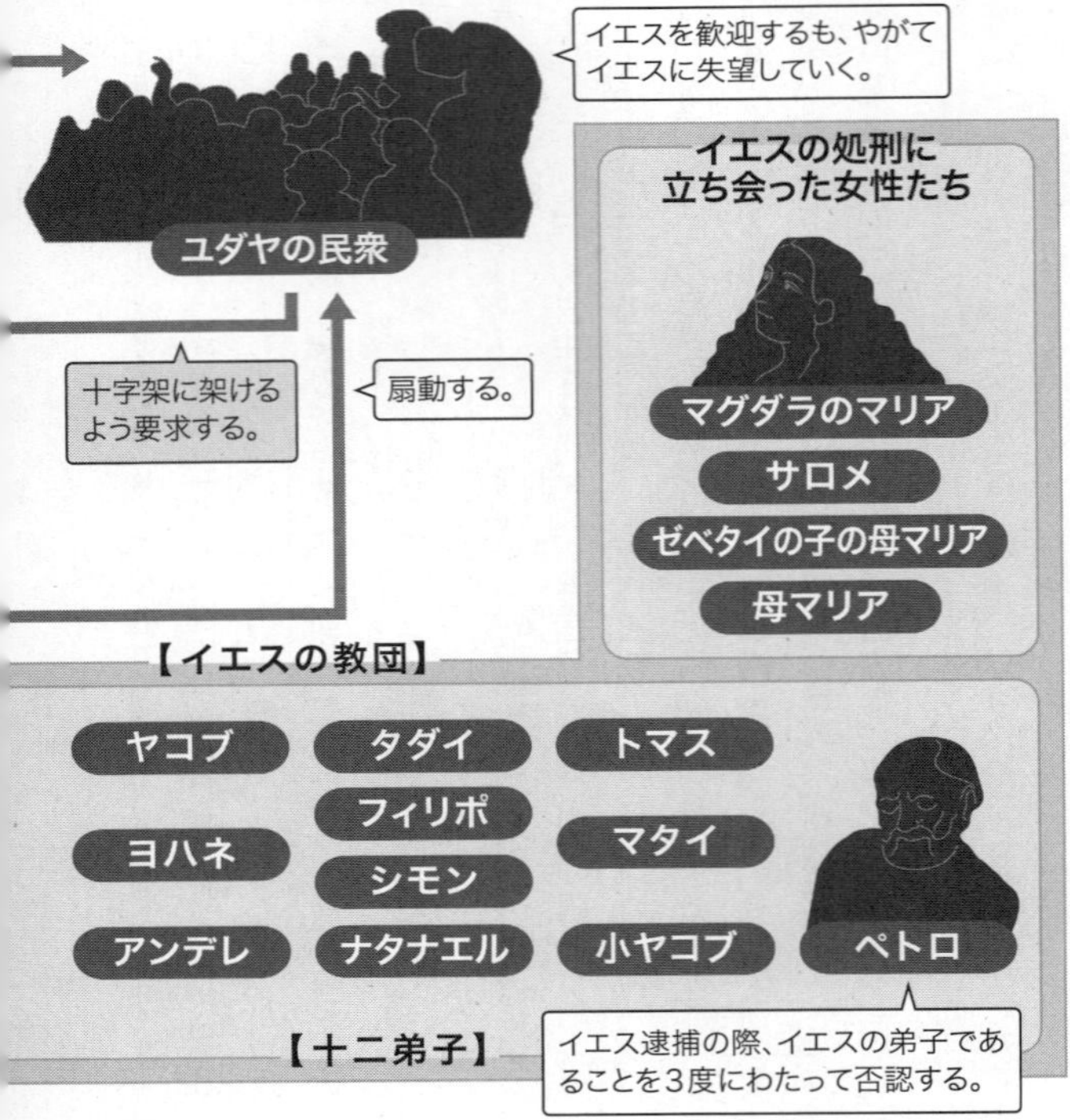
イエスを歓迎するも、やがてイエスに失望していく。
ユダヤの民衆
十字架に架けるよう要求する。
扇動する。
イエスの処刑に立ち会った女性たち
マグダラのマリア
サロメ
ゼベタイの子の母マリア
母マリア
【イエスの教団】
ヤコブ
タダイ
トマス
フィリポ
ヨハネ
マタイ
シモン
アンデレ
ナタナエル
小ヤコブ
ペトロ
【十二弟子】
イエス逮捕の際、イエスの弟子であることを3度にわたって否認する。

第8章の相関図

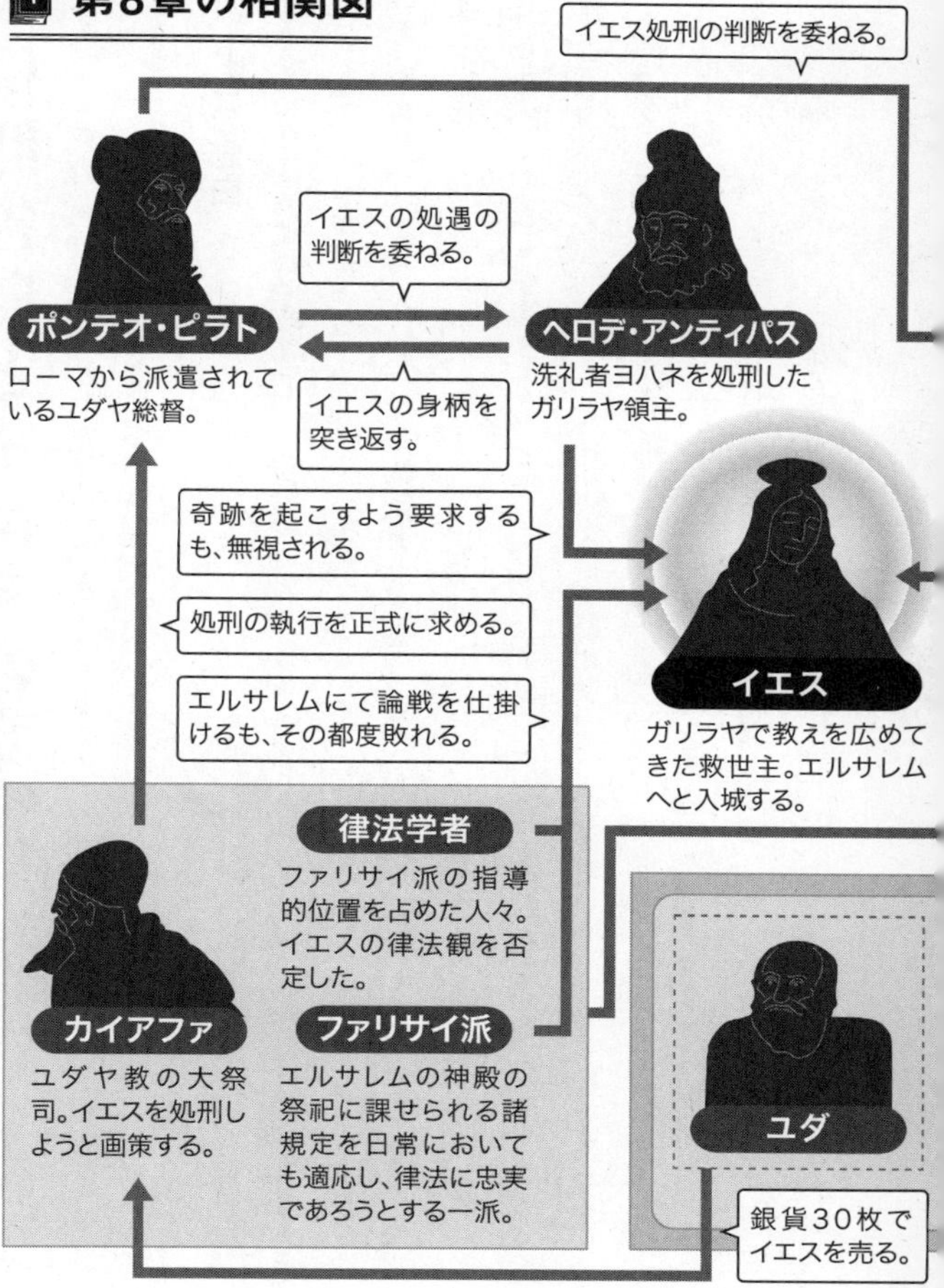
イエス処刑の判断を委ねる。
ポンテオ・ピラト
ローマから派遣されているユダヤ総督。
イエスの処遇の判断を委ねる。
イエスの身柄を突き返す。
ヘロデ・アンティパス
洗礼者ヨハネを処刑したガリラヤ領主。
奇跡を起こすよう要求するも、無視される。
処刑の執行を正式に求める。
エルサレムにて論戦を仕掛けるも、その都度敗れる。
イエス
ガリラヤで教えを広めてきた救世主。エルサレムへと入城する。
律法学者
ファリサイ派の指導的位置を占めた人々。イエスの律法観を否定した。
カイアファ
ユダヤ教の大祭司。イエスを処刑しようと画策する。
ファリサイ派
エルサレムの神殿の祭祀に課せられる諸規定を日常においても適応し、律法に忠実であろうとする一派。
ユダ
銀貨30枚でイエスを売る。

信仰告白とイエスの変容

ペトロの信仰を確認したイエスが予告した死と復活

◆ペトロの告白

ガリラヤを中心に活動するイエスの評判がユダヤ中に広まるなか、イエスは弟子たちとともに、フィリポ・カイサリアへと向かう。そこでイエスは弟子たちに「私は何者だ」と尋ねた。「ある人は蘇った洗礼者ヨハネ、またある人は預言者だと言っています」と弟子は答えた。イエスは「では、あなたたちは私を何者だと思うのか」と聞いた。するとペトロが「あなたはメシア、生ける神の子です」と述べた。イエスへの深い理解と信仰を厳粛に表明したペトロに、イエスは「あなたはペトロ、岩だ。私はこの岩の上に教会を立てる。あなたに天国への鍵を預ける」と、信仰を讃えた。

そしてイエスはこう告げた。自分はこれからエルサレムに行き、長老や祭司長、律法学者から苦しめられて殺される、そして三日目に復活する、と。

これを聞いたペトロは慌てて、「そんなことがあってはなりません」と諫めた。する

『天国の鍵をペトロに渡すキリスト』（ペルジーノ／システィーナ礼拝堂）。イエスはペトロの信仰を讃え、天国の鍵を渡す。これはのちに、ペトロの教会の後継たるローマ法王だけが、天国の門を開けられる、と解釈された。

と、イエスは「サタンよ、引き下がれ。あなたは私の邪魔をする者。神のことを思わず、人間のことを想っている」と一喝。それは、茨の道を行かねばならないイエスの覚悟を妨げる誘惑に等しかったのだ。

それから六日後、イエスはペトロ、ヤコブとヨハネ兄弟を連れて高い山に登った。するとイエスの顔が太陽のごとく輝き出した。ペトロらが驚くなか、モーセとエリヤが現われ、イエスと語り合ったのである。やがてこの不思議な現象が終わると、イエスは自分が復活するまでこのことを誰にも話してはならないと、弟子たちに告げた。

エルサレムへの旅

教えを理解しない弟子たちを諭し続けたイエスの最後の旅

◆的外れな弟子たちの口論

イエスはガリラヤに戻ると、再び自らの死と復活を予告した。そして過越祭を祝うため、エルサレムへと旅立った。これが最後の旅になると暗に伝えてきたイエスであったが、イエスが選抜した弟子たちは、いまだ師の教えを理解していなかった。エルサレムへの旅路で見当違いな質問を繰り返している。

弟子がイエスのところに来て言った。「いったい、天国では誰が一番偉いのでしょうか」。イエスは「心を入れ替えて子どものようにならなければ、決して天の国には入れない。自分を低くして子どものようになる人が一番偉いのだ」と答えた。その後、イエスに祈ってもらおうと、民衆が子どもを連れてきた。弟子は人々を叱ったが、イエスは「子どもたちを来させなさい。天の国はこのような者たちのものである」と諭した。弟子たちは以前のイエスの言葉を忘れていたのである。

またあるときは、ヤコブとヨハネが進み出て、「先生が栄光をお受けになるとき、私たちのひとりを右に、もうひとりを左に座らせてください」と願い出た。

彼らはイエスが伝える神の国を、イエスを頂点とする新しい王国のようなものとして捉えていたのである。見かねたイエスは、弟子一同を呼び寄せた。「異邦人の間では民を支配し、権力を奪うのが支配者だ。しかし、あなたたちのなかで偉くなりたい人はすべての民の僕《しもべ》になりなさい」。こうしてイエスは、最後の旅の道中で、弟子たちの期待するメシア像をひとつずつ打ち砕いていった。

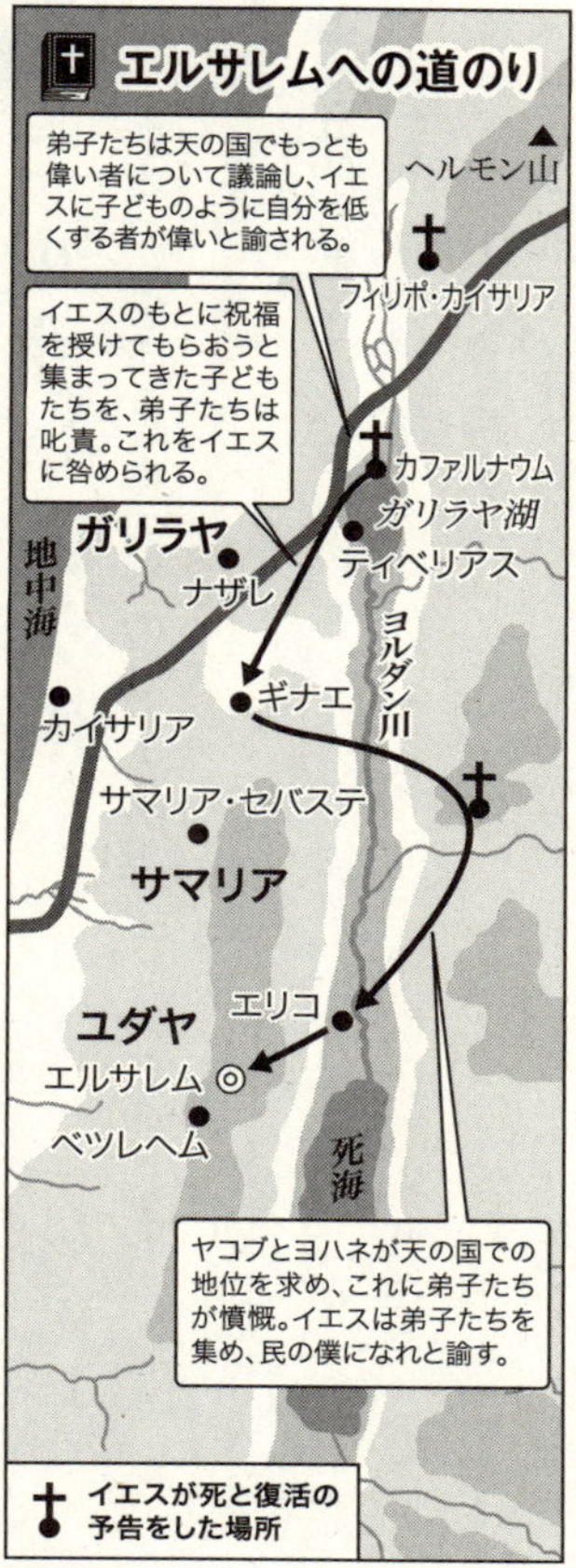
エルサレムへの道のり
弟子たちは天の国でもっとも偉い者について議論し、イエスに子どものように自分を低くする者が偉いと諭される。
イエスのもとに祝福を授けてもらおうと集まってきた子どもたちを、弟子たちは叱責。これをイエスに咎められる。
ヘルモン山
フィリポ・カイサリア
カファルナウム
ガリラヤ湖
ガリラヤ
ティベリアス
ナザレ
地中海
ヨルダン川
ギナエ
カイサリア
サマリア・セバステ
サマリア
エリコ
ユダヤ
エルサレム
ベツレヘム
死海
ヤコブとヨハネが天の国での地位を求め、これに弟子たちが憤慨。イエスは弟子たちを集め、民の僕になれと諭す。
イエスが死と復活の予告をした場所

過越祭を前にイエスはエルサレムへの旅に出る。イエスは最後の旅と自覚していたが、弟子たちはいまだイエスの教えを理解せず、的外れな議論を続ける。

エルサレム入城

聖書の預言を現実のものとした救世主イエスの入城

◆熱狂的に迎える人々

ガリラヤから旅を続けてきたイエスは、いよいよエルサレムに近づいた。

オリーブ山の麓の村まできたとき、イエスはふたりの弟子にロバを連れてくるよう命じた。弟子が言いつけ通りロバを見つけてくると、イエスは自分の服を掛けて乗り、エルサレム神殿の東側にある黄金門から入城した。

これは、「ゼカリア書」にある「見よ、あなたの王が来る。……高ぶることなくロバに乗ってくる……」という救世主到来の預言が成就したことを意味する。

イエスの評判を聞いていたエルサレムの人々は、待望の救世主到来とばかりにイエスを熱狂的に迎えた。ある人は自分の服を道に敷き、またある人は野原から葉のついた枝を持ってきて道に敷いた。

そして、「ホサナ。主の名によって来られる方に、祝福があるように。我らの父ダビデの来るべき国に、祝福があるように。いと高きところに、ホサナ」と口々に叫んだ。ホサナとは「今、救ってください」との意味を持つ、メシアを迎えた喜びを表わす言葉である。

それを祭司長やファリサイ派や律法学者たちは苦々しい想いで見つめていた。彼らはイエスを、ユダヤ教を根本から脅かす存在ととらえていた。そして、計略を立ててどうにかイエスを捕らえ、殺そうと画策していた。

このファリサイ派はイエスに敵対し続けた党派として知られるが、「ルカ伝」だけは、このときにファリサイ派の人々がイエスを歓迎し、安全面にも配慮したと書かれている。

むしろイエスの本当の敵は、エルサレムの神殿を支配する祭司貴族のサドカイ派だったという説もある。

その後、イエスはエルサレム神殿の境内を見て回ったあと、夕方には十二人の弟子たちとともに、エルサレム近郊のベタニアへと赴いた。そしてこの村に泊まった。たとえ庶民が歓迎しても、自分が有力者たちに狙われる存在であることを知っていたからだ。

宮清め

イエス、神殿を穢す商人たちに激怒する

◆イエスが嘆く神殿の惨状

エルサレム入城の翌日、イエス一行は再び神殿へと向かった。その神殿はヘロデ大王による大改修工事により、威容を誇る建物として名高かった。それは南北五百メートル、東西は三百メートルに及ぶ壮大な神殿で、エルサレムの人々は、「この神殿を見ずして壮大な建築を見たなどとはいえない」と語り、それを誇りとしていた。

この神殿の西壁の一部が、現在「嘆きの壁」として有名なユダヤ教の聖地のひとつである。

そんな大神殿の境内は、過越祭のためにエルサレムへと集った人々であふれていた。エルサレムの住民に加えて、イスラエル各地のみならずローマ、コリント、アレキサンドリアなどから来たユダヤ人が集い、賑わいを見せていた。

しかし、この境内に入ったイエスは、目の前に広がる光景に愕然とする。祈りの場であるはずの神殿で、なんと参拝者を目当てにした商売が行なわれていたのである。ローマ皇帝の肖像が刻まれたローマの硬貨を、ユダヤ法で認められる硬貨へと替える両替商が、人々から両替の際に暴利を得ている。あるいは遠方からの参拝者に生贄《いけにえ》用の動物や鳥を売る商人が、病気のハトを平然と売りつけている……。そんな商店が軒を連ねていた。

その商人たちに対してイエスは怒りを爆発させる。縄で鞭をつくって動物を境内から追い出し、両替人の硬貨をまき散らし、台を倒した。そして「このような物は運び出せ。私の父の家を商売としてはならない」、「あなたはそれを強盗の巣にした」と糾弾したのである。

こうした神殿の現状に対する痛烈な批判は、ユダヤ教指導者層の怒りに火をつけることとなる。

一方イエスはこの後、商人たちが追い出された神殿において人々にその教えを述べるようになるが、民衆の期待したメシア像に反して、イエスは一向に反ローマの旗を掲げて民衆とともに立ちあがる気配を見せないままであった。民衆とイエスの思想の温度差は、次第に抜き差しならないものとなっていく。

論争物語

イエスに対し幾重にも張り巡らされたユダヤ教指導者層の罠

◆イエスを危険視してきた人々

イエスはガリラヤにいた頃から、律法主義に固執するファリサイ派や、律法学者たちを批判してきた。一方、これらの党派の人たちからすれば、イエスは律法を守らない異端者といえた。たとえば、イエスが人々の病を癒したことも認めず、「悪霊の頭ベルゼブルの力により、悪霊を追い出している」と弾劾し、安息日に病を癒したり麦の穂を摘んで食べたりしたことを咎めてきた。しかも前者に対してイエスは「それでは仲間割れに過ぎない」と論破し、後者については、「安息日は人のためにあるのか、安息日のためにあるのか」と逆に問い詰め、退散させてきた。

いよいよイエスがエルサレムに入城すると、イエスを敵視する人々はなんとしてもイエスの言葉尻を捉えて糾弾しようと、様々な論争を仕かけてきた。まず、イエスが神殿から商人たちを追い出した翌日、これを聞きつけた祭司長や律法学者は「何の権威でそんなことをしたのか」と詰め寄った。ここでイエスが「人間の権威」といえば律法を建前にする彼らに負けてしまう。一方、「神の権威」と答えれば、それは神を冒瀆《ぼうとく》しているると非難される。そこでイエスは「答える前にひとつ聞きたい。ヨハネの洗礼はどこからのものか。天か、人か」と逆に質問を返したのである。

今度は祭司たちが窮した。それは当然神からのものだが、そこで洗礼者ヨハネの権威を「天」と答えれば、ヨハネは神の意を授かった者であり、そのヨハネから洗礼を受けたイエスはその後継者ということになる。しかし、「人間」と答えればヨハネを信じる民衆を味方にはできない。祭司たちは「わからない」と言うしか術《すべ》がなかった。こうしてイエスは群衆の前で、自分の言葉が天からの権威を持つことを示したのである。

◆ファリサイ派が仕掛ける巧妙な罠

次に仕掛けられた論争は、「ローマの皇帝に税金を納めるべきか」という問いが発端であった。イエスが「納めるべき」と答えれば、それは神と皇帝を同じ存在と扱うことになり、神に対する冒瀆ととられる。しかし反対の答えをすれば、ローマへの反逆罪に問われるのだ。ユダヤ人にとって主はあくまで神であり、銀貨を納めるべき相手も神でなければならない。しかし、ローマが支配者として君臨する以上、納税を拒むこともできなかったのだ。

そこでイエスは、ローマの銀貨を持ってくるように言い、ローマ皇帝の肖像を示して「皇帝のものは皇帝に、神のものは神に返せ」とだけ答えた。律法学者たちの企みは国家に対する義務と、神に対する務めを区別したイエスの前に論破されたのである。

さらに、姦淫の女に対する論争も有名だ。

あるとき教えを説くイエスの前に、律法学者やファリサイ派の人々がひとりの婦人を引き立ててきた。なんでも姦淫の罪で捕らえられたのだという。律法学者たちは、律法に則して石打ちにすべきだが、どう思うかとイエスに迫った。ここでイエスは痛烈な言葉を投げかける。

「あなた方のなかで、罪を犯したことのない者が石を投げつけるがいい」

すると、年長者からひとり、またひとりと姿を消していったという。

このようにイエスは、次々と論争を仕掛けて陥れようとする人々に対し、モーセの律法を形骸化し、勝手に禁忌事項をつくったことで生まれた矛盾を的確に衝くことで、偽善者たちの批判を行なったのである。

イエスと敵対者の論争

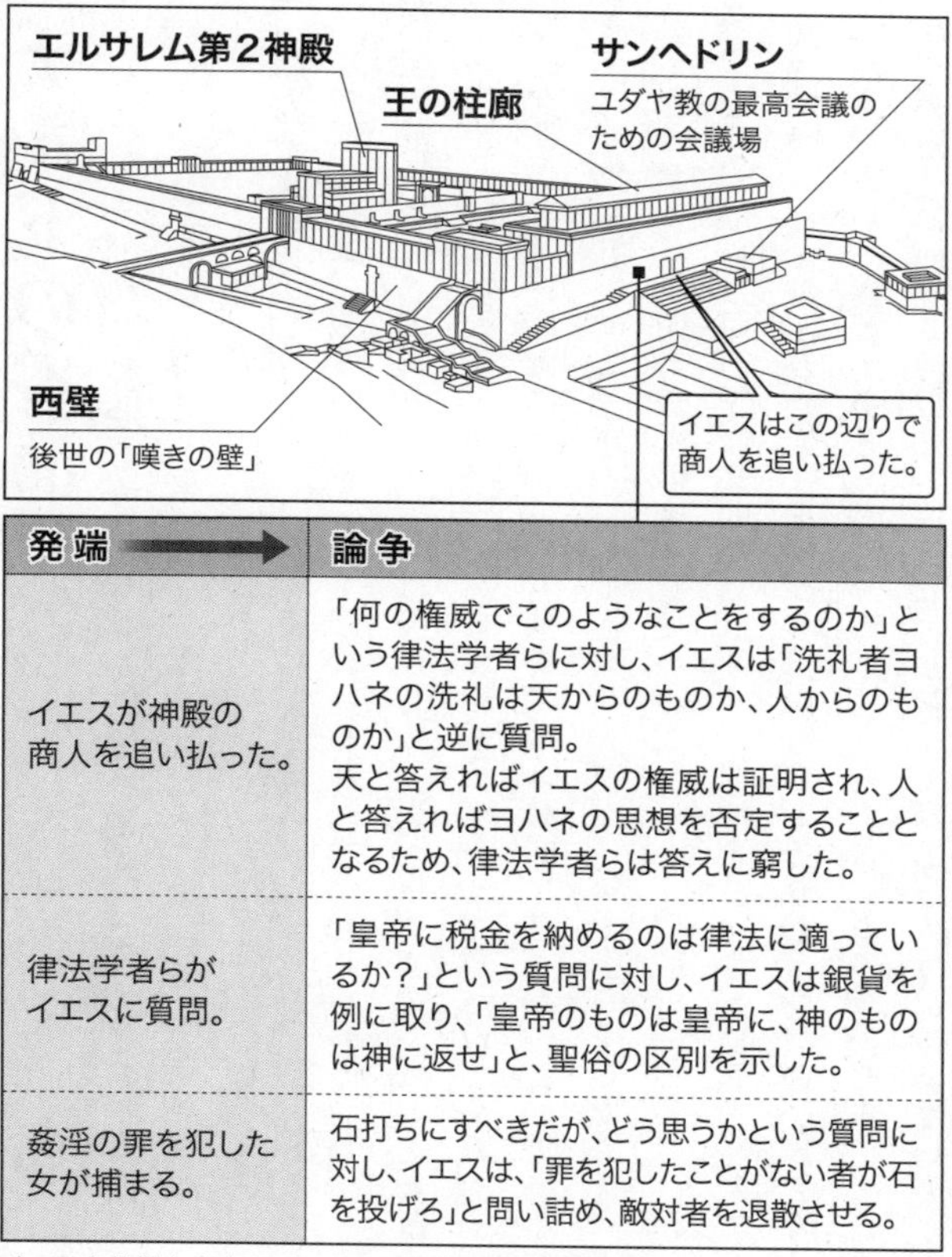
エルサレム第2神殿
サンヘドリン
ユダヤ教の最高会議のための会議場
王の柱廊
西壁
後世の「嘆きの壁」
イエスはこの辺りで商人を追い払った。

発端	論争
イエスが神殿の商人を追い払った。	「何の権威でこのようなことをするのか」という律法学者らに対し、イエスは「洗礼者ヨハネの洗礼は天からのものか、人からのものか」と逆に質問。 天と答えればイエスの権威は証明され、人と答えればヨハネの思想を否定することとなるため、律法学者らは答えに窮した。
律法学者らがイエスに質問。	「皇帝に税金を納めるのは律法に適っているか？」という質問に対し、イエスは銀貨を例に取り、「皇帝のものは皇帝に、神のものは神に返せ」と、聖俗の区別を示した。
姦淫の罪を犯した女が捕まる。	石打ちにすべきだが、どう思うかという質問に対し、イエスは、「罪を犯したことがない者が石を投げろ」と問い詰め、敵対者を退散させる。

イエスを敵視する人々は、様々な場面で論争を仕掛けた。しかし、その度にイエスは敵対者への批判を含んだ機転の利いた答えを出し、退散させている。

ナルドの香油

イエスに注がれた香油の香りとともに漂い始める裏切りの予感

◆ユダはなぜ裏切ったのか？

イエスは預言者か、あるいはメシアではないかと民衆は考え始めていた。

過越祭の前日のことである。イエスは滞在していたベタニアのシモンという人物の家で食事の席についていた。イエスをもてなすための夕食が用意されていた。その場で、ひとりの女性が非常に高価なナルドの香油をイエスの頭に注ぎかけたのである。部屋には、香油の素晴らしい香りが広がったという。「ヨハネ伝」ではこの女性をベタニアのマリアとしており、場所も彼女の家としている。

当時、王の即位や祭司の任命式の際にはオリーブ油を注ぐのが通例とされていた。ヘブライ語では「油を注がれた人」をマシーアと呼び、それがメシアの語源となったのである。油は貴重な栄養源であるだけでなく、明かりを灯したり、薬にも使われた。それだけ多くの用途に使える油には、偉大な力が宿っていると人々は考えていた。

しかしそのマリアの行為は、質素な暮らしを信条とする弟子たちには、驚くべきことに感じられた。ついに、ひとりの弟子が憤慨し、「どうしてこんな高い香油を無駄遣いしたのか。この香油を三百デナリオンで売り、そのお金を貧しい人々に施すべきだった」となじったのである。「ヨハネ伝」ではこの弟子をイスカリオテのユダとしている。

しかしイエスは、「そのままにしておきなさい。なぜこの人を困らせるのか。貧しい人々はいつもあなたがたと一緒にいる。彼女は私によいことをしてくれたのだ。私に香油を注ぎ、埋葬の準備をしてくれた」と語った。

「福音書」ではここでユダの裏切りを記す。ユダはその後、祭司長のもとへ出かけて、銀貨三十枚と引き換えにイエスを引き渡す約束をするのだ。この額は当時の奴隷ひとりの値段であるという。ユダの裏切りの理由については、「マタイ伝」「マルコ伝」は銀貨三十枚欲しさとする一方、「ルカ伝」は、ユダにサタンが入ったとしている。

そのほか、ユダをはじめほとんどの弟子が、イエスこそユダヤのために立ち上がり、民衆をローマの支配から解放する英雄的な救世主と見ていたのに、一向に立ち上がらないイエスを見限ったという説もある。これは民衆たちも同じ思いであった。

以後ユダは、ユダヤの指導者たちにイエスを引き渡す機会をうかがい続ける。

最後の晩餐

過越の夜に示された新しい契約の証明と、弟子たちの裏切り

◆契約の前触れとなるイエスの言葉

イエスがエルサレムに入って五日目、十字架にかけられる前日のことである。イエスに命じられるままに、十二弟子は過越の晩餐を行なう準備を整えた。

夕食前、イエスがまず行なったのは弟子たちの足を洗うことだった。当時、客の足を洗うのは、奴隷の仕事だったにもかかわらずである。驚いたペトロが、「足を洗わないでください」と言うと、「私が洗わなければ、あなたと私は何も関係ないことになる」とイエスは言った。イエスは謙遜とは何かということを、自らの行動で示したのである。

まもなく食事が始まると、イエスは「このなかの弟子のひとりが私を裏切る」と告げた。弟子たちに衝撃が走る。「ヨハネ伝」によれば、それは「私がパン切れを浸して与える者だ」と言い、イエスはパン切れをユダに与えたという。そして、「あなたがしようとしていることをすぐしなさい」と言ったが、周囲はその意味を正確にはわからなか

最後の晩餐の流れ

聖木曜日の午後　イエス、ペトロとヨハネに晩餐の部屋の準備をさせる。

↓

ペトロ　ヨハネ　水がめを持った男に部屋を探していると告げるよう命じると、家の大広間を貸してくれた。

夕刻　イエス、弟子たちの足を洗う。

イエス

私の足など洗わないでください。
[当時、足を洗うのは奴隷の役割であった。]

足を洗うことで謙遜とは何か、そして、弟子に対する愛を示した。

ペトロ

イエス、弟子の裏切りを予告する

イエスはユダの裏切りを予告後、パンとぶどう酒を弟子たちに分け与える。

ユダは暗闇のなかへ出ていき、大祭司のもとへと向かった。

◆(パンを裂いて)これは私の体である。
◆(ぶどう酒を勧めて)これは多くの人のために流される私の血、契約の血である。

った。ユダはパンを取ると、すでに闇が垂れ込めた外へと出て行った。

その後の食事の際、イエスはパンを取り、神に賛美の祈りを唱えて、感謝と祝福の意を示した。そしてそのパンを裂いて、弟子に渡しながら言った。「取りなさい。これは私の体である」。さらにぶどう酒の入った杯を取り、弟子たちに渡した。そして「これは罪が赦されるように多くの人のために流される私の血である」と言った。

パンとぶどう酒は体にとって必須の食物の象徴であり、人間の生命そのものを表わす。このイエスの行為は、弟子たちに自分の使命を委ねると同時に、神の子の血肉を体内に取り入れる聖体拝領を意味した。今もキリスト教は、パンとぶどう酒をともに口にする聖餐式《せいさんしき》を、洗礼式と並ぶ極めて重要な儀式としている。

さらにイエスは、「あなたがたは今夜、みな私につまずく」と弟子たちに告げる。そして、「羊の群れは散ってしまう」と続けた。これはイエスの身に起こることにより、弟子たちは離散するという預言である。

ペトロは「たとえ全員がつまずいても、私はそうはなりません」と反論したが、イエスは「今夜、鶏が二度鳴く前に、あなたは三度私を知らないというだろう」と答えた。ペトロは慌ててこれも否定し、皆もそれに同意する。しかし、事実は違っていた。

ゲッセマネの祈り

神に対する祈りのなかで露にされたイエスの苦悩

◆孤独のなかで十字架へと向かうイエス

最後の晩餐ののち、イエスと弟子たちはエルサレムの東側、オリーブ山の麓にあるゲッセマネと呼ばれる園にやって来た。ゲッセマネとはヘブライ語で「油絞り」を意味し、かつてはオリーブ油の製油が行なわれていたという。

イエスは「私が祈っている間、誘惑に陥らないようここに座っていなさい」と言い残し、弟子たちのもとを離れると、地面にひれ伏して祈り始めた。

「父よ。あなたは何でもおできになります。どうかこの杯を私から取りのけてください。しかし、私が願うことではなく、御心に適うことが行なわれますように」

このときイエスは、人類が背負う原罪を贖《あがな》い、人類と神との間に結ばれる新たな契約のために犠牲として十字架に架けられる運命を自覚し、受け入れていた。しかしイエスは人間的な弱さに襲われ、神に苦悶を吐露したとも捉えられる。

イエスが弟子のところに戻ると、みな眠っていた。イエスはペトロに言った。「ほんのひとときだったのに、目を覚ましていられなかったのか。誘惑に負けぬよう祈っていなさい」。そして元の場所に戻り、同じように祈りを捧げた。

再び帰ってくるとやはり弟子たちは眠っていた。イエスが三度目に眠っている弟子たちを見たとき、こう言った。

「あなたたちはまだ眠っているのか。もういい。時が来た。人の子は罪人たちの手に引き渡される。見よ、私を裏切る者たちが来た」

◆離散した弟子たち

弟子たちが見ると、エルサレムの城門からイエスを捕らえるべく、ユダヤ教指導者たちが差し向けた群衆が、剣や棒を手にしてこちらへ向かってくるのが見えた。その先頭を見れば、十二弟子のひとりであるはずのユダであった。

そのユダは事前に「私が接吻するのが捕らえる人だ」と人々に伝えていた。イエスと弟子たちのもとにたどり着いたユダは、イエスの傍に来ると「先生」と口づけした。これを合図に群衆はイエスに襲いかかり捕まえてしまう。

すかさずペトロは剣を抜いて応戦し、大祭司の手下の片方の耳を斬り落とした。祈りにこそ力は宿るのに、剣という俗世の方法に頼ったペトロの行動は神への不信を表わすものだった。

イエスはその行動を制して、この者の耳に触れて癒している。

そして群衆に向かってこう言った。

「あなたたちはまるで強盗を捕らえるように剣や棒を持って、真夜中に私のところに来た。私が毎日、神殿であなたたちに教えていたときには、私を捕まえようとはしなかったのに。しかし、これはすべて預言者たちの言葉が実現することを意味している」

だが、この言葉が終わらないうちに、弟子たちは皆イエスを見捨ててすでに逃げ出していた。

この後、「マルコ伝」は、若い弟子のひとりが捕まったイエスのあとをつけたと伝えている。しかし人々が捕らえようとすると、着ていた麻の服を脱ぎ捨て、裸で逃げたという。弟子は架空の存在と言われ、裸になるという行為によって、イエスを見捨てたことを恥じている弟子たちの心情を表わしているという。

こうしてイエスはひとりで十字架へと向かっていったのである。

イエスの裁判

救世主の死を決定したのは、彼を歓迎した民衆だった

◆仕組まれたサンヘドリンの裁判

逮捕されたイエスは、ユダヤ教の指導者層からなる最高法院《サンヘドリン》の裁判を受けることとなった。まず、元大祭司で当時の大祭司カイアファの養父である、アンナスのもとへ連行された。ここでイエスは、自分たちが何の政治的活動もしていないことを主張した。アンナスの尋問を終えると、イエスはカイアファのもとへ移された。

ここでは、大祭司カイアファを中心に律法学者や長老が集い、イエスへの尋問を行なった。とはいえ、彼らはすでにイエスを死刑にすると決めていたので、尋問はその理由を探すために行なわれた。そのためにはイエスが神を冒瀆した証が欲しかった。だが、なかなか死刑に足る罪状は出てこない。そこで、カイアファはこう尋ねた。

「神に誓って答えよ。あなたは神の子であり、メシアなのか」

これに対しイエスは、「その通りだ。しかし、あなたたちはこれから人の子が力ある

者、神の右に座り、天の雲に乗ってくるのを見るのだ」と応じた。

その返事にカイアファは憤慨して、こう叫んだ。「この男は神を穢した。これが冒瀆でなくてなんであろう！」。カイアファはイエスによる「メシア僭称《せんしょう》」を罪状としたのである。一同が死刑を決議すると、人々はイエスの顔を打ち、嘲《あざけ》り笑った。

イエスが尋問を受けていたとき、ペトロはその屋敷の中庭に入り込み、その行方を見守っていた。するとその姿を見た女中が「あなたはイエスと一緒にいた人ね」と問い詰めた。ペトロは「知らない」と言い、敷地を立ち去ろうとしたが、今度は門番が「イエスと一緒だったな」とやはり言ったので、再び「知らない」と否定した。さらに街の人々が「あなたは確かに仲間だった」と言った。ペトロは「そんな人は知らない」と大声を出した。このときには呪いの言葉さえも発したという。

そのとき、鶏が鳴いた。ペトロは「あなたは鶏が鳴く前に三度、私を知らないというう」というイエスの預言通りの行動をしていた。それを思い出したペトロは泣き崩れた。

◆ローマ総督の困惑

死刑判決を受けたイエスは、翌朝、ローマのユダヤ総督ポンテオ・ピラトのもとへと連行される。死刑を決議したものの、サンヘドリンには刑の執行を行なう権限はなかった。そしてピラトに、イエスはローマ帝国によるユダヤ支配を妨げる者だと主張。反逆者として処罰させようとしたのである。

しかし、イエスを尋問したピラトは、そこに政治犯的要素がないと直感。そこで、過越祭のためにエルサレムに滞在していた、ガリラヤ領主ヘロデ・アンティパスのもとへイエスを送った。ヘロデはそれを喜び、奇跡を自分に見せろと命じたが、イエスはその要望に応えず、ひと言も話さなかった。ヘロデは怒り、再びピラトのもとへと戻した。

イエスが罪なき人だとわかっていたピラトは、そこでひとつの策を練った。過越祭では囚人ひとりを赦免する習慣があった。牢には殺人罪に問われていたバラバという男がいた。そこでピラトは公邸前に詰め掛けた群衆の前に立ち、このバラバとイエスのどちらを釈放するべきか問うた。群衆の答えはピラトの予想に反して、「バラバ」であった。エルサレムの人々はメシアと期待されながら一向にローマとの独立闘争に立ちあがらないイエスに、失望していたのである。

ここに至り、ピラトはイエスの釈放を断念。群衆の前で手を洗って自分に責任がないことを示すと、イエスを鞭打って、十字架の刑に処することにした。

イエス最後の足取り
② イエス、神に対して3度祈りを捧げたのち、ユダに率いられた群衆に逮捕される。
⑥ ピラト邸に戻されたイエスは、群衆の判断により死刑が確定する。
④ イエス、ローマのユダヤ総督ピラトの尋問を受ける。
アントニア城砦
ヴィア・ドロローサ
至 エマオ、ヨッパ
ゴルゴタの丘
ゲッセマネ
黄金門
神殿
⑤イエス、ヘロデ・アンティパスのもとへ連行され、奇跡を見せるよう求められるが、ひと言も発せず。
ハスモン朝の宮殿
ヘロデの西宮殿
円形劇場？
カイアファの邸宅
最後の晩餐の部屋
シロアムの池
③イエス、元大祭司アンナスと、大祭司カイアファの尋問を受け、メシアであると宣言。これにより死刑を宣告される。
① イエス、晩餐を終え、ゲッセマネの園へと向かう。

最後の晩餐の後、ゲッセマネにて逮捕されたイエスは、一夜にして死刑を宣告され、翌日には十字架に架けられてしまう。その死を決したのはイエスをメシアとして歓迎したエルサレムの人々であった。

イエスの処刑

群衆の嘲りと罵倒のなかゴルゴタの丘で最期を迎える

◆イエスを打ちのめす民衆の罵声

処刑の決定が下されたイエスは鞭打たれ、頭に茨の冠を被せられた。そして、ローマ兵の侮辱を受けたあと、頭の上に「これはユダヤ人の王イエスである」という罪状書きが掲げられた十字架を背負い、当時の習慣に従って、処刑場である「ゴルゴタの丘」に至る道を歩くことになる。

痛めつけられた体に七十キロもの重さの十字架を背負い、裸足のイエスはよろめき、苦痛に喘《あえ》ぎ、何度も倒れながら歩いた。

群衆がイエスをののしるなか、最後までイエスに従い、沿道から見守ったのは母マリア、マグダラのマリアら、女性信者だった。嘆き悲しむ彼女たちに対して、イエスは苦しみながらも「エルサレムの娘たちよ。私のために泣いてはいけない。自分と自分の子どものために泣くのだ」と、その身を思いやった。

イエスが歩んだ「悲しみの道」

＋ ヴィア・ドロローサ

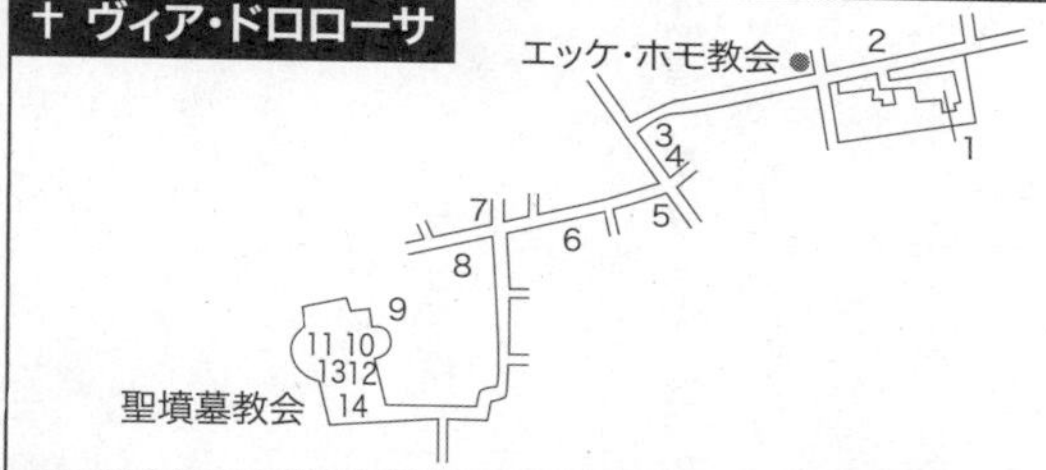
エッケ・ホモ教会
聖墳墓教会
1
2
3
4
5
6
7
8
9
10
11
12
13
14

1. ピラトがイエスを有罪とした場所。
2. イエスが十字架を背負い、歩き始めた場所。
3. イエスが最初に倒れた場所。
4. 母マリアが十字架を背負うイエスを見ていた場所。
5. クレネ人シモンがイエスに代わって十字架を背負った場所。
6. ベロニカがイエスの顔をハンカチでぬぐった場所。
7. イエスが２度目に倒れた場所。
8. イエスが娘たちと語った場所。
9. イエスが３度目に倒れた場所。
10. イエスが衣を脱がされた場所。
11. イエスが十字架に架けられた場所。
12. イエスが十字架上で息を引き取った場所。
13. イエスが十字架より降ろされた場所。
14. イエスの遺体が墓に納められた場所。

処刑の決定を受けたイエスは、翌朝十字架を背負わされて処刑場までの道のりを歩かされた。その間には様々なエピソードが伝えられており、「ヴィア・ドロローサ」と呼ばれるこの道には、14のステーションが信仰の場となっている。

また、埃《ほこり》と汗、血にまみれたイエスに、ひとりの女性が近寄り、自分のヴェールでイエスの顔を拭ったという。そのヴェールにはイエスの苦悩の顔が押し写された。この布は女性の名から、「聖ヴェロニカの布」と呼ばれ、聖遺物のひとつとしてカトリック信者の信仰を集めることとなる。

こうした数々の逸話を残しながらイエスが歩いたその道は、ヴィア・ドロローサ（「悲しみの道」）と呼ばれている。そこは、今なおエルサレムにおける最も重要な巡礼路であり、十字架を持ちながら祈りを捧げる人々の姿が見られる。

◆空は暗くなり、大地震が起こった

イエスがゴルゴタの丘において手足に釘を打ち込まれ、十字架に架けられたのは、午前九時のこと。ともに処刑されるふたりの盗賊の十字架も左右に並んだ。

群衆たちがなおも愚弄《ぐろう》を続けるなか、片方の盗賊が「お前はメシアではないか。自分と我々を救ってみろ」とイエスをなじった。すると、もうひとりの盗賊が「我々は自分のやったことの報いを受けているのだ。だが、この方は何も悪いことをしていない」と、イエスをかばう。そしてイエスに向かって「あなたの御国においでになるときに

は、私を思い出して下さい」と言った。イエスは「あなたは今日私と一緒に楽園にいる」と答えている。

正午、あたりが突然暗闇に覆われた。この間もイエスは十字架上にあって生きている。この時代の磔刑《たっけい》は、磔《はりつけ》にされてすぐに処刑されるものではない。そのままの姿勢で放置され、渇きと絶望のなかで死んでいく過酷なものなのである。

そして午後三時。ついにイエスに最期の瞬間が訪れる。

伝えられているイエスの最期の言葉は三つあり、まず「マタイ伝」と「マルコ伝」では、「エリ、エリ、レマ、サバクタニ」。これは「わが神、わが神、どうして私を見捨てられたのですか」という意味だという。『旧約聖書』の「詩編」二十二章の冒頭を言ったようにも思える。

一方、「ルカ伝」では「父よ。私の霊をあなたの御手《みて》に委ねます」。「ヨハネ伝」では、「成し遂げられた」とし、イエスが神を信じ、死をも受容した姿を描いている。

イエスの命が尽きたときには、地震が起こり、神殿の垂れ幕が、真んなかから引き裂かれたという。こうした光景に直面したローマ軍の百人隊長は、イエスの姿を見上げて、「本当に神の子だったんだ」と呟《つぶや》いた。

イエスの復活

埋葬されたはずのイエスがマグダラのマリアの前に現れる

◆マグダラのマリアの前に現われたイエス

イエスの亡骸はその日のうちにアリマタヤのヨセフやニコデモ、マリアらによって埋葬された。それから間もなく、イエスの弟子たちの間で、イエスが復活したとの噂がにわかに広まった。

「マタイ伝」によれば、安息日が終わって週の初めの日、マグダラのマリアが「もうひとりのマリア」とともにイエスの墓を訪れたとき、天使が現われて番兵たちを眠らせると、マリアたちにイエスが復活したことを告げたという。

「ヨハネ伝」ではこの場面を劇的に描いている。墓の石が取り除けられ、遺体が消えていることを知ったマグダラのマリアは、どうしたらよいのかわからず、墓の外で涙する。ふと泣きながら墓を覗くと、そこには天使の姿が見えた。天使に「私の主が取り去られました」と哀願したマリアが後ろを振り向くと、そこにはイエスの姿があった。

「マリア」と呼びかけるイエスに対し、彼女は、「ラボニ（先生）」と答える。

「私の兄弟のところに行って、こう伝えなさい。『私の父であり、あなたがたの父である方、また私の神であり、あなたがたの神である方のところへ私は昇る』と」

こうしてマグダラのマリアは、十二弟子のもとへと走ったのである。

◆弟子たちの前に現われたイエス

以後、イエスは弟子たちの前に次々と姿を見せる。しかし、この出来事に関しては、様々な証言が存在したのか、「福音書」の記述にも混乱が見られる。

まず、ふたりの弟子がエルサレムからエマオという村に向かっていたときのことである。イエス復活の奇跡について話していると、ふと男性が一緒に歩き始めた。男が「それは何のことですか」と問うと、「ナザレのイエスのことをあなたはご存じないのですか」という。そして「婦人たちが墓に行くとイエスのお姿を見たという。しかしその後仲間が行ったけれど、先生は現われなかった」と言った。

その男は、目で見ないと信じない弟子たちを嘆いた。そして夜の食事の席で賛美の祈りを唱えてパンを裂き、渡した。ここで、ふたりの弟子たちはようやく、この人がイエスだと理解した。しかしそのときには、イエスの姿は消えていた。

ふたりの弟子たちはその後、エルサレムで十二弟子にこの出来事を伝えた。

このとき弟子のひとりトマスは、その場にいなかった。そのため彼は「先生の手に釘の跡を確認し、その釘跡に私の指を入れてみなければ、あるいはこの手を脇腹に入れなければ、復活を信じない」と言った。するとその八日後、ほかの弟子とともにいるトマスのもとにイエスが現われた。そしてトマスに「あなたの指をここに当てなさい」と自らの手と脇腹を差し出した。

さらに「信じない者ではなく、信じる者になりなさい」と告げた。トマスはついに、「私の主、私の神」と言ってイエスの復活を信じたのである。

イエスがペトロらもっとも近しい弟子たちの前に現われたのは、ガリラヤ湖の畔ともいわれる。イエスは、ペトロ、ヤコブ、ヨハネらが漁をしているところに出現し、ペトロらに最後の教えを授けた。

その後、イエスは弟子たちをベタニアまで導いた。そして「全世界に行き、すべてのものに福音を伝えなさい」と告げ、彼らに祝福を与えた。すると尋常ならざる輝きが天に現われ、弟子たちの目の前でイエスは天へと運ばれていったのである。

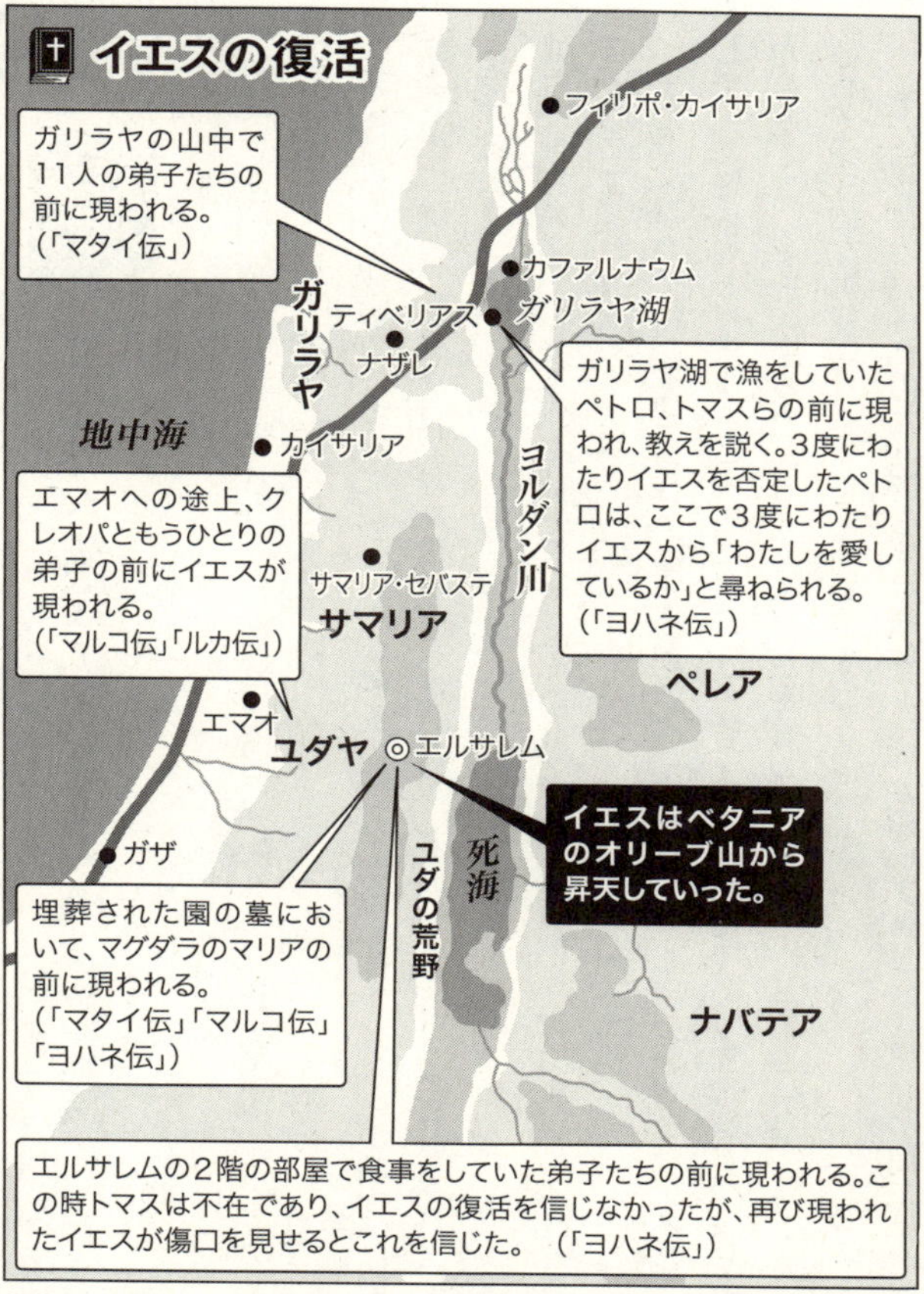
イエスの復活
フィリポ・カイサリア
ガリラヤの山中で
11人の弟子たちの
前に現われる。
（「マタイ伝」）
カファルナウム
ガリラヤ
ティベリアス
ガリラヤ湖
ナザレ
ガリラヤ湖で漁をしていたペトロ、トマスらの前に現われ、教えを説く。3度にわたりイエスを否定したペトロは、ここで3度にわたりイエスから「わたしを愛しているか」と尋ねられる。（「ヨハネ伝」）
地中海
カイサリア
ヨルダン川
エマオへの途上、クレオパともうひとりの弟子の前にイエスが現われる。
（「マルコ伝」「ルカ伝」）
サマリア・セバステ
サマリア
ペレア
エマオ
ユダヤ
エルサレム
イエスはベタニアのオリーブ山から昇天していった。
ガザ
死海
ユダの荒野
埋葬された園の墓において、マグダラのマリアの前に現われる。
（「マタイ伝」「マルコ伝」「ヨハネ伝」）
ナバテア
エルサレムの2階の部屋で食事をしていた弟子たちの前に現われる。この時トマスは不在であり、イエスの復活を信じなかったが、再び現われたイエスが傷口を見せるとこれを信じた。（「ヨハネ伝」）

埋葬の３日後、マグダラのマリアの前に現われたイエスは、以降、様々な場所で弟子たちの前に現われ、最後の教えを残して天へと上げられる。

世界でも稀なアメリカ人の宗教意識

しばしば、アメリカ人とキリスト教の関係について触れてきましたが、ここでアメリカの宗教事情に関して、もう少し考えてみましょう。

アメリカの宗教事情について詳しい上坂昇氏の研究（『神の国アメリカの論理』明石書店）によれば、現在、アメリカで神を信じる者は八二パーセントですが、これがクリスチャンに限定すると九三・五パーセントとなります。さらに、大学や大学院卒業者でさえ「人間が神によって直接創造されたと信じる」アメリカ人がそれぞれ四八パーセント、四二パーセントいるそうです。

またアメリカでは、「進化論は、聖書の創造説に反する」として公教育で教えることを禁止している地域もあります。日本人にとってアメリカは、模範であり先進国、つまり政教分離が徹底している近代国家というイメージが定着していますが、その一方で、アメリカには、極めて保守的な宗教国家という側面もあるのです。

このように、先進国のなかでもずば抜けて信仰が深いアメリカ人たちの間では、宗教的な理念に反することが、社会的に大きな問題となり、また政治的な論点にもなるということになります。

アメリカ大統領選では、いわゆる「宗教右翼」と言われる人々を無視しては、選挙を戦えないとさえ言われています。聖書の教えに反する「同性愛」問題や、「妊娠中絶」問題が大きな争点になるのは、アメリカ国民の多数派であるキリスト教徒が、合衆国大統領に相応しい人間の資格として、聖書の教えやその精神に忠実であることを重視しているからです。

「政教分離」のアメリカで、なぜ大統領を選ぶ際に、信仰やその宗教的な道徳観を重視するのかと不思議に思う方も多いかも知れません。しかし、すでに触れたように、アメリカ人の「政教分離」は、「政府と特定の教会勢力との分離」であり、日本のように「政府あるいは国家と宗教の分離、あるいは絶縁」ではないのです。

それどころか、アメリカ大統領は、まさに第二のイスラエル、神に約束された土地で、アメリカ人を率いる現在のモーセ的存在として、人々を神の国（理想国家）建設に導かねばならない重大な使命を帯びている、と伝統的に考えられています。

さらにアメリカ大統領は、プロテスタントの信徒が就任することが前提なのも、先のコラムで触れたような、アメリカ建国の事情によります。そのために、カトリック教徒であったケネディ大統領の就任に関しては、一悶着あったことがよく知られています。

第2部　『新約聖書』

――第9章――
使徒とパウロが広めたイエスの福音

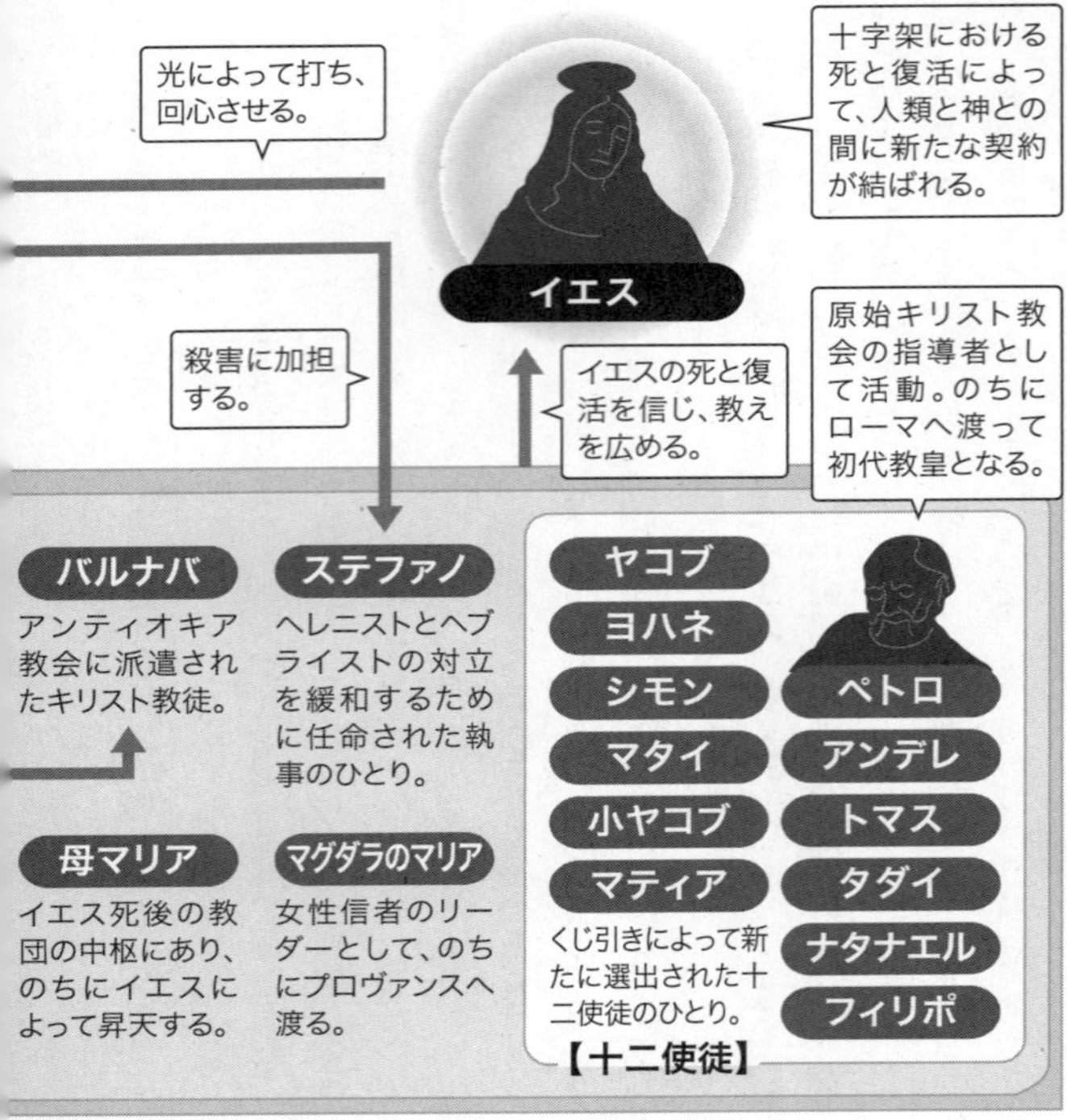

光によって打ち、回心させる。
十字架における死と復活によって、人類と神との間に新たな契約が結ばれる。
イエス
殺害に加担する。
イエスの死と復活を信じ、教えを広める。
原始キリスト教会の指導者として活動。のちにローマへ渡って初代教皇となる。
バルナバ
アンティオキア教会に派遣されたキリスト教徒。
ステファノ
ヘレニストとヘブライストの対立を緩和するために任命された執事のひとり。
母マリア
イエス死後の教団の中枢にあり、のちにイエスによって昇天する。
マグダラのマリア
女性信者のリーダーとして、のちにプロヴァンスへ渡る。
ヤコブ
ヨハネ
シモン
マタイ
小ヤコブ
マティア
くじ引きによって新たに選出された十二使徒のひとり。
ペトロ
アンデレ
トマス
タダイ
ナタナエル
フィリポ
【十二使徒】

第9章の相関図

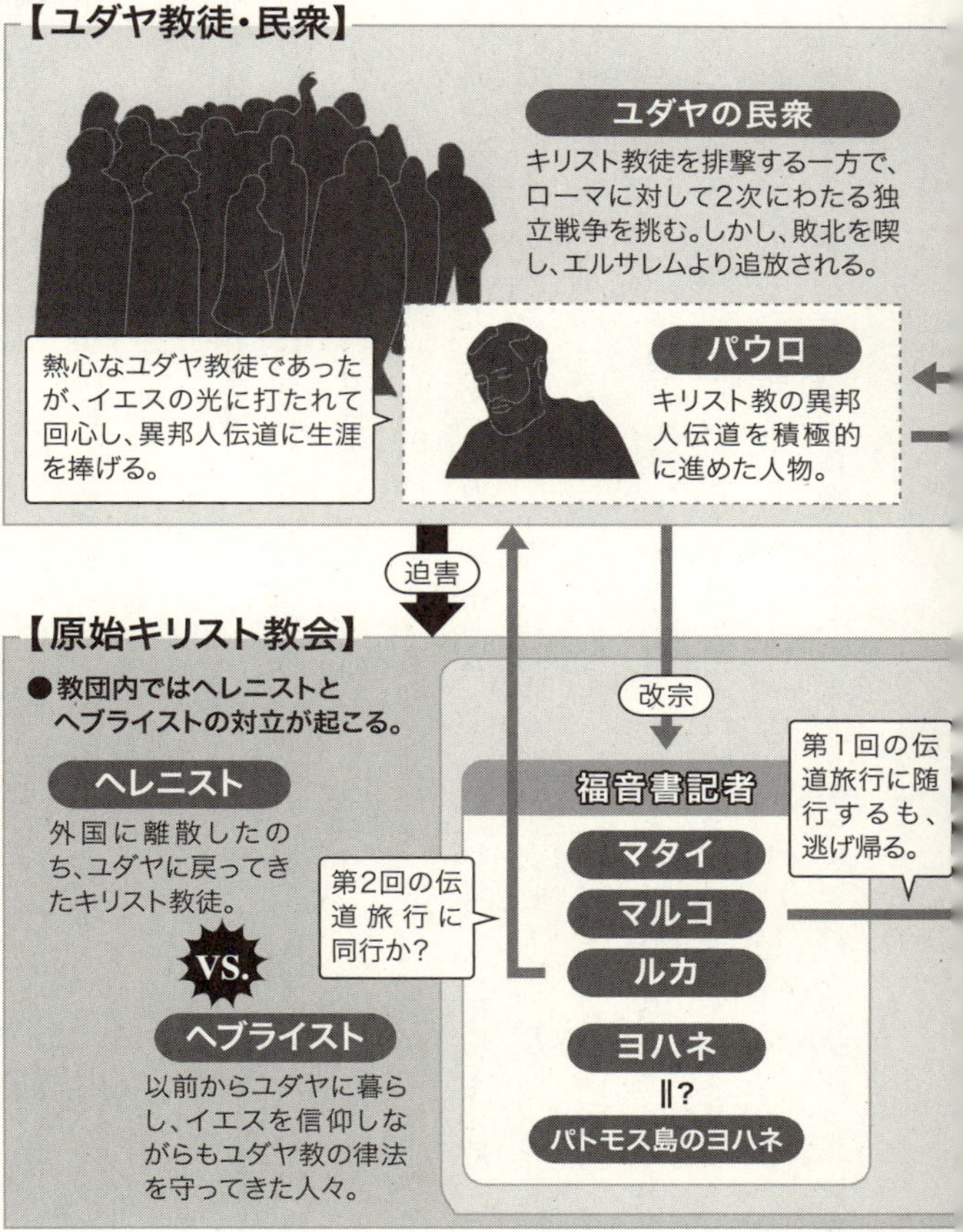
【ユダヤ教徒・民衆】
ユダヤの民衆
キリスト教徒を排撃する一方で、ローマに対して2次にわたる独立戦争を挑む。しかし、敗北を喫し、エルサレムより追放される。
熱心なユダヤ教徒であったが、イエスの光に打たれて回心し、異邦人伝道に生涯を捧げる。
パウロ
キリスト教の異邦人伝道を積極的に進めた人物。
迫害
改宗
【原始キリスト教会】
●教団内ではヘレニストとヘブライストの対立が起こる。
ヘレニスト
外国に離散したのち、ユダヤに戻ってきたキリスト教徒。
VS.
ヘブライスト
以前からユダヤに暮らし、イエスを信仰しながらもユダヤ教の律法を守ってきた人々。
福音書記者
マタイ
マルコ
ルカ
ヨハネ
‖?
パトモス島のヨハネ
第2回の伝道旅行に同行か?
第1回の伝道旅行に随行するも、逃げ帰る。

聖霊降臨

不肖の弟子たちを伝道活動に目覚めさせた五旬節の奇跡

◆キリスト教の母胎となる共同体

イエスの死とともに離散した弟子たちであったが、イエスの復活を目の当たりにしたことによって信仰に目覚め、再びエルサレムに集いつつあった。そんななか、律法授与を祝う五旬節《ごじゅんせつ》の日が訪れた。この頃には裏切り者のユダの代わりに、新たにマティアが福音を伝える「使徒」として選抜され、ペトロらとともに新たな十二使徒を構成していた。やがてキリスト教の母胎となる、一種の共同体が形づくられていったのである。弟子たちがある家のなかに一堂に会していたときのことだ。突然、激しい風が吹くような音が天から響き渡った。すると、炎のような舌が現われ、それぞれの上に留まった。その瞬間、全員が聖霊《せいれい》に満たされ、御霊に語らせるままに神の偉大な業について様々な国の言葉で話し始めたのである。

異国からやってきた人々は、その現象に驚き、「私たちの言葉で神の業を語っているのを聞こうとは」と互いに言い合った。なかには「あの人たちはぶどう酒に酔ったのだ」と嘲《あざけ》り笑う人もいた。それに対してペトロが立ち上がり、語り始めた。

「ユダヤの人々、そしてエルサレムの住民の方々、私の言葉に耳を傾けてください」

聖霊に満たされたペトロは、かつてとは大きな変化を遂げていた。続けて「あなたたちが十字架に磔《はりつけ》にして殺したイエスを、神は主とし、メシアとなさったのです」と語り、イエスの生涯と死、そして復活について力強く説明したのである。

民衆はその言葉を受け入れ、その日だけで三千人もの人々が洗礼を受けたという。ここに小さいながらも、初めてのキリスト教会が生誕したのである。

✝聖書ミステリー✝

ユダは裏切っていない？

イエスを裏切り、敵対者に売り渡したユダの行動。逆に考えてみると、ユダの裏切りがなければ、イエスが審問され、十字架に架けられることもなかった。つまり、人々は罪から救済されなくなってしまう。そこでユダの裏切りは、人類を救済するために必要な計画だったとの見方がある。

さらに1970年代、それまで幻とされていた「ユダの福音書」が見つかった。2001年には研究者の手に渡り、英語に翻訳されたが、その記述によれば、ユダはイエスを真に理解していた唯一の弟子であり、イエスが犠牲となって救いに至る道も知っていたとある。そんなユダをイエスは信頼し、自分を大祭司たちの手に引き渡させたというのだ。

ペトロの布教と原始宗教

共有財産制を敷く原始キリスト教会が誕生する

◆ユダヤ教の一派に過ぎなかったキリスト教

原始キリスト教会において、指導的な役割を担ったのがペトロだった。聖霊降臨の際に三千人もの人々を改宗させたペトロには、奇跡を起こし、人々を癒す力も備わっていた。

ペトロとヨハネが神殿へと登ったときのことである。そこに生来、足の不自由な男が運ばれてきた。その人は神殿に住まわせてもらっており、やってきた人々から施しを受けていたのだ。

ペトロは彼をじっと見つめたあと、「私たちを見なさい」と言った。「私には金銀はない。しかし、持っているものをあげよう。ナザレの人イエス・キリストの名において立ち上がり、歩きなさい」と右手を摑み、その人を立ち上がらせた。

するとその男は躍り上がるようにして立ち、歩き出したのである。民衆はその奇跡に大変に驚いた。

こうしたペトロの奇跡と、ペトロによって説かれたイエスの生涯に惹かれ、信者の数は着実に増えていった。

ただし、この頃のキリスト教は、ユダヤ教の律法を守り続けており、あくまでユダヤ教の一派に過ぎず、ユダヤ教のイエス派とも呼べる少数派であった。

その特徴は、イエスをメシアと位置づける信仰と、共有財産制である。信徒たちは私有財産を放棄して教会に寄付することで、財産共有性を取っていたのだ。これがのちに、清貧を重んじる修道院制度へと繋がっていく。

✚聖書ミニエピソード✚

コルネリウスの改宗

原始キリスト教会の中心人物として活躍したペトロは、キリスト教がユダヤ教の一派から離れ、世界宗教へと発展するうえで、決定的な役割を果たしている。

ペトロが、ヤッファの皮なめし職人シモンの家に滞在していたときのこと。天使のお告げを受けたローマの百人隊長コルネリウスから招きを受けたペトロは、コルネリウスとその一族に、イエスの生涯とキリスト教の信仰について語る。すると、コルネリウスらに聖霊が下ったため、ペトロは驚きながらもコルネリウスに洗礼を授けた。

これは、割礼を施してユダヤ教に改宗していない者が受けた、初の洗礼となる。この出来事が契機となって異邦人のキリスト教信仰が認められていく。

ステファノの殉教

ユダヤ教の指導者を論破したため最初の殉教者となる

◆ユダヤ教を批判した執事

エルサレムのキリスト教会は、日に日に大きくなっていったが、教会内では食事の分配を巡っていざこざが起こってしまう。

それはヘブライ語を話すユダヤ人（ヘブライスト）が、ギリシア語を話すユダヤ人（ヘレニスト）を冷遇している、というものだった。ヘブライ語を話すのはユダヤ生まれだが、ギリシア語を使うのはギリシア語圏からユダヤへと戻った人々だった。

十二使徒は、こうした問題を解決するため、助手としてヘレニストのなかから七人を選抜して執事に任命した。そのひとりがステファノである。このステファノらによって、教会の運営は円滑に進むようになった。

ステファノは執事の職務に従事する一方で、恐れることなく積極的に伝道活動を行なう人物だった。

彼は『旧約聖書』をもとに、いかにユダヤ教が形骸化して嘘に満ちているかを説き、ユダヤ教の神殿祭祀を鋭く批判した。これに対し、厳格なユダヤ教徒たちは、ステファノがユダヤ教の伝統的な律法や神殿を軽視したとして、激怒する。ついにはステファノを襲って捕らえると、最高法院へと連行してしまった。

それでもステファノは堂々とユダヤの矛盾を指摘したうえ、アブラハムに始まりイエスに至る預言者の系譜を挙げて、メシアであるイエスを殺したのはユダヤ教徒であると批判したのである。

この演説はユダヤ教徒の怒りに火をつけた。人々はステファノを都の外へと連れて行くと、石を投げ始めた。石打ちによる処刑である。

ステファノは「主よ、私の霊をお引き受けください。彼らにこの罪を負わせないでください」と祈りながら、殺害された。

ステファノはキリスト教史上、初めての殉教者となった。その迫害はやがてエルサレム教会へと広がり、使徒を中心とするキリスト教徒たちは、エルサレムを出て、ユダヤやサマリア地方などに向かわざるを得なくなる。しかし、この迫害を契機にイエスを信じる人々が各地に散らばった結果、キリスト教の拡大が本格化するのである。

サウロの回心

迫害者から一転して伝道者へと変貌したユダヤ教徒

◆キリスト教最大の伝道者はいかにして生まれたのか

ステファノの殺害に加わった、ユダヤ教の熱心な信者のなかにサウロという人物がいた。ローマ帝国の属州であったキリキアのタルソスという町に生まれたサウロは、エルサレムに出てファリサイ派学校で学び、ユダヤ教徒となった。

サウロは伝統的なユダヤ教を批判するキリスト教徒を深く恨み、なおもイエスの弟子を殺そうと意気込んでいた。

そんななか、ユダヤ教の大祭司から「イエスの信者を見つけ次第、男女に関係なく縛り上げ、エルサレムに連れて来い」という手紙が、キリキアのダマスコの諸会堂あてに出された。これを受け取ったサウロは、意気揚々とダマスコへの旅路につく。

その道中のことである。突然、天から光が降り注ぎ、サウロの周囲を照らした。彼は地に倒れると、「サウロ、サウロ、なぜ私を迫害するのか」という声を聴いた。「あなたは誰ですか」とサウロが問うと、声は「私はあなたが迫害しているイエスである」と答えた。なんとか、サウロは地面から起き上がったが、目が見えず、飲食もできなくなってしまう。

じつはサウロは異邦人やその王、イスラエルの人々にキリストの教えを授けるため、イエスにより選ばれた人だった。

三日後、サウロはダマスコに住むアナニアという人物の訪問を受ける。アナニアはイエスの弟子のひとりで、少し前にイエスからサウロを癒すようお告げを受けていた。サウロの前に立ったアナニアが、サウロの上に手をかざすと、サウロは「目から鱗《うろこ》が落ちた」ように目が見えるようになった。この奇跡によってイエスを信じたサウロは、洗礼を受け、一転してキリスト者となる。

やがてエルサレムに戻ったサウロは、イエスの弟子の仲間に加わろうとした。しかし、弟子たちは彼を恐れ、信じなかった。しかしひとりの弟子が、サウロは旅の途中、イエスと出会ったと説明したことでなんとか信用されるようになる。以来、サウロは弟子たちと自由に交流し、イエスの教えを説くようになった。

その後、サウロはアラビアにわたり、修行を行なったとみられている。

伝道旅行

パウロの熱意によってヨーロッパへ渡ったキリストの福音

◆多くの信者をもたらした宣教と奇跡

キリスト教に回心後、アラビアにて過ごしたサウロは、やがて出生の地であるタルソスへ戻ると、その近くにあるローマ帝国第三の都市アンティオキアで布教活動を始めた。この都市がサウロの異邦人伝道の出発地となる。サウロとエルサレムの信者たちにより派遣されたバルナバと、バルナバの従兄弟マルコは、イエスの教えをより広めようと、まずバルナバの故郷であるキプロス島へと渡った。

ここは当時、ローマ地方総督のセルギウス・パウルスが治めていた。パウルスが彼らの話を聞こうと招きよせると、そこにユダヤ人の魔術師で、偽預言者である人物が現われ邪魔をした。ここでサウロは、聖霊に満たされてこう言った。「主の御手はお前のもとに下される。目が見えなくなり、時が来るまで日の光を見ることはできない」。するとその通りになった。

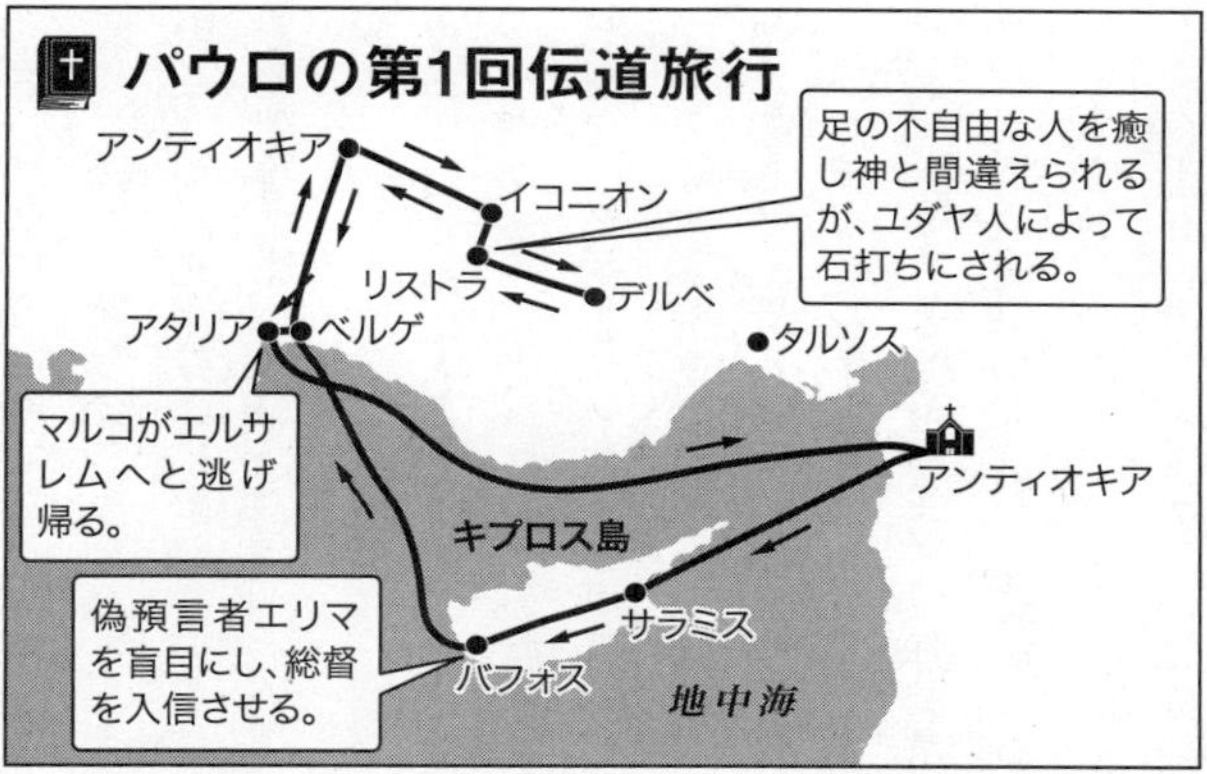
パウロの第1回伝道旅行
足の不自由な人を癒し神と間違えられるが、ユダヤ人によって石打ちにされる。
アンティオキア
イコニオン
リストラ
デルベ
アタリア
ベルゲ
タルソス
マルコがエルサレムへと逃げ帰る。
アンティオキア
キプロス島
偽預言者エリマを盲目にし、総督を入信させる。
サラミス
パフォス
地中海

アンティオキア教会でバルナバと意気投合したパウロは、キプロス島へ伝道旅行に出かける。

賢明な人だった地方総督は回心し、キリスト者になった。サウロはここで自らの名をパウロと改めており、これはこの地方総督に敬意を示すためだったといわれている。

　パウロはその後、小アジア南部へ上陸し、リストラの町では、生まれつき足の不自由な人を歩けるようにする奇跡を起こした。ギリシア人は彼らを神と敬い歓迎したという。

　だが、ユダヤの多くの人々にとって、パウロは異端視されるキリスト教に寝返った裏切り者である。パウロの伝道においては、常にこうした人々の妨害がついて回った。リストラにおいても、パウロを憎むユダヤ人たちが民衆を扇動したために、パウロは石打ちにされて気を失うという事件が起こっている。

幸いパウロは無事であったが、こうした苦難にも耐えながら、パウロは各地に信者を増やし続け、彼らはいったんアンティオキアへと戻った。パウロは宣教を通して、律法の遵守や割礼が救いに繋がるのではなく、イエスへの愛と信頼そのものが大事なのだ、との結論に達していた。

◆ヨーロッパにもたらされたイエスの教え

パウロとバルナバは、次の旅の計画を立てた。キプロス島とガラテヤ地方にある、まだ創立したばかりの教会を再び訪れるためだった。しかしふたりはマルコを同行させるかどうかで意見がわかれてしまう。じつはマルコは第一回の旅行の途中で逃げ帰った経緯がある。結局バルナバとパウロは決裂し、別々のルートを行くことになった。

四九年、バルナバはマルコとともにキプロスへと向かい、パウロはシラスとともにアンティオキアを出発すると、海岸線沿いに陸路で旅を続け、再びリストラに至る。ここでパウロは病気になるが、完治すると、聖霊の導きにより、ビティニア州への旅をやめてエーゲ海近くのトロアスへと向かった。トロアスは、「トロイの木馬」で有名なエーゲ海に面した町。エーゲ海の先はいよいよヨーロッパである。

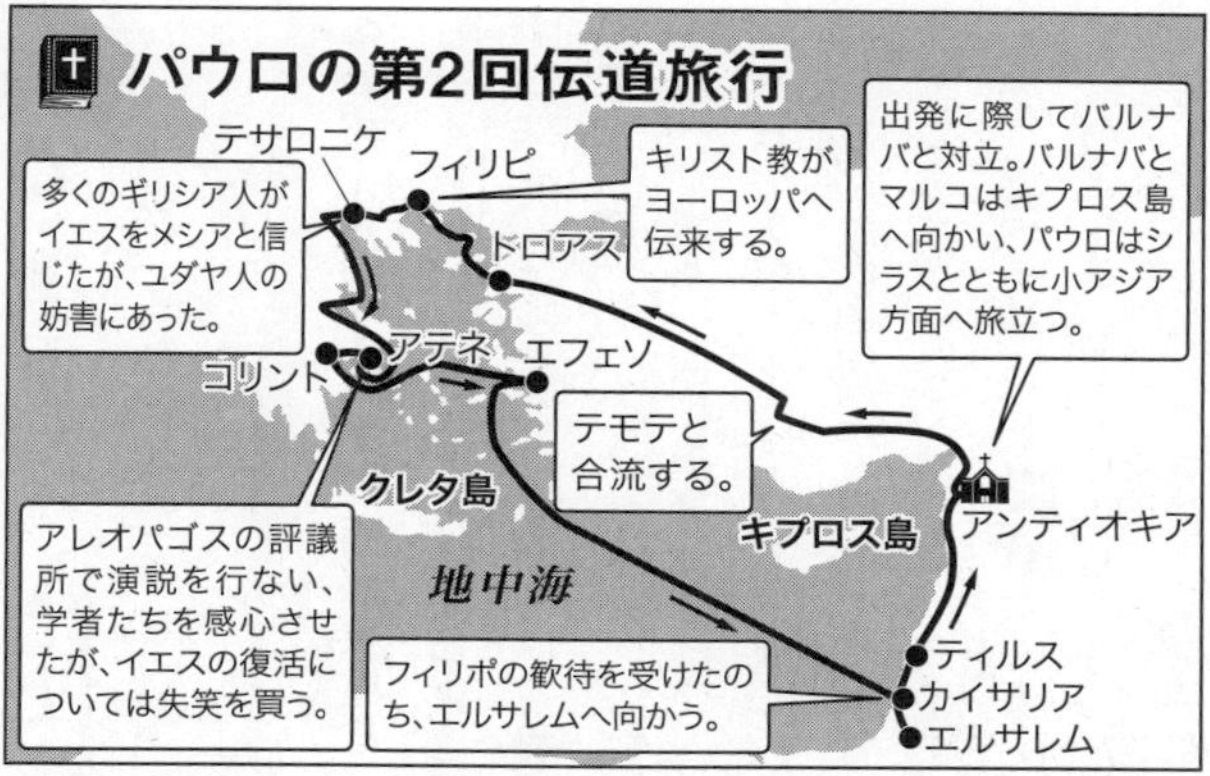
パウロの第2回伝道旅行
テサロニケ
フィリピ
多くのギリシア人がイエスをメシアと信じたが、ユダヤ人の妨害にあった。
キリスト教がヨーロッパへ伝来する。
出発に際してバルナバと対立。バルナバとマルコはキプロス島へ向かい、パウロはシラスとともに小アジア方面へ旅立つ。
トロアス
アテネ
エフェソ
コリント
テモテと合流する。
クレタ島
キプロス島
アンティオキア
アレオパゴスの評議所で演説を行ない、学者たちを感心させたが、イエスの復活については失笑を買う。
地中海
ティルス
カイサリア
エルサレム
フィリポの歓待を受けたのち、エルサレムへ向かう。

２回目の伝道旅行に出たパウロは、トロアスにてマケドニア人の幻を見ると、フィリピへと渡る。ここからキリスト教がヨーロッパへと伝来した。

トロアスに至ったあと、救いを求めるマケドニア人の幻を見たパウロは、迷わずマケドニアへの渡航を決意。フィリピに至ってキリスト教の教えを説き、ここに初めてキリスト教がヨーロッパに伝来した。フィリピでは、パウロは染め布商人のリディアという熱心なユダヤ婦人のもとに滞在し、その家族はヨーロッパで初めてとなる洗礼を受けた。

パウロはそこからさらに、テサロニケ、アテネ、コリントまで足を延ばした。アテネでは学者たちを感心させる説教を行なったが、イエスの復活については失笑を買ってしまう。また、コリントでは天幕用の布を織る職人夫婦とともに働きながら、宣教活動に邁《まい》進《しん》、多くの信者を獲得した。

エルサレム使徒会議

ユダヤ教から独立させたペトロの決断

◆異邦人が割礼を受ける必要はない？

ペトロがローマの百人隊長コルネリウスに洗礼を授け、パウロが異邦人への伝道を積極的に進めるなか、異教徒が入信する際にどのような方法をとるべきか、という問題が持ち上がる。

パウロが第一回伝道旅行を終え、アンティオキアに戻っていたとき、ユダヤ人のキリスト教徒が数名やって来て、異邦人がキリスト教徒となるためには、モーセの律法に基づくユダヤ教の習慣を守らなければいけないから、割礼をする必要があると主張した。

その考えからいえば、異邦人はまずユダヤ教徒になり、それからキリスト教徒になるという過程を辿らなければならない。それはキリストの教えはあくまでユダヤ教の一宗派に過ぎないことを意味してもいた。

それに対してパウロは、異邦人はユダヤ教の習慣を守らなくても入信できると主張しため、激しい論争と対立が生まれた。

そこで、この件について協議するため、パウロとバルナバはエルサレムへと向かった。議論を重ねたあと、ペトロが言った。

「神は私たちと同じように異邦人にも聖霊を与えて、彼らをも受け入れたのです。彼らの心を信仰により清め、私たちと彼らのあいだに何の差別もされませんでした。それなのになぜ、私たちも負いきれなかった軛《くびき》を彼らに求めるのでしょう。私たちは主イエスの恵みによって救われると信じています。それは異邦人も同じです」

一同は静かになった。

ペトロの主張を受けて、パウロとバルナバは、律法から自由な福音を異邦人に説くときも、神の御心が現われることを説いた。

その結果、エルサレムの使徒会議は、異邦人のキリスト者は、偶像に捧げられたものと、血と、絞め殺された動物の肉と、淫らな行為だけは慎まなければならないとしたうえで、パウロの主張を認めた。

この決定は、やがてキリスト教が多くの異邦人に信奉される、世界的宗教へと発展する礎となった。

パウロの書簡と教え

イエスの教えを世界宗教へと発展させた伝道の思想

◆筆まめなパウロ

パウロは各地へ伝道に赴きながら、弟子や信徒たちに、滞在地や獄中から多くの手紙を出し、励ましている。『新約聖書』にはそのうち「ローマの信徒への手紙」「コリントの信徒への手紙」「ガラテヤの信徒への手紙」などが収録されている。それを読むと、パウロが伝えたかったキリスト教のあり方が明らかになってくる。

パウロが一貫して説いたのは、エルサレム使徒会議において主張したように信仰で大切なのは律法を守ることではなく、神を信頼することという点だ。この思想のもと、パウロは異邦人に割礼を強要せず、ユダヤの律法では禁じられた異邦人との食事を平然と行なった。

そんなパウロの律法に対する考え方を表わした言葉として、一般的によく知られているものに、「ガラテヤの信徒への手紙」の次のような一節がある。

「信仰が表われる前は、私たちは律法のもとで監視され、閉じ込められていたといえるのです。律法は私たちをキリストのもとへと導く養育係でした。しかし信仰が表われたので、私たちはもはや養育係の下にはいません。あなたがたは皆、信仰によりキリスト・イエスと結ばれて、神の子となったのです」

パウロは律法そのものについて否定するのではなく、律法自体は神の意思が反映された、道徳的教訓に満ちたものだと捉える一方で、律法を絶対化することに警鐘を鳴らした。律法の束縛から解放されることを説くのである。

ヴァチカンのサン・ピエトロ大聖堂前に立つパウロの像。

律法は神の意思を表わす厳しいものだった。人々はこの律法に沿って完璧を目指そうとしたが、そうすればするほど律法は遠いものとなった。イエスは、そんな愚かな人々の贖罪《しょくざい》のために、十字架にかけられたのだ。

◆世界宗教を生んだパウロの信仰

イエスは十字架に架けられて三日後に復活した。この事実を信じることがパウロのもうひとつの信仰の柱である。

「ローマの信徒への手紙」には、「口でイエスは主であると公に言い表わし、心で神がイエスを死者のなかから復活させられたと信じるなら、あなたは救われる」としたためている。

そしてこの信仰は世界共通のものとして広がる。パウロはあらゆる差別を否定した「ガラテヤの信徒への手紙」において、「ユダヤ人もギリシア人もなく、奴隷も自由な身分の者もなく、男も女もありません。あなたがたはみなキリスト・イエスにおいてひとつなのです」としている。

パウロはすでにユダヤ教の排他的な思想とは異なる、イエスの教えに目覚めていた。ユダヤ人もギリシア人も、男も女も、奴隷も自由な者も関係なく、イエスの復活を信じるという信仰により救いが得られる……。この考え方によってキリスト教は民族の壁を超えた世界宗教として発展していくのである。

第三回伝道旅行

ローマの地に消えたキリスト教最大の伝道者

◆偶像崇拝の異教の地で、民衆に襲われたパウロ

パウロがテモテや福音書記者のルカとともに、三度目となる伝道旅行へと旅立ったのは五三年頃といわれている。彼はガラテヤやフリギヤを通り、キリスト教徒を励ましながらエフェソへと辿り着いた。それからの二年間、パウロはこの地に滞在して伝道に力を尽くした。ここは多産と豊穣の女神アルテミスの信仰が根づく土地であったが、パウロの教えはやがて人々に浸透し、女神よりイエスを信じるようになった。

しかし、まもなく暴動が起こる。銀細工のアルテミス像や、装飾品で商売をしていた職人たちが仕事を失うことを恐れ、いっせいに反発したのである。市の役人により騒動は収まったが、それ以降、エフェソの人々はパウロに好意的でなくなってしまう。

パウロはエフェソでの宣教をあきらめてマケドニアのコリントへ向けて出発した。

パウロはここで、キリスト教学の真髄を書いたものとして高く評価される「ローマの

信徒への手紙」をしたためている。そして第二回同様、ギリシアのアテネやコリントを歴訪したパウロは、カイサリアへと戻った。

しかしその頃、教会では、パウロの活動を快く思わない保守的なヘブライストが大勢を占めていた。パウロが伝道の成果を語り、人々の献金などを渡しても反応する者はなかった。そこでパウロは、自分も律法に従うことを証明しようと神殿に入ったが、今度はそれを見たユダヤ教徒たちが、「神聖な場所を穢すな」と騒ぎ始めたのである。

パウロは駆け付けたローマの千人隊長により救出されたが、その後、パウロはカイサリアへと移され、そこで二年にわたり幽閉生活を強いられることとなる。

◆ローマで消息を絶ったパウロ

パウロの幽閉中、ローマから派遣されているユダヤ総督が交代すると、ユダヤ教の指導者たちは、新しい総督にパウロを裁判にかけるよう要請した。彼らは願わくは、イエス同様パウロを死刑にしようとしていた。もっとも、伝道を行っただけのパウロには罪はない。しかし新総督はユダヤ人指導者たちを敵にはしたくなかった。

一方、ローマの市民権を持つパウロは、これを利用してローマ皇帝への上訴を計画す

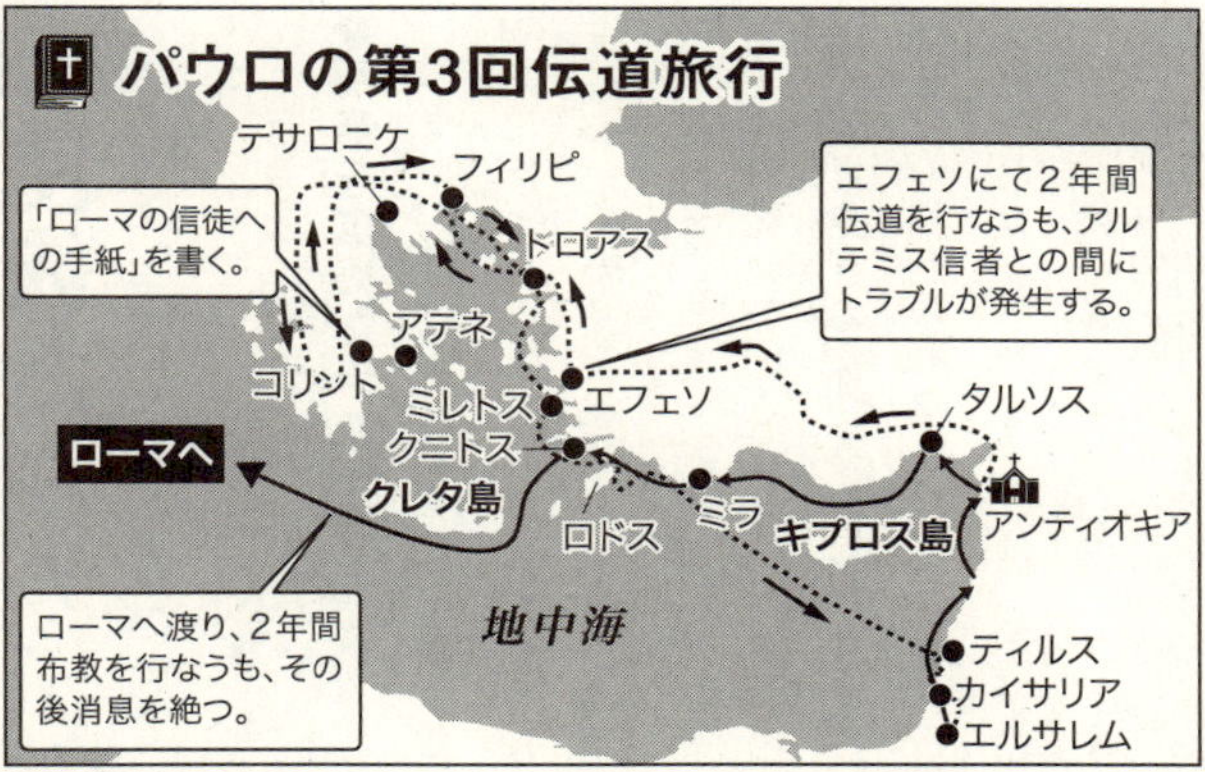
パウロの第3回伝道旅行
テサロニケ
フィリピ
「ローマの信徒への手紙」を書く。
トロアス
エフェソにて2年間伝道を行なうも、アルテミス信者との間にトラブルが発生する。
アテネ
コリント
ミレトス
エフェソ
タルソス
ローマへ
クニドス
クレタ島
ミラ
ロドス
キプロス島
アンティオキア
地中海
ローマへ渡り、2年間布教を行なうも、その後消息を絶つ。
ティルス
カイサリア
エルサレム

パウロ3回目の伝道旅行は、2回目とほぼ同じエリアを回った。再びエルサレムに戻り、その後ローマへ向かい2年間の布教活動ののち、消息を絶った。

る。パウロは以前から、ローマ行きを望んでもいた。こうしてパウロは船でローマへと移送されることになった。ただしその旅路の途中、シチリア島沖で船が難破し、マルタ島に着いてしまうなど、いくつかの試練があった。

それでもパウロは徒歩で念願のローマへと辿り着いた。二年間は自宅に軟禁されたが、人々の訪問などを受けることができた。そのため、パウロは説教したり、手紙を書くなどの活動を行なったという。

ところが、ここで「使徒言行録」は終わり、パウロの消息は途絶えてしまう。スペイン、あるいは小アジアへ伝道に行ったという説がある一方、ローマ皇帝ネロの迫害により殉教したとの説も囁かれている。

使徒たちの伝道と殉教

世界へ福音を伝えるなかで、異郷に倒れたイエスの弟子たち

◆福音を広めた十二使徒

パウロがアンティオキアにあって異邦人への伝道を進めるなか、原始キリスト教会の中心にあったのは、イエスが選抜した十二使徒であった。「十二」という数は古代ユダヤにおいて完全を象徴することは、すでに説明したが、この十二使徒はユダの裏切りによって十一人になってしまった。そこで新たにマティアという人物を選出して、再び十二使徒となっている。彼らの筆頭格であったペトロは、足の不自由な者を癒したり、中風で寝たきりの女性を癒したりと奇跡を数多く起こした。ヤッファではタビタという女性を死の淵から蘇らせたといわれる。

こうしたペトロを先頭に、弟子たちは世界各地へと布教に赴いた。

トマスはペルシアから南インドまで布教活動をし、マル・トマという教会を建てた。また彼は、王のために宮殿を建設する予定だったお金を貧しい人々に分け与えること

で、多くの信者を獲得した。またフィリポは、エルサレムからガザに向かう際、エチオピア女王の宦官《かんがん》を回心させ、洗礼を受けさせたことで知られる。

マタイは、エチオピアで布教を行なった。エチオピアの王子を蘇らせたことで国王から厚い信頼を獲得し、ほぼすべての国民をキリスト教徒にすることに成功した。

こうしてイエスの福音を世界へと広めていった使徒たちであるが、彼らには「殉教」という運命が待ち受けていた。マタイはペルシアでの伝道中、王女を入信させたことで王の怒りを買って殺害され、エルサレム教会にあったヤコブもヘロデ・アグリッパの迫害によって殺害された。

ペトロに至っては、ユダヤやシリア地方の布教を終えたあとローマへと渡り、初代教皇となったが、暴君で知られるローマ皇帝ネロの迫害に直面した。ネロは六四年のローマ大火の原因をキリスト教徒に押し付けようとし、大弾圧を行なったのである。『新約聖書』外典の「ペトロ行伝」によれば、ペトロはいったん、ローマを脱したものの、自分の代わりに再び十字架に架けられようとするイエスに出会い、再びローマに引き返したという。処刑に当たっては、逆十字に架けられて、最期の瞬間まで説教を続けたという。

ヴァチカンのサン・ピエトロ聖堂は、
ペトロの墓の上に建てられたといわれる。

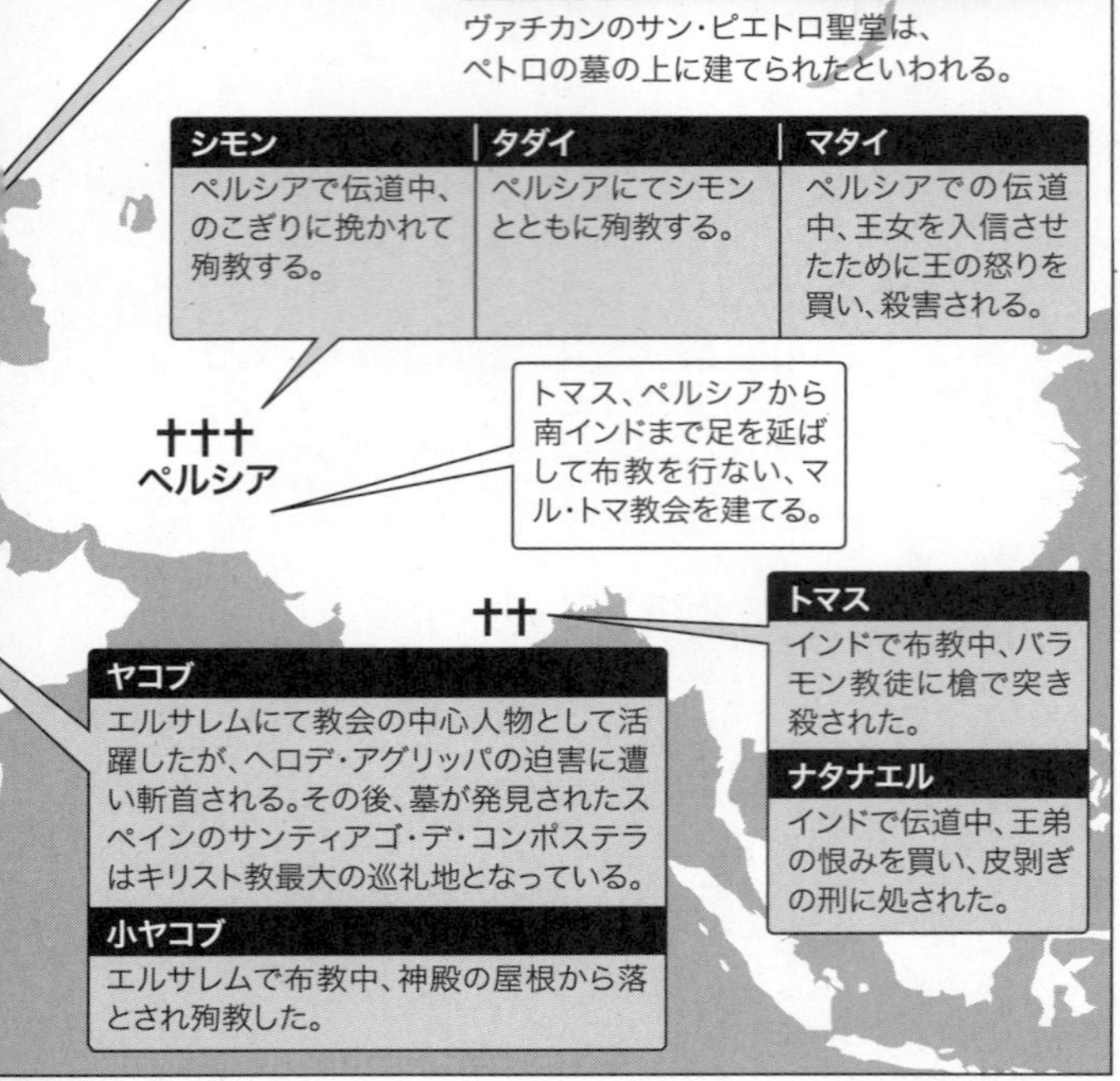
ユダ
イエスを裏切ったのち、イエスの恩赦を求めるも聞き入れられず、首をくくった。
シモン
ペルシアで伝道中、のこぎりに挽かれて殉教する。
タダイ
ペルシアにてシモンとともに殉教する。
マタイ
ペルシアでの伝道中、王女を入信させたために王の怒りを買い、殺害される。
トマス、ペルシアから南インドまで足を延ばして布教を行ない、マル・トマ教会を建てる。
ペルシア
トマス
インドで布教中、バラモン教徒に槍で突き殺された。
ナタナエル
インドで伝道中、王弟の恨みを買い、皮剝ぎの刑に処された。
ヤコブ
エルサレムにて教会の中心人物として活躍したが、ヘロデ・アグリッパの迫害に遭い斬首される。その後、墓が発見されたスペインのサンティアゴ・デ・コンポステラはキリスト教最大の巡礼地となっている。
小ヤコブ
エルサレムで布教中、神殿の屋根から落とされ殉教した。

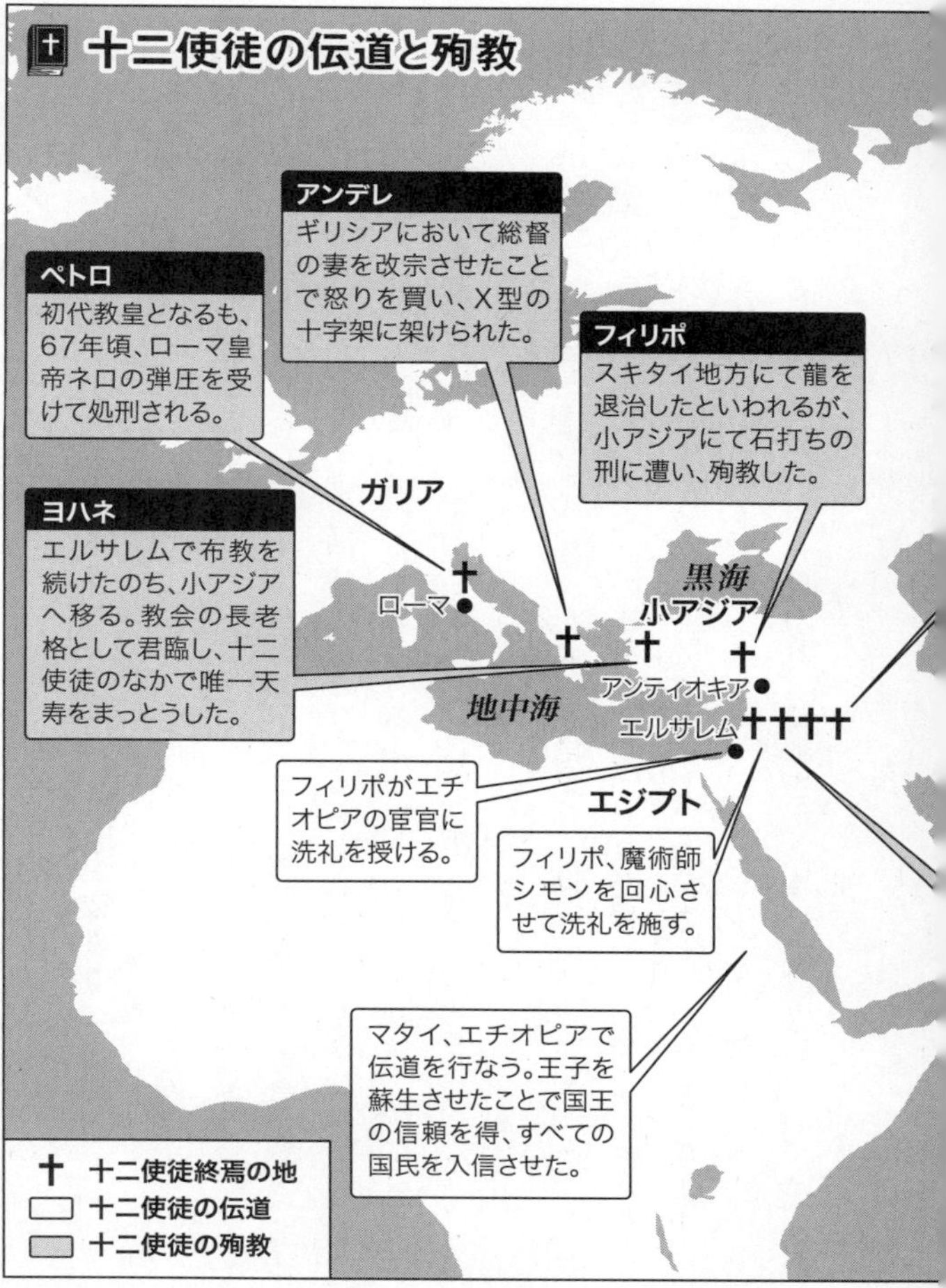
十二使徒の伝道と殉教
アンデレ
ギリシアにおいて総督の妻を改宗させたことで怒りを買い、X型の十字架に架けられた。
ペトロ
初代教皇となるも、67年頃、ローマ皇帝ネロの弾圧を受けて処刑される。
フィリポ
スキタイ地方にて龍を退治したといわれるが、小アジアにて石打ちの刑に遭い、殉教した。
ガリア
ヨハネ
エルサレムで布教を続けたのち、小アジアへ移る。教会の長老格として君臨し、十二使徒のなかで唯一天寿をまっとうした。
黒海
小アジア
ローマ
アンティオキア
地中海
エルサレム
フィリポがエチオピアの宦官に洗礼を授ける。
エジプト
フィリポ、魔術師シモンを回心させて洗礼を施す。
マタイ、エチオピアで伝道を行なう。王子を蘇生させたことで国王の信頼を得、すべての国民を入信させた。
十二使徒終焉の地
十二使徒の伝道
十二使徒の殉教

使徒たちが次々に殉教するなか天寿をまっとうできたのはヨハネだけであった。

ヨハネ黙示録

生々しく語られるパトモス島のヨハネが見た終末の幻影

◆迫害に遭う人々を励ます黙示録

『新約聖書』の最後に収められた唯一の預言書が「ヨハネ黙示録」である。著者はパトモス島のヨハネという人物で、十二使徒のひとりともいわれるが、定かではない。このヨハネもパトモス島に幽閉されていたといわれるように、当時、キリスト教徒は各地で迫害に遭い、殉教者や投獄される人が相次いでいた。「黙示録」はそういった人々を勇気づける役割をもって著わされた。

「ヨハネ黙示録」は、ヨハネが天使により天へと招かれ、世界の終末に関する幻影を見る内容となっている。王座に座った神の右手には封印された巻物があった。天使が「この巻物を開くのにふさわしい者は誰か」と問うと、七つの角と七つの目を持つ小羊（イエス）が現われ、次々とその封印を解いていった。

まずは弓を持つ者が乗った白い馬が現われ、勝利を得ようと飛び立っていった。第二の封印からは赤い馬に乗った人がいて、地上から平和を奪い、民衆に殺し合いをさせる力を授けられていた。第三の封印では、手に秤を持った人が黒い馬に乗っていた。第四には、青白い馬に乗る「死」が現われ、野獣で人々を滅ぼす権威が与えられた。

そして第五の封印からは殉教した人々の魂が現われ、地上の人間に恨みごとを言った。そして第六の巻物が開かれると、太陽は暗くなって月は血のように赤く染まり、天の星が地上に降りてきた。そして大地震が起きた。天使が訪れると、死を免れる人をイスラエルの十二の部族からそれぞれ一万二千ずつ選び、額に刻印をした。

そして、ついに最後の封印が解かれると、七人の天使がそれぞれラッパを手に登場した。天使がそのラッパを順番に鳴らすと、様々な天変地異が地上を襲った。地上の三分の一が焼失し、「苦《にが》よもぎ」と呼ばれる星が落下。イナゴの大群が刻印のない者たちを襲った。阿鼻叫喚《あびきょうかん》のなか、四人の天使が放たれ、人間のうち三分の一を殺していく……。

生き残った人々はそれでも偶像崇拝を続け、自らの過ちに気づかなかった。最後の第七のラッパが吹かれると、天にある神の神殿が開かれたのち、天では戦いが起こり、サタンが神に敗れるという。

◆悪の滅亡後と新しいエルサレム

その後、「ヨハネ黙示録」は、神の怒りが注がれて悪人たちが滅び、世界に終末が訪れることを記している。

地上にはキリストが再臨し、蘇った殉教者たちとともに地上を支配する千年王国の時代が訪れる。サタンも陰府《よみ》につながれて、人々をもう陥れることはない。

ただし、この千年王国は永遠には続かない。千年ののちにサタンが牢から解き放たれ、地上にいる民であるゴグとマゴグという者たちが、人々をそそのかしてまたも戦いが起こる。

ここでまたも天から火が降り、サタンばかりか人類もみな滅びてしまう。これがこの世の終末である。ここでついに全人類が死者となった。すべての人は最後の審判を受け、天国と地獄というそれぞれの魂にふさわしい場へ行くことになる。

人々の行ないは「命の書」に記されており、ここに名がない者は地獄へと投げ込まれる。その一方、天国の住人となった人々の前には、新たな天と地が現われる。新しい聖なる都エルサレムが降臨して、人々はこの神の王国で永遠に暮らすのである。

「ヨハネ黙示録」の流れ

I
小羊(イエス)が、7つの巻物の封印を解く。第1から第4の封印を解くと、それぞれ白・赤・黒・青の馬に乗った騎士が現われる。

II
第5の封印を解くと、殉教者たちが蘇って復讐を訴え、第6の封印を解くと大地震などの天災が地上を襲う。

III
イスラエル民族より選ばれた14万4000人に刻印が押され、第7の封印を解くと7人の天使にラッパが与えられる。

IV
7人の天使たちがラッパを吹くごとに禍が地上を襲い、最後の審判のときが告げられる。

V
サタンが大天使ミカエルに敗れると、2匹の獣が出現し、自分たちに従う者に「666」の刻印を押す。

VI
神の怒りを盛った7つの鉢が次々に注がれ、バビロンの淫婦を背負った獣が滅ぼされる。

VII
キリストが再臨し、殉教者とともに1000年の間地上を統治する。その間サタンは陰府に縛りつけられる。

VIII
1000年ののち、サタンはゴグとマゴグを使って人々を惑わし始めるが、再び神の前に敗れ、滅ぼされる。

最後の審判が行なわれ、選ばれた者たちのために新しいエルサレムが降りてくる。

「ヨハネ黙示録」にはパトモス島のヨハネが見た幻影が描かれている。

Column
コラム

終末思想の意味とは

ユダヤ教・キリスト教・イスラーム教というセム系の宗教を理解する上で重要な概念に、「終末思想」があります。

もちろん、終末思想そのものは、ほかの宗教にも見られます。たとえば、仏教にも末法思想がありますし、ヒンドゥー教にも見いだせます。

しかし、仏教の末法は、「この世の終わり」ではなく、仏教の効力がなくなるか、弱まることです。

また、ヒンドゥー教の場合はこの世の終わりの一方で、新しい世界の創世が説かれ、まさに破壊と創造が循環するという発想になっています。生と死を繰り返す、生命の連鎖の象徴という感じです。

しかし、セム系の宗教の終末は、これらとは異なります。もっとも、『旧約聖書』では、この点はあまり強調されず、古代ユダヤ教では終末思想は殆どなかったとも言われます。

また、終末思想の源泉は、古代ペルシアの宗教のゾロアスター教だという説もあります。

それをユダヤ教やキリスト教、そしてイスラーム教がそれぞれに断片的に取り入れたという解釈です。

さて、この終末思想ですが、神の天地創造という出発点、つまり始点を設定すれば、その終わりが設定されることは、いわば必然です。一般に、この創造と終末という直線的で、仏教やヒンドゥー教のような循環性を持たない世界観を、「一回起生の世界観」と呼びます。

この世界観は、「神がこの世をおつくりになり、人間に神との契約を履行させるための場、救いのチャンスを一回だけ与えてくださった場として、この世界を考える」というものです。ですから、この世界、もちろん人間も一回のみ生じて、やがて消滅するということになります。

この点を特に強調したのが、イスラーム教です。コーランにはとくに、終末におけるむごたらしい世界の描写が多々あります。

いずれにしても、唯一絶対神による創造行為を認めれば、やがてその終わりも必然となり、さらにパラダイスへの救いを目的にする限り、終末は理論上も不可欠な存在なのです。

こうして、セム系の宗教では、この絶対的な滅びを前提に救いが説かれるため、その教えに説得力が生まれるのです。これに対し、仏教のような循環思想においては、この論理は、やや迫力を欠くことになるのです。

聖書関連年表

◆聖書の流れ◆

紀元前(BC)	
2300頃	テル・マディク出土の「エブラ文書」にエルサレムの古名「サレム」の名が見られる。
1900頃	アブラハム一族、カナンへ移住する。
1500頃	ヤコブ一族、エジプトへ移住する。
1250頃	イスラエルの民がモーセに率いられてエジプトを脱出する。
1200頃	イスラエルの民がヨシュアに率いられてカナン定住を始める。
1020頃	士師が活躍する。
1004頃	ダビデがイスラエル王国2代目の王となり、エルサレムを都に定める。
965	ソロモンがイスラエル王国3代目の王となり、全盛期を現出する。
931頃	イスラエル王国が北王国(イスラエル王国)と南王国(ユダ王国)に分裂する。
873頃	イスラエル王国でアハブ王が即位する。
722	アッシリア王サルゴン2世によりサマリアが陥落し、イスラエル王国が滅亡する。
640	ユダ王国でヨシヤ王が即位し、宗教改革を行なう。
609	ヨシヤ王、メギドの戦いでエジプト軍に敗れ戦死する。
598	新バビロニア王国のネブカドネザルによりエルサレムが包囲され、第1次バビロン捕囚が行なわれる。
586	新バビロニア王国のネブカドネザルによりエルサレムが陥落し、第2次バビロン捕囚が行なわれる。
583	ユダヤ総督ゲダルヤの暗殺を契機として第3次バビロン捕囚が行なわれる。
538	新バビロニア王国がアケメネス朝ペルシアに滅ぼされ、翌年、バビロンのユダヤ人が解放される。
515	エルサレムの神殿が再建される。
445頃	ネヘミアがエルサレムに帰還し、城壁の修復に携わる。

◆オリエント世界◆

紀元前(BC)	
8000頃	メソポタミアで農耕・牧畜が始まる。
7000頃	エリコに最古の都市が築かれる。
3500頃	メソポタミア南部にシュメール人の都市国家が成立する。
3300頃	メネス王により上下エジプトが統一される。
2668頃	エジプト古王国成立、首都はメンフィス。
2550頃	エジプトでクフ王がギザに大ピラミッドを建設する。
2370頃	サルゴン1世によりメソポタミアにアッカド帝国が成立する。
1792	バビロン第1王朝でハンムラビ王が即位。ハンムラビ法典を編纂する。
1768頃	ヒクソスがエジプトに侵入し、支配下に置く。
1315頃	ヒッタイトとエジプトの間で、カデシュの戦いが勃発する。
1200頃	ヒッタイトが「海の民」により滅亡する。
1200頃	ペリシテ人がパレスティナ南部に定着し、ヘブライ人がカナンに侵入する。
671	アッシリア、エジプトを征服する。
612	アッシリア、メディア・新バビロニア連合軍により滅亡する。

332	マケドニアのアレクサンドロス大王、ユダヤに侵入し、ティルス、ガザなどを征服する。
200頃	ユダヤがセレウコス朝シリアの支配下に入る。
167	セレウコス朝のシリアのアンティオコス4世、エルサレムを略奪し、ユダヤ教を弾圧する。
163	ユダ・マカバイ、エルサレムを奪還し、神殿を清める。(ハヌカー祭の起源)
142	ハスモン朝が成立し、ユダヤが独立を達成する。 また、この頃、ユダヤ教がファリサイ派、サドカイ派に分裂する。
130頃	ユダヤ教からエッセネ派が分裂する。
63	ローマのポンペイウスによりユダヤが征服される。
37	ヘロデ大王、エルサレムを占領し、ユダヤの王となる。
20	ヘロデ大王、エルサレム神殿を改修する。
6頃	イエス、ベツレヘムに誕生する。
4頃	ヘロデ大王死去する。
紀元後(AD) 6頃	ユダヤ、ローマの属州となる。
26	ポンテオ・ピラトがユダヤ総督に就任する。
28	洗礼者ヨハネが宣教活動を始める。
30	ガリラヤのイエス、ゴルゴタの丘で磔刑に処される。
33頃	パウロの回心。
47	パウロ、第1回伝道旅行に出る。また、エルサレム使徒会議が開かれる。
49〜52	パウロ、第2回伝道旅行に出る。
53〜56	パウロ、第3回伝道旅行に出る。
66	ローマに対するユダヤ人の反乱が勃発する。(第1次ユダヤ戦争)
68	「マルコによる福音書」が著される。
70	エルサレムが陥落し、第1次ユダヤ戦争が終結する。
74	マサダが陥落する。
80	「ルカによる福音書」が著される。
85	「マタイによる福音書」が著される。
90	『旧約聖書』が成立する。
132	バル・コクバの指導により、ローマに対する反乱が勃発する。(第2次ユダヤ戦争)
135	エルサレムが陥落し、第2次ユダヤ戦争が終結。 ユダヤ人が、エルサレムより追放される。
313	ミラノ勅令により、キリスト教がローマ帝国において公認される。
392	ローマ帝国、キリスト教を国教化する。

330	アレクサンドロス大王によりアケメネス朝ペルシアが滅亡する。
312	セレウコス朝シリアが成立する。
304	プトレマイオス朝エジプトが成立する。
146	ローマが3次にわたるポエニ戦争に勝利し、 地中海の覇権を握る。
133	ローマで、グラックス兄弟の改革が始まる。
73	スパルタクスの乱が勃発する。
31	アクティウムの海戦に敗れたプトレマイオス朝 エジプトが滅亡する。
紀元後(AD) 9	ローマ帝国、トイトブルクの森の戦いで ゲルマン人に大敗する。
79	ヴェスヴィオ火山が噴火し、ポンペイが 埋没する。
250	キリスト教徒への迫害が行なわれる。
303	ディオクレティアヌス帝によるキリスト教徒 迫害が行なわれる。

【参考文献】

※左記の文献等を参考にさせていただきました。

『ピューリタン―近代化の精神構造』大木英夫、『イングランド・ピューリタニズム研究』松谷好明（以上、聖学院大学出版会）／『聖書の世界』船本弘毅、『旧約聖書の王歴代誌』ジョン・ロジャーソン、高橋正男監修、『旧約聖書の世界』ミレーユ・アダス・ルベル、藤丘樹実訳（以上、創元社）／『図説　イエス・キリスト』河谷龍彦、『図説　聖書考古学　旧約篇』杉本智俊、『図説　聖書物語　旧約篇』『図説　聖書物語　新約篇』山形孝夫、山形美加図版解説（以上、河出書房新社）／『使徒パウロ―伝道にかけた生涯　新版』佐竹明、『カラー版　聖書大事典』ジェフリ・ヴィゴーダー、荒井章三ほか編（以上、新教出版社）／『マグダラのマリア―エロスとアガペーの聖女』岡田温司、『聖書神話の解読』西山清（以上、中央公論新社）／『図説・聖書の大地』ロバータ・L・ハリス、大坪孝子訳、『古代世界70の不思議―過去の文明の謎を解く』ブライアン・M・フェイガン編、北代晋一訳（以上、東京書籍）／『聖書人名事典』ピーター・カルヴォコレッシ、佐柳文男訳、『キリスト教を知る事典』外村民彦、『旧約新約聖書時代史』山我哲雄、佐藤研（以上、教文館）／『ビジュアル版　聖書物語』木崎さと子、『人間イエス』滝澤武人、『聖書のヒロインたち』生田哲、『聖書の奇跡と謎―次々と実証される旧約聖書の世界』金子史朗（以上、講談社）／『聖書百科全書』ジョン・ボウカー編著、荒井献、池田裕、井谷嘉男監訳（三省堂）／『聖書　新共同訳』（日本聖書協会）／『聖書の謎を解く』三田誠広（ネスコ）／『図説　聖書』月本昭男監修（学習研究社）／『目で見る聖書の時代』月本昭男（日本基督教団出版局）／『イスラエルに見る聖書の世界（旧約聖書編）』ミルトス編集部（ミルトス）／『古代イスラエルの預言者たち』木田献一（清水書院）／『聖書で読みとく―天地創造からバベルの塔まで』石田友雄（草思社）／『科学が証明する旧約聖書の真実』竹内均（ザ・マサダ）／『旧約聖書の時代―その語る歴史と宗教』小嶋潤（刀水書房）／『旧約聖書の世界―アブラハムから死海文書まで』高橋正男（時事通信社）／『神の国アメリカの論理』上坂昇（明石書店）

知恵の森
KOBUNSHA

図《ず》解《かい》とあらすじでよくわかる「聖書《せいしよ》」入門《にゆうもん》

監　修――保坂 俊司（ほさか しゅんじ）

2011年　9月20日　初版1刷発行
2019年　5月10日　　4刷発行

発行者――田邉浩司
組　版――萩原印刷
印刷所――萩原印刷
製本所――ナショナル製本
発行所――株式会社 光文社
東京都文京区音羽1-16-6 〒112-8011
電　話――編集部(03)5395-8282
書籍販売部(03)5395-8116
業務部(03)5395-8125
メール――chie@kobunsha.com

ISBN978-4-334-78589-5　Printed in Japan